De architect als publieke intellectueel

Tom Avermaete, Véronique Patteeuw, Elsbeth Ronner en Hans Teerds

'Een moeilijk verhaal', noemde de Rotterdamse architect Jaap Bakema wat hij te vertellen had in de tweedelige televisieserie *Van Stoel tot stad*, die op zondagavond in 1961 en 1962 op de Nederlandse televisie werd uitgezonden. Toch voelde hij de noodzaak om het Nederlandse publiek juist dit moeilijke verhaal te vertellen. 'Ik heb namelijk de indruk,' zegt hij in de openingsscene, terwijl hij voor een schoolbord met krijttekeningen staat, het krijtje nog in zijn hand, 'dat we in een tijd leven zonder die liefde voor ruimte waar een architect behoefte aan heeft.'[1] Bakema agendeert dit 'moeilijke verhaal' tegen de achtergrond van een enorme bouwwoede in het land: honderdduizenden woningen worden in allerijl uit de grond gestampt. De Nederlandse overheid had in 1948 de woningcrisis tot 'volksvijand nummer 1' gebombardeerd, en dus werd alles, tot ver in de jaren 1960, uit de kast getrokken om de tekorten op de woningmarkt weg te werken. Maar kwantiteit is één, kwaliteit is anders, stelt Bakema met zijn televisieserie. Niet om het eigen belang veilig te stellen (de architect die pleit voor ruimte voor goede architectuur), maar vanuit het besef hoezeer de architectonische ruimte bepalend is voor zoveel meer dan alleen een dak boven het hoofd en een plaats om te wonen. Dat besef verleent Bakema en elke andere architect de urgentie om aandacht te vragen voor de ruimtelijke invloed, niet alleen van bepaalde economische stadsontwikkelingsmethodieken, financieringsinstrumentaria of het landelijk ruimtelijk beleid, maar ook van de verschillende crises die wereldwijd om directe actie vragen. Uitdagingen op het gebied van het klimaat, energievoorziening, voedsel, woonruimte, vergrijzing, armoede, segregatie zullen immers hoe dan ook tot grootschalige ruimtelijke en sociale veranderingen leiden. Is het overmoed om te denken dat het veld van de architectuur kan bijdragen aan het in kaart brengen van deze invloed, inzicht kan geven in de gevaren en potenties, en dus een zinvolle bijdrage kan leveren aan het publieke debat? Architecten denken immers vanuit de ruimte, en weten als geen ander hun verbeeldingsvermogen in te zetten. Toch spelen architecten nauwelijks een rol in publieke discussies, niet op televisie of de krant, maar ook niet in het politieke debat. In deze *OASE* vragen we ons daarom af hoe architecten maatschappelijke uitdagingen kunnen oppakken en participeren in het publieke discours. Of om het anders te formuleren: hoe kunnen architecten de positie innemen van een publieke intellectueel?

Wat is de rol van de publieke intellectueel?

Wat of wie bedoeld wordt met een intellectueel is onder sociologen en filosofen niet eenduidig geformuleerd.[2] Denkers als Jean-Paul Sartre, Michel Foucault, Pierre Bourdieu, Antonio Gramsci, Noam Chomsky en Edward Said geven allen verschillende, soms tegenstrijdige definities. Vanuit de gevangenis probeerde Gramsci het brede publiek aan te

1 De introductie op de serie is terug te zien op *YouTube*: youtube.com/watch?v=uPYRgLSYt6E (bezocht op 24 juli 2023).

2 Zie: Dirk Lauwaert, 'Portret van een rol: de intellectueel', *De Witte Raaf* 75 (1998).

The Architect as a Public Intellectual

Tom Avermaete, Véronique Patteeuw, Elsbeth Ronner and Hans Teerds

Presenting the two-part television series *Van stoel tot stad* (From chair to city), broadcast on Dutch television on Sunday evenings in 1961 and 1962, Rotterdam architect Jaap Bakema told viewers that he had 'a difficult story' to tell. Yet he felt compelled to tell this difficult story to the Dutch people. 'Because I have the impression,' he said in the opening scene, standing in front of a blackboard covered with chalk drawings, a piece of chalk still in his hand, 'that we live in an age that lacks the love of space that architects need.'[1] Bakema put this 'difficult story' on the agenda in the context of the huge building boom taking place in the Netherlands: hundreds of thousands of houses were rapidly being built. In 1948, the Dutch government had branded the housing crisis 'public enemy number 1' and it subsequently, well into the 1960s, made every effort to eliminate the housing shortage. But, as Bakema argued in his television series, quantity is one thing, quality is another. Rather than looking out for his own interests (rather than being an architect arguing for space for good architecture), he was aware that architectural space provides people with much more than a roof over their heads and a place to live. This awareness gave Bakema (and gives every other architect) the sense of urgency to draw attention not only to the spatial implications of certain economic urban design methods, financial instruments or national spatial policies, but also to the various crises that require immediate action worldwide. After all, challenges involving the climate, energy supply, food, housing, ageing, poverty and segregation will undoubtedly lead to major spatial and social changes. Is it hubris to think that architecture can help to map these impacts, provide insight into their dangers and potentials, and thus make a meaningful contribution to the public debate? After all, architects think in spatial terms and have an unparalleled capacity for imagination. Yet architects are rarely represented in public discussions, neither on television nor in newspapers, nor in political debates. This *OASE* therefore asks how architects can address social challenges and participate in the public discourse. Or, in other words: How can architects become public intellectuals?

What is the Role of the Public Intellectual?

Sociologists and philosophers have not been able to articulate clearly what or who the term 'intellectual' designates.[2] Thinkers such as Jean-Paul Sartre, Michel Foucault, Pierre Bourdieu, Antonio Gramsci, Noam Chomsky and Edward Said have all offered different, sometimes contradictory definitions. Gramsci – from prison – sought to turn the masses against hegemony by appealing to their intellectual capacities.[3] Chomsky also linked

1
The introduction to the series is available on *YouTube*: youtube.com/watch?v=uPYRgL-SYt6E (accessed 24 July 2023).

2
See: Dirk Lauwaert, 'Portret van een rol: de intellectueel', *De Witte Raaf* 75 (1998).

3
Antonio Gramsci, *Prison Notebooks* (New York: Columbia University Press, 2011).

sporen zich te keren tegen de hegemonie, door hen aan te spreken op hun intellectuele vermogens.[3] Ook Chomsky verbindt het intellect met strijdvaardigheid. 'Intellectuelen beschikken over de mogelijkheden om de leugens van regeringen aan de kaak te stellen,' schrijft hij, 'en om handelingen terug te brengen tot hun oorzaken, motieven, en dikwijls verborgen bedoelingen.'[4] Daarmee schrijft hij aan intellectuelen een grote maatschappelijke verantwoordelijkheid toe. 'Het is de verantwoordelijkheid van intellectuelen,' maakt hij zijn stelling expliciet, 'de waarheid te spreken en leugens aan de kaak te stellen.'[5] Edward Said omschrijft de intellectueel in de eerste plaats als 'een individu met het vermogen om een boodschap, een standpunt, een houding, een filosofie of een mening te vertegenwoordigen, te verbeelden, te verwoorden (...) [en] om al die mensen en onderwerpen te vertegenwoordigen die systematisch worden vergeten of onder het tapijt geveegd'.[6] De intellectueel cultiveert een vaardigheid in de kunst van het representeren. Zijn/haar positie in de marge stelt hem/haar in staat om de maatschappij actief te verstoren: in een rol die noodzakelijkerwijs openbaar is, maar ook vaak 'gênant, tegendraads, onaangenaam'.[7] Volgens Said is de intellectueel een amateur, een man of vrouw die wordt gedreven door 'het verlangen om verleid te worden, niet door economisch gewin of een mogelijke beloning, maar door liefde en een onmiskenbare interesse in het grote geheel, in het smeden van banden over grenzen of barrières heen'.[8] De verschillende definities cirkelen dus om een publieke rol die bijdraagt aan de vormgeving van de publieke sfeer, al dan niet in een spannende verhouding met de machten, krachten en systemen die de wereld vormgeven en structureren. Soms wordt deze positie ingenomen door specifieke kennis in te brengen in het publieke debat, dan weer overschrijdt de intellectueel, gedreven door universele waarden, de grenzen van zijn/haar beroep en laat de specificiteit van zijn/haar discipline (even) achter zich. Deze verheven positie van de intellectueel is echter niet onbetwist. De socioloog Frank Furedi betoogt hoezeer in de westerse wereld juist anti-intellectuele tendensen in de afgelopen decennia het publieke debat, de universiteit, en het politieke bestel zijn gaan beheersen. Intellectuelen wordt verweten elitair te zijn en hoogdravend, en dat ze het contact hebben verloren met de volkse, populaire cultuur.[9]

Vormgeven aan een positie

In deze *OASE* presenteren we zes, min of meer onbekende architecten die zich in het verleden actief geroerd hebben in de publieke sfeer en die wij daarmee de positie van publieke intellectueel toedichten. Ze werden geraakt door de marginale positie van bepaalde groepen in de samenleving, en hebben zich ingezet om deze zaak onder de aandacht brengen van het bredere publiek. Of ze liepen aan tegen een machtsstructuur, die niet alleen invloed heeft op de architectuur, maar ook bepalend is voor de organisatie van de samenleving. Zij hebben zich ervoor ingezet om hun eigen onderzoek naar deze structuren te delen met het bredere publiek. Of ze herkenden hoe de samenleving veranderde, en wisten dit niet alleen om te zetten in andere woningplattegronden of stadsplannen, maar ook het publiek daarin mee te nemen door erover de schrijven en er tentoonstellingen over de organiseren.

3
Antonio Gramsci, *Alle mensen zijn intellectuelen. Notities uit de gevangenis* (Amsterdam: Uitgeverij Boom, 2019); oorspr. Antonio Gramsci, *Prison Notebooks* (New York: Columbia University Press, 2011).

4
Noam Chomsky, 'De verantwoordelijkheid van intellectuelen', *Tirade* (juni/juli 1967), 330; oorspr. Noam Chomsky, 'The Responsibility of Intellectuals', *New York Review of Books* (23 februari 1967).

5
Ibid., 331.

6
Edward Said, *Representations of the Intellectual* (New York: Vintage, 1996), 11.

7
Ibid., 12.

8
Ibid., 76.

9
Frank Furedi, *Waar zijn alle intellectuelen?* (Amsterdam: Meulenhoff, 2006); oorspr. Frank Furedi, *Where Have All the Intellectuals Gone? Confronting 21st Century Philistinism* (Londen: Continuum, 2004).

intellect with militancy. 'Intellectuals are in a position to expose the lies of governments,' he wrote, 'to analyze actions according to their causes and motives and often hidden intentions.'[4] In doing so, he ascribed a great social responsibility to intellectuals. 'It is the responsibility of intellectuals,' he writes making his thesis more explicit, 'to speak the truth and to expose lies.'[5] Edward Said describes the intellectual primarily as: 'an individual with the capacity to represent, imagine, articulate . . . and to represent all of those people and subjects who are systematically forgotten or swept under the carpet.'[6] Intellectuals cultivate their skills in the art of representation. Their position on the margins allows them to actively disrupt society in a role that is necessarily public, but also often 'embarrassing, contrarian, unpleasant'.[7] According to Said, the intellectual is an amateur, a man or woman driven by: 'the desire to be seduced, not by economic gain or a possible reward, but by love and an undeniable interest in the big picture, in forging bonds across borders or barriers.'[8] The various definitions revolve around a public role that contributes to shaping the public sphere, whether or not in an exciting relationship with the powers, forces and systems that shape and structure the world. Sometimes this position is appropriated by contributing specific knowledge to the public debate; sometimes the intellectual, driven by universal values, transcends the boundaries of their profession and (temporarily) leaves behind the specificity of their discipline. The intellectual's exalted position is not uncontested, however. Sociologist Frank Furedi argues how, in the Western world, anti-intellectual tendencies have come to dominate the public debate, universities and political systems in recent decades. Intellectuals are accused of being elitist and pompous and out of touch with vernacular, popular culture.[9]

Creating a Position

This *OASE* presents six more or less well-known architects who have been active in the public sphere in the past and to whom we therefore ascribe the position of public intellectual. They have been touched by the marginal position of certain groups in society and have worked to bring these issues to the attention of the general public. Or they were confronted with a power structure that not only affected architecture, but also determined the organisation of society. They have worked to share their own insights into these structures with the general public. Or they recognised how society was changing and have managed not only to translate this into different floor plans or city plans, but also to take the public along with them by writing and organising exhibitions about it. In other words, this *OASE* defines the architect as a public intellectual primarily as a designer who has the ability to apply architectural knowledge to broader public debates, to seek a rapprochement with other fields of knowledge that border on their 'own' professional domain, without alienating the general public – the people, popular culture. In this way, they contribute not only by designing, but above all by actively participating in what *OASE*

4
Noam Chomsky, 'The Responsibility of Intellectuals', *New York Review of Books* (1967).

5
Ibid.

6
Edward Said, *Representations of the Intellectual* (New York: Vintage, 1996), 11.

7
Ibid., 12.

8
Ibid., 76.

9
Frank Furedi, *Where Have All the Intellectuals Gone? Confronting 21st Century Philistinism* (London: Continuum, 2004).

Kortom: in deze *OASE* definiëren wij de architect als publieke intellectueel vooral als een ontwerper die het vermogen heeft om architectonische kennis in te zetten binnen bredere publieke debatten, om langs de grenzen van het 'eigen' vakdomein toenadering te zoeken tot andere kennisdomeinen, zonder daarbij het brede publiek – het volk, de populaire cultuur – van zich te vervreemden. Op deze wijze dragen ze niet alleen ontwerpend, maar vooral ook actief participerend bij aan wat in *OASE* 77 het publieke domein of de publieke sfeer wordt genoemd.[10] Bovendien weten de architecten in de marge van het vak nieuwe architectonische praktijken te ontwikkelen waarmee ze actief, in woorden en tekeningen, in studies en deelnemingen, participeren in het maatschappelijk debat. De laatste jaren is er meer en meer aandacht ontstaan voor dergelijke veranderende posities en praktijken van architecten. Belangrijke bijdragen aan het internationale debat over deze veranderingen waren onder meer Nishat Awan, Tatjana Schneider en Jeremy Till's anthologie van zogenoemde 'andere praktijken' *Spatial Agency: Other Ways of Doing Architecture*, en de publicatie en tentoonstelling in het Canadian Centre for Architecture in Montréal 'The Other Architect', waarbij curator Giovanna Borasi 22 architectuurpraktijken verzamelde, die de grenzen van de architectuurdiscipline oprekken door sociale problemen zichtbaar te maken, nieuwe samenwerkingsverbanden aan te gaan of experimenteren met ontwerpmethoden en instrumenten.[11] Uit beide publicaties blijkt dat de besproken ontwerpers vaak een maatschappelijke rol ambiëren. In de woorden van Borasi:

> Gedreven door het verlangen om op een meer substantiële en actieve manier bij te dragen aan de opbouw van een culturele agenda (...) delen zij de behoefte om zich te verbinden met de geest van hun tijd: om die beter te begrijpen en er adequatere suggesties voor te doen, en zelfs om te anticiperen op toekomstige vraagstukken.[12]

De manier waarop een architect opereert als publieke intellectueel kan veel retorische vormen aannemen: van het bekritiseren van een systeem, het voorstellen van alternatieven, het beïnvloeden van beleidsmakers en opdrachtgevers, het opvoeden van ontwerpers en opdrachtgevers, tot aan het creëren van bewustwording bij het grotere publiek. Deze retorische modi zijn veelal gekoppeld aan de rollen die architecten op zich kunnen nemen als publieke intellectueel: van de meer conventionele culturele posities van redacteur, schrijver of criticus, via de maatschappelijke rollen van politiek activist en bestuurder, tot de sociale rollen van representant of docent. Bekijken we de positie van de architect vanuit de specifieke inmenging in de publieke sfeer, dan tekenen zich de rollen van syndicalist, populist, activist, facilitator en politicus af, die we verderop in dit nummer hebben uitgewerkt, door voor elk van deze posities vier architecten te presenteren. Uiteraard nemen de meeste architecten niet één enkele positie in, maar combineren ze verschillende – zo niet tegelijkertijd, dan zeker in het verloop van de tijd. Bepalend voor de rol van de architect als publieke intellectueel is tevens de positie van waaruit stelling wordt ingenomen. Benadert de publieke intellectueel de maatschappelijke debatten vanuit het centrum of eerder vanuit de marge? Vertrekt de publieke intellectueel vanuit een institutioneel kader, zoals een onderwijsinstelling of een publieke administratie, of

10
Tom Avermaete, Klaske Havik en Hans Teerds (red.), *Into the Open. Publieke Plaatsen / Accommodating the Public, OASE* 77 (2007).

11
Nishat Awan, Tatjana Schneider en Jeremy Till, *Spatial Agency: Other Ways of Doing Architecture* (Londen: Routledge, 2011); Giovanna Borasi, *The Other Architect* (Montréal: Canadian Centre for Architecture, 2014).

12
Giovanna Borasi, 'Another Way of Building,' in: Borasi, *The Other Architect*, op. cit. (noot 11).

77 called 'the public domain' or 'the public sphere'.[10] In addition, architects have been able to develop, on the fringes of the profession, new architectural practices through which they can actively participate in the public debate, in words and drawings, in studies and participations. In recent years, the changing positions and practices of architects have received increasing attention. Important contributions to the international debate on these changes include Nishat Awan, Tatjana Schneider and Jeremy Till's anthology of so-called 'other practices', *Spatial Agency: Other Ways of Doing Architecture*, and a publication of and exhibition at the Canadian Centre for Architecture in Montréal, *The Other Architect*, for which curator Giovanna Borasi assembled 22 architectural practices that have pushed the boundaries of the architectural discipline by making social problems visible, engaging in new collaborations or experimenting with design methods and tools.[11] Both publications show that the designers discussed often aspire to a social role. In Borasi's words:

> Driven by the desire to contribute in a more substantial and active way to the setting of a cultural agenda . . . they share the need to connect with the spirit of their times: to understand it better and make more adequate suggestions for it and even to anticipate future issues.[12]

The way architects operate as public intellectuals can take many rhetorical forms: from criticising a system, proposing alternatives, influencing policymakers and clients, and educating designers and clients, to raising awareness in the general public. These rhetorical modes are mostly linked to the roles that architects can take on as public intellectuals: from the more conventional cultural positions of editor, writer or critic, through the social roles of political activist and administrator, to the social roles of representative or teacher. Looking at the position of the architect in terms of specific interventions in the public sphere, the roles of syndicalist, populist, activist, facilitator and politician emerge, which we have elaborated on later in this issue by presenting four architects for each of these positions. Of course, most architects do not occupy a single position, but combine several – if not simultaneously, then certainly over time. Also defining the role of the architect as a public intellectual is the starting point from which they take position. Does the public intellectual approach public debates from the centre, or rather from the margins? Does the public intellectual start from an institutional framework, such as an educational institution or a public administration, or rather from an anarchist movement? And in whose name do they take position and speak in the public debate? From an individual position, or rather as a spokesperson or representative of a particular group?

Broadening a Perspective

While architects have played the part of public intellectual throughout history – think of the many contributions designers have made to public debates on urbanisation – moments of social

10
Tom Avermaete, Klaske Havik and Hans Teerds (eds.), 'Into the Open: Publieke Plaatsen/Accommodating the Public', *OASE* 77 (2007).

11
Nishat Awan, Tatjana Schneider and Jeremy Till, *Spatial Agency: Other Ways of Doing Architecture* (London: Routledge, 2011); Giovanna Borasi, *The Other Architect* (Montréal: Canadian Centre for Architecture, 2014).

12
Giovanna Borasi, 'Another Way of Building,' in: Borasi, *The Other Architect*, op. cit. (note 11).

eerder vanuit een anarchistische beweging? En in wiens naam wordt in het publieke debat een positie ingenomen en gesproken? Gaat het om een eigen positie, of is men eerder spreekbuis of vertegenwoordiger van een bepaalde groep?

Verbreden van een perspectief

Hoewel architecten dus door de geschiedenis heen de rol van publieke intellectueel hebben ingenomen – denk bijvoorbeeld aan de vele bijdragen van ontwerpers aan maatschappelijke debatten over verstedelijking – lijken vooral momenten van maatschappelijk en disciplinaire transitie als vliegwiel te werken. Op ogenblikken waarop de maatschappij en de architectuur sterk in beweging waren, speelde een aantal figuren een sleutelrol in het verbinden van beide door actief stelling te nemen in het publieke debat. Wellicht is het daarom geen toeval dat de grote culturele en sociale kritieken in het Europa van de jaren 1960 en 1980 ook architecten hebben aangezet tot het enerzijds bediscussiëren van moderne ontwerpbenaderingen en anderzijds tot het innemen van uitgesproken publieke posities in het maatschappelijk debat, terwijl dit tegelijkertijd ook is terug te lezen in historische en sociologische studies naar het karakter van de beroepspraktijk en de positie van de architect in de samenleving in deze perioden. In 1984 legde de Franse architectuurhistoricus Jean-Louis Cohen de nadruk op de invloed van de intense uitwisseling tussen Italië en Frankrijk, die de ambitie had de kloof tussen architecten en intellectuelen te overbruggen.[13] Aan de hand van het werk van de socioloog Pierre Bourdieu en een lezing van het sociale milieu van architecten, beschreef socioloog Jean-Louis Violeau een zekere 'herintellectualisering' van architecten en koppelde die aan de herpositionering van de architectuur in een sociaal veld.[14] Architectuurhistoricus Caroline Maniaque beschreef vervolgens de invloed van culturele uitwisselingen tussen Frankrijk en de Verenigde Staten op de positie van de architect in de samenleving.[15] En architectuurhistorici Andrew Leach, Cristiana Mazzoni en Maurizio Sabini interpreteerden respectievelijk het werk van Manfredo Tafuri, de Italiaanse beweging *Tendenza* en de rol van Ernesto Nathan Rogers expliciet als publiek intellectueel.[16] Maar op andere ogenblikken in de geschiedenis lijkt publieke participatie van architecten juist sterk aan erosie onderhevig, en wordt publieke inmenging van architecten juist niet gewaardeerd. In de jaren 1990, bijvoorbeeld, spelen niet alleen de anti-intellectuele tendensen op die Furedi in de samenleving traceert, maar komt binnen de architectuurcultuur ook de publieke rol van architecten onder druk te staan, omwille van een toenemende professionalisering van hun werk.

Hoewel bepaalde maatschappijen duidelijk meer plaats bieden aan de publieke participatie van architecten dan andere, geeft het ongetwijfeld een vertekend beeld, te stellen dat de positie van de publieke intellectueel met name gebonden is aan de westerse wereld, waar het gekoppeld is aan de sterke (maar tegenwoordig geërodeerde) culturele positie van redacteuren, onderwijzers of kunstenaars. Dit beeld is echter te beperkt en moet daarom worden aangevuld met verhalen over culturele en publieke posities in andere geografieën, als ook met narratieven over publieke intellectuelen die meer activistische

13
Jean-Louis Cohen, 'La coupure entre architectes et intellectuels, ou les enseignements de l'italophilie', *Extenso* 1 (Parijs: Recherches à l'École d'Architecture Paris – Villemin, 1984).

14
Jean-Louis Violeau, *Les Architectes et Mai 68* (Parijs: Éditions Recherches, 2005).

15
Caroline Maniaque-Benton, *Go West! Des architectes au pays de la contre-culture* (Marseille: Éditions Parenthèses, 2014).

16
Andrew Leach, *Manfredo Tafuri. Choosing History* (Gent: A&S Books, 2007); Cristiana Mazzoni (red.), *La Tendenza, une avant-garde architecturale italienne, 1950-1980* (Marseille: Éditions Parenthèses, 2014); Maurizio Sabini, *Ernesto Nathan Rogers, The Modern Architect as Public Intellectual* (Londen: Bloomsbury, 2021).

and disciplinary transition seem to act as catalysts. At moments of profound change in society and architecture, a number of people played a key part in connecting the two by taking an active position in the public debate. It is perhaps no coincidence that the major cultural and social critiques in Europe in the 1960s and 1980s led architects to discuss modern approaches to design on the one hand and to take up outspoken public positions in the public debate on the other. This is also reflected in historical and sociological studies on the nature of professional practice and the position of the architect in society in these periods. In 1984, French architecture historian Jean-Louis Cohen emphasised the influence of the intense exchanges between Italy and France, which aimed to bridge the gap between architects and intellectuals.[13] Drawing on the work of sociologist Pierre Bourdieu and reading the social milieu of architects, sociologist Jean-Louis Violeau described a certain 're-intellectualisation' of architects and linked it to the repositioning of architecture in a social field.[14] Architecture historian Caroline Maniaque went on to describe the influence of cultural exchanges between France and the United States on the position of the architect in society.[15] And architecture historians Andrew Leach, Cristiana Mazzoni and Maurizio Sabini have explicitly interpreted, respectively, the work of Manfredo Tafuri, the Italian Tendenza movement and the role of Ernesto Nathan Rogers as public intellectual phenomena.[16] At other moments in history, on the other hand, the public participation of architects appears to have been severely eroded and public interventions by architects were not even appreciated. In the 1990s, for example, the anti-intellectual tendencies that Furedi traces in society come into play on the one hand while in architecture culture, the public role of architects comes under pressure due to the increasing professionalisation of their work on the other.

While some societies are clearly more receptive to the public participation of architects than others, to say that the position of the public intellectual is particularly associated with the Western world, where it is linked to the strong (but now eroded) cultural position of the editor, the teacher or the artist, undoubtedly paints a distorted picture. This picture is too limited and therefore needs to be complemented by narratives about cultural and public positions in other geographies, as well as by narratives about public intellectuals who have taken more activist and managerial positions in society. This *OASE* aims to make a modest contribution to broadening this perspective.

The Toolbox of Public Participation

In addition, the role of the public intellectual is accompanied by a different vision of the traditional architectural armamentarium. The architect as public intellectual can understand commissions and architectural designs as propositions in the context of the broader social challenges with which they are engaged. Their practice demonstrates that architectural projects have the capacity not only to bring parties to the table to discuss difficult issues,

13
Jean-Louis Cohen, 'La coupure entre architectes et intellectuels, ou les enseignements de l'italophilie', *Extenso* 1 (Paris: Recherches à l'École d'Architecture Paris – Villemin, 1984).

14
Jean-Louis Violeau, *Les Architectes et Mai 68* (Paris: Éditions Recherches, 2005).

15
Caroline Maniaque-Benton, *Go West! Des architectes au pays de la contre-culture* (Marseille: Éditions Parenthèses, 2014).

16
Andrew Leach, *Manfredo Tafuri: Choosing History* (Ghent: A&S Books, 2007); Cristiana Mazzoni (ed.), *La Tendenza, une avant-garde architecturale italienne, 1950-1980* (Marseille: Éditions Parenthèses, 2014); Maurizio Sabini, *Ernesto Nathan Rogers, The Modern Architect as Public Intellectual* (London: Bloomsbury, 2021).

en bestuurlijke functies in de maatschappij hebben ingenomen. Deze *OASE* wil alvast een bescheiden bijdrage leveren aan de verbreding van dit perspectief.

Instrumentarium van publieke participatie

De rol van de publieke intellectueel gaat bovendien gepaard met een andere visie op het traditionele architectonische instrumentarium. Voor de architect als publieke intellectueel kunnen opdrachten en architectonische ontwerpen begrepen worden als stellingen in de context van de bredere maatschappelijke uitdagingen waarmee ze zich engageren. Hun praktijk illustreert hoe architectuurprojecten niet alleen de capaciteit hebben om partijen bij moeilijke vraagstukken rond de tafel te brengen, maar ook om de publieke opinie te bespelen. Het instrumentarium van de architect als publieke intellectueel beperkt zich echter niet tot het architectuurontwerp alleen, maar strekt zich uit tot het maken van tentoonstellingen (al dan niet over architectuur), het schrijven in de algemene pers (al dan niet over architectuur), een stem te laten horen in (eigen) radio- en televisieprogramma's, een cruciale rol te spelen in het onderwijs en door initiatieven te nemen om bepaalde onderwerpen te agenderen in het publieke debat.

Vanwege onze ambitie om het mogelijke publieke engagement van architecten voor het voetlicht te brengen, onderzoeken we in dit nummer van *OASE* dit brede architectonische instrumentarium. Concreet hebben we ons gericht op de volgende vragen: Op welke manier waren architecten actief in het verbinden van architectuurontwerp en samenleving? Welk instrumentarium hadden zij tot hun beschikking, en welke strategie effectueerden zij? Vanuit welke posities en/of instellingen waren zij werkzaam? En wat was het effect van hun werk op de toenmalige architectuurcultuur?

Rappel à l'ordre

Dit nummer van *OASE* vormt een pleidooi voor de noodzaak van architecten om zich publiek te engageren en vertrekt vanuit de overtuiging dat architecten, met hun eigen kennis en kunde, een waardevolle positie kunnen innemen in de publieke sfeer. Door onze blik op de architect te verbreden, en ook de maatschappelijke participatie mee te nemen, kunnen we ook architecten die tot nu toe buiten beeld zijn gebleven, een plaats geven in de architectuurgeschiedenis en -kritiek. Te vaak zijn geschiedschrijving en kritiek uitgegaan van het beeld van de architect als heroïsche, mannelijke avant-garde figuur die ontwerpt en bouwt. De architect als publieke intellectueel opent een ander perspectief, waardoor ook andere rollen, benaderingen en instrumenten kunnen worden belicht. Bovendien blijkt dat alternatieve stemmen – zoals die van vrouwen – een veel belangrijker plaats innemen in de architectuurcultuur dan tot nu toe werd verondersteld. Daarmee wil dit nummer van *OASE* zich expliciet mengen in het hedendaagse publieke debat. Niet alleen door zes min of meer onbekende architecten naar voren te schuiven, maar ook door architecten op te roepen zich te engageren met maatschappelijke vraagstukken, en daarbij geen genoegen te nemen met enkel een bijdrage aan het architectonische discours. De effecten van sociale kwesties op de gebouwde omgeving lijken met

but also to manipulate public opinion. However, the arsenal of the architect as a public intellectual includes not only the creation of architectural designs, but also the organisation of exhibitions (about architecture or otherwise), writing for the general press (about architecture or otherwise), having a voice in (their own) radio and television programmes, playing a crucial part in education and taking initiatives to put certain issues on the agenda of public debate.

With the aim of highlighting the potential public engagement of architects, this issue of *OASE* examines this broad range of architectural instruments. In particular, it focuses on the following questions: In what ways have architects been active in linking architectural design and society? What tools did they have at their disposal and what strategies did they employ? From which positions and/or institutions did they work? And what was the impact of their work on the architecture culture of their time?

Rappel à l'ordre

This issue of *OASE* underwrites the need for architects to engage with the public and is based on the conviction that architects, with their own knowledge and skills, can occupy a valuable position in the public sphere. By broadening our view of the work of the architect to include social participation, we can give architects who have hitherto remained out of the picture a place in the history of architecture and architecture criticism. Too often, history and criticism have painted the picture of the architect as a heroic, male, avant-garde person who designs and builds. The idea of the architect as a public intellectual opens up different perspectives and allows the highlighting of other roles, approaches and instruments. It also shows that alternative voices – such as those of women – occupy a much more prominent place in architecture culture than has previously been assumed. This issue of *OASE* thus aims to intervene explicitly in the contemporary public debate, not only by presenting six more or less unknown architects, but also by calling on architects to engage with social issues and not be content with merely contributing to the architecture discourse. The impact of social issues on the built environment seems to be discussed mainly by social geographers, sociologists, journalists and planners, while designers hardly know how to actively engage in the conversation. Architects, however, have the practical knowledge of space and the imagination to map changes and make them concrete in the context of local conditions. This way, they can make a valuable contribution to the public sphere. This *OASE* is a reminder to the various public platforms to let architects and urban designers have their say, but certainly also to architects, architecture theorists, historians and critics to engage in the current public debate on ecological, social and economic change and to reassume the crucial role of public intellectuals.

Translation: InOtherWords, Maria van Tol

name besproken te worden door sociaalgeografen, sociologen, journalisten en planologen, terwijl ontwerpers zich nauwelijks actief in het gesprek weten te mengen. Architecten bezitten echter praktische kennis van ruimte én het verbeeldingsvermogen om veranderingen in kaart te brengen en concreet te maken tegen de achtergrond van lokale omstandigheden. Daarmee kunnen ze een waardevolle bijdrage leveren aan de publieke sfeer. Deze *OASE* is een *rappel à l'ordre* aan de verschillende publieke podia om architecten en stedenbouwkundigen aan het woord te laten, maar zeker ook aan architecten, architectuurtheoretici, historici en critici om binnen de huidige maatschappelijke debatten over ecologische, sociale en economische transitie de handschoen op te pakken en opnieuw de cruciale rol van publieke intellectueel op zich te nemen.

Architect in Parliament: Halina Skibniewska's Dilemma of Involvement

Michal Kulesza and Maja Wrzeszcz

You're not as numbed as you think,
And even if you're like a pebble on the ground,
Together with many other pebbles
You can change the course of an avalanche.
And, as someone else used to say,
If you can change its course, then do so.

Czesław Miłosz

Polish architect, academic and politician Halina Skibniewska included the above quote from Czesław Miłosz's poem *Treatise on Morality (Traktat moralny,* 1947)[1] in her response to a letter of gratitude from a person she had helped as a member of parliament.[2] These few lines accurately capture Skibniewska's ethical stance on her work and duties in politically difficult times.

Her career was shaped by the reality of the post-war Polish People's Republic, a Soviet satellite state governed by a communist regime. Although the country was in dire need of reconstruction after the Second World War, the government often tended to limit the autonomy of architects.

Skibniewska had to navigate this challenging environment and found a way to combine her work as a designer with academia and politics. She utilised negotiating and persuasive skills to find loopholes and areas of freedom within the system. In doing so, Skibniewska focused on the social aspect of architecture, particularly on the groups whose needs were overlooked (such as people with disabilities, children or the elderly) and urban ecology.

Formation of a Social Attitude (1921-1964)

Halina Skibniewska (née Erentz) and her peers represented the first generation raised in a state that had just regained independence after over a century of rule by neighbouring countries.[3] They were brought up in an atmosphere of optimism and modernisation, but also learned how to develop a sensitivity towards social issues, in a common effort to organise the retrieved homeland.

Born in 1921 in Warsaw, she grew up in an assimilated Jewish family of progressive intellectuals. The outbreak of the Second World War interrupted her studies in architecture. During the Nazi German occupation, Skibniewska served as a liaison officer and a paramedic for the underground resistance movement.[4] She continued her education in clandestine classes and attended courses in both architecture and sociology. At that time, Warsaw's academic community was comprised of left-wing, avant-garde architects who believed in modernist ideals.

1
Czesław Miłosz, *Treatise on Morality*, translation by Jolanta Dudek, 'Miłosz and Conrad in the Treatise on Morality', *Yearbook of Conrad Studies*, Vol VII (2012), 140.

2
Polish writer and poet, laureate of the 1980 Nobel Prize in Literature.

3
As the result of the First World War.

4
The Polish Home Army (Armia Krajowa, AK) and the Council to Aid Jews (Żegota).

Architect in het parlement: Halina Skibniewska's betrokkenheid als dilemma

Michal Kulesza en Maja Wrzeszcz

Je bent niet zo verdoofd als je denkt,
En ook al ben je als een kiezelsteentje op de grond,
Samen met vele andere kiezelsteentjes
Kun je de richting van een lawine veranderen.
En, zoals iemand anders altijd zei,
Als je de richting van een lawine kunt veranderen, doe dat dan.

Czesław Miłosz

De Poolse architect, academicus en politicus Halina Skibniewska (1921-1964) nam bovenstaande strofen uit het gedicht *Treatise on Morality (Traktat moralny,* 1947)[1] van Czesław Miłosz op in haar antwoord op een bedankbrief van iemand die ze als parlementslid had bijgestaan.[2] Deze paar regels geven een goed beeld van Skibniewska's ethische houding ten opzichte van haar werk en plichtsbetrachting in politiek moeilijke tijden.

Haar carrière werd gevormd door de realiteit van de naoorlogse Poolse Volksrepubliek, een Sovjet-satellietstaat geregeerd door een communistisch regime. Hoewel het land na de Tweede Wereldoorlog dringend aan wederopbouw toe was, neigde de regering ernaar de autonome positie van architecten in te perken.

Skibniewska, die zich in deze uitdagende omgeving moest zien staande te houden, vond een manier om haar werk als ontwerper te combineren met haar werk in de academische wereld en de politiek. Ze gebruikte haar vaardigheid om te onderhandelen en te overtuigen om achterdeurtjes en vrije ruimte in het systeem te vinden. Ze richtte zich daarbij op de maatschappelijke kant van de architectuur, met name op groepen van wie de noden over het hoofd werden gezien (zoals mensen met een handicap, kinderen of ouderen) en op de stedelijke ecologie.

Het begin van een sociale attitude (1921-1964)

Halina Skibniewska (geboren Erentz) en haar leeftijdsgenoten waren vertegenwoordigers van de eerste Poolse generatie die opgroeide in een staat die, na meer dan een eeuw van overheersing door buurlanden, recent zijn onafhankelijkheid had herwonnen.[3] Ze werden grootgebracht in het kader van een gezamenlijke inspanning om het herwonnen vaderland te organiseren: niet alleen in een sfeer van optimisme en modernisering, maar ze ontwikkelden ook een gevoeligheid voor sociale kwesties.

Skibniewska werd in 1921 geboren in Warschau en groeide op in een geassimileerd, uit progressieve intellectuelen bestaand joods gezin. Door het uitbreken van de Tweede Wereldoorlog moest ze haar studie architectuur onderbreken. Tijdens de Duitse bezetting werkte

1
Czesław Miłosz, *Treatise on Morality*, vertaling Jolanta Dudek, 'Miłosz and Conrad in the Treatise on Morality', *Yearbook of Conrad Studies*, deel VII (2012), 140.

2
Pools schrijver en dichter, winnaar van de Nobelprijs voor Literatuur in 1980.

3
Als gevolg van de Eerste Wereldoorlog.

After the end of the war, the severely damaged capital city required rapid rebuilding. Consequently, the authorities established the Warsaw Reconstruction Office (Biuro Odbudowy Stolicy, BOS), which Skibniewska joined in 1946. She worked there with Professor Romuald Gutt, a renowned modernist architect whose ideas influenced her as a practitioner. Shortly after that, Skibniewska graduated from the Warsaw University of Technology, joined his office, and was appointed his teaching assistant. She later said: 'I chose Gutt because he had that "face-to-face view", he understood man and his place in the world, in nature.'[5] While working for him, she designed a school featuring an experimental supplementary social programme in the small village of Radkowice. Residents participated in the construction of the pavilion, which was deeply pragmatic, yet finely proportioned and embedded in the landscape. Years later she remarked 'The school was not only an architectural fact but also a social fact. . . . There I was engaged in social activities and at the same time I was an architect. And in such a combination, I feel the best.'[6]

5
Czesław Bielecki, interview with Halina Skibniewska, 'Problems from Vitruvius', *Architektura* (3 April 1977), 26-35.

6
Ibid.

Halina Skibniewska in the Sady Żoliborskie estate, Warsaw, c. 1961/ Halina Skibniewska bij het woningbouwproject Sady Żoliborskie, Warschau, ca.1961

Skibniewska als contactpersoon en verpleegkundige voor de ondergrondse verzetsbeweging.[4] Ze vervolgde haar opleiding via clandestien onderwijs in zowel architectuur als sociologie. In die tijd bestond de academische gemeenschap van Warschau uit linkse, avant-gardistische vakgenoten die geloofden in modernistische idealen.

Na het einde van de oorlog moest de zwaar getroffen hoofdstad snel worden herbouwd. Daarom richtten de autoriteiten het Bureau voor de Wederopbouw van de Hoofdstad (Biuro Odbudowy Stolicy, BOS) op, waar Skibniewska in 1946 in dienst trad. Ze werkte er samen met professor Romuald Gutt, een bekende modernistische architect wiens ideeën haar werkwijze beïnvloedden. Kort daarna studeerde ze af aan de Politechnika Warszawska, trad in dienst bij het bureau van Gutt en werd benoemd tot zijn onderwijsassistent. Later vertelde ze: 'Ik koos Gutt vanwege zijn "face-to-face view", hij begreep de mens en diens plaats in de wereld, in de natuur.'[5] In de tijd dat ze voor Gutt werkte, ontwierp ze een school met een experimenteel aanvullend maatschappelijk programma in het dorpje Radkowice. De inwoners werkten mee aan de bouw van het uiterst pragmatische, maar fijnzinnig geproportioneerde paviljoen, dat lag ingebed in het landschap. Jaren later zou ze zeggen: 'De school was niet alleen een architectonisch, maar ook een maatschappelijk gegeven. (...) Ik hield me daar bezig met sociale activiteiten en tegelijkertijd was ik architect. En bij die combinatie voel ik me het prettigst.'[6]

4
Het Poolse thuisleger (Armia Krajowa, AK) en de Raad ter ondersteuning van de Joden (Żegota).

5
Czesław Bielecki, interview met Halina Skibniewska, 'Problems from Vitruvius', *Architektura* (3 april 1977), 26-35.

6
Ibid.

The Sady Żoliborskie estate, Warsaw, c. 1964/ Woningbouwproject Sady Żoliborskie, Warschau, ca. 1964

While working at the BOS, she met Zygmunt Skibniewski, an architect who was 16 years her senior and responsible for the general plans of Warsaw's post-war reconstruction. He was later appointed head of the Committee for Urban Planning and Architecture (Komisja Urbanistyki i Architektury), which gave him significant political standing. They married, but unlike many female architects of that era who worked alongside their husbands, she always operated independently. Nevertheless, it could be argued that Zygmunt's high position in political and professional circles was advantageous
for her career.

The experiences of Skibniewska's early life, including the collective effort to rebuild the capital and the modernist education she received, shaped her into a socially engaged architect with practical and theoretical training.

Sady Żoliborskie, the Housing Estate in the Orchards

The commissioning of a residential project in Warsaw's Żoliborz district was a turning point in Skiebniewska's career. It occurred at a politically opportune moment and manifested the values that she continued to cultivate in later years.

The death of Stalin in 1953, followed by political transformations in the Soviet Union, allowed the Polish United Workers'

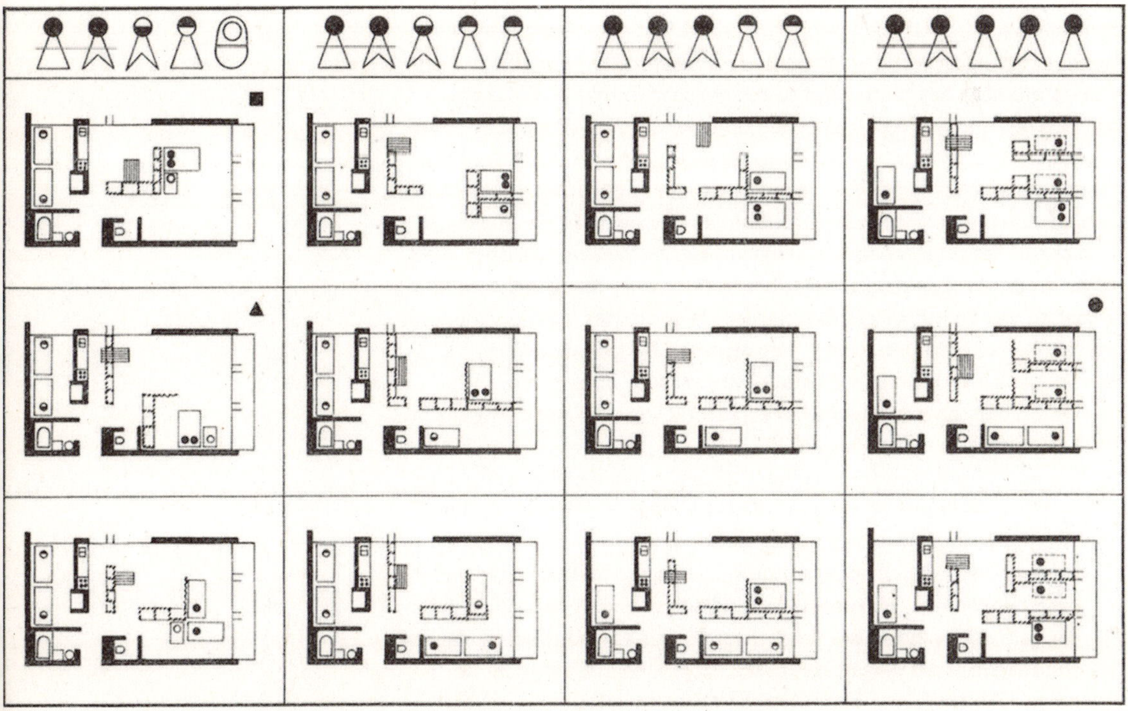

Variants of the organisation of the 57-m² apartment according to family structure, Warsaw, 1958/ Varianten op verschillende gezinssamenstellingen voor het appartement van 57 m², Warschau, 1958

Tijdens haar werk bij het BOS ontmoette ze Zygmunt Skibniewski, een architect die 16 jaar ouder was dan zij en verantwoordelijk voor de algemene plannen voor de naoorlogse wederopbouw van Warschau. Hij zou later worden benoemd tot hoofd van het Comité voor stedenbouw en architectuur (Komisja Urbanistyki i Architektury), wat hem veel politiek aanzien gaf. Ze trouwden, maar in tegenstelling tot veel andere vrouwelijke architecten, die indertijd meestal met hun man samenwerkten, bleef zij altijd zelfstandig opereren. Desondanks kunnen we wel stellen dat Skibniewski's hoge positie in politieke en professionele kringen goed uitpakte voor haar carrière.

De ervaringen uit Skibniewska's vroege leven, waaronder de collectieve inspanningen bij de wederopbouw van Warschau en de modernistische opleiding die ze had ontvangen, vormden haar tot een sociaal geëngageerde, en praktisch zowel als theoretisch geschoolde architect.

Sady Żoliborskie, het woningbouwproject in de boomgaarden

Een opdracht voor een woningbouwproject in de wijk Żoliborz in Warschau vormde een keerpunt in Skiebniewska's carrière. Door deze opdracht, die op een politiek opportuun moment kwam, kon zij de waarden kenbaar maken die ze ook in later jaren zou cultiveren.

De dood van Stalin in 1953, gevolgd door politieke omwentelingen in de Sovjet-Unie, stelde de Poolse Verenigde Arbeiderspartij (Polska Zjednoczona Partia Robotnicza, PZPR) in staat om de interne politiek te temperen. De kennisuitwisseling tussen West- en Oost-Europa werd intensiever. Na bijna een decennium van socialistisch realisme konden architecten weer vrijer ontwerpen.

In deze periode van relatieve vrijheid was Halina Skibniewska in de dertig en werkte ze als de Poolse correspondent voor het gerenommeerde Franse tijdschrift *L'Architecture d'Aujourd'hui.*[7] Dit stelde haar in staat om naar het buitenland te reizen, naar Frankrijk, Italië en Scandinavië. Als architect was ze al een ervaren ontwerper en werkte ze voor de Warschause woningbouwvereniging (Warszawska Spółdzielnia Mieszkaniowa, WSM). In 1958 begon ze aan de ontwikkeling van een woningbouwproject voor enkele duizenden bewoners in de woonwijk Żoliborz, in het noorden van Warschau. Haar vernieuwende, door westerse trends gevoede manier van denken en haar gevoeligheid voor de behoeften van de gebruikers overtuigden de voorzitter van de coöperatie om haar toe te staan om, binnen het beperkte budget, de dwingende normen aan te vechten en een modelwoonwijk te ontwerpen.

De wijk ligt op het terrein van een aantal voormalige boomgaarden (in het Pools: *sady*) en bestaat uit 24 compacte gebouwen. De volumes, die ogenschijnlijk vrij over de ruimte verdeeld zijn, werden zorgvuldig gerangschikt met het oog op de aanleg van voldoende intieme, semi-openbare groene plekken. Ze zou later zeggen:

> Ik beschouw woningbouw – hoewel sommige mensen daar anders over denken – als de meest essentiële taak van de architect, omdat die de basisvorm van het landschap bepaalt. Daarom ben ik geïnteresseerd in twee dingen: de maatschappelijke omgeving en de natuurlijke omgeving. Ik probeerde de oude kastanjelaan in Sady niet alleen te redden omdat ik van natuur houd, maar ook omdat het een architectonisch basiselement is dat ik wilde behouden.[8]

7
Ze heeft er de twee volgende decennia aan bijgedragen.

8
Ibid.

Party (Polska Zjednoczona Partia Robotnicza, PZPR) to soften internal politics. The knowledge exchange between Western and Eastern Europe became more intense. After almost a decade of socialist realism, architects could design more freely.

In this moment of relative freedom, Halina Skibniewska was in her thirties and had been appointed the Polish correspondent for the renowned French magazine *L'Architecture d'Aujourd'hui.*[7] It enabled her to travel abroad to France, Italy and Scandinavia. As a practising architect, she was already an experienced designer working for the Warsaw Housing Cooperative (Warszawska Spółdzielnia Mieszkaniowa, WSM). In 1958, she began to develop a housing project for several thousand residents of the residential area of Żoliborz, north of Warsaw. Her innovative thinking, updated with Western trends, and sensitivity to the users' needs persuaded the cooperative's chairman to allow her to challenge the mandatory norms and design a model housing estate while staying within the restrictive budget.

Situated on the site of former orchards (in Polish: *sady*), it comprises 24 compact buildings. The volumes, seemingly freely distributed, were carefully arranged to create plenty of intimate semi-public green spaces. She later remarked:

> I consider housing – despite what some people say – to be the most essential architect's task, the basic shaper of the scenery. Therefore I am interested in two things: the social environment and the natural environment. When I was trying to save the old chestnut-tree avenue in Sady, it was not only because I love nature, but because I was saving the basic architectural element.[8]

To collect first-hand information on playground forms, she explored the neighbourhood and discussed children's preferences with them. Together with Alina Scholtz, a landscape designer, she planned gardens and 'adventure grounds' for children.

Skibniewska convinced investors to realise the maximum possible size within the prescribed law for apartment sizes. Knowing that it was still far from optimal, she tried to compensate with flat layouts that offered considerable flexibility. Skibniewska carefully analysed families' needs, which were changing over time, and designed a system of prepackaged furniture that allowed different combinations of space division.

Sady Żoliborskie quickly became a phenomenon and is still a sought-after address. The estate had not even been fully completed when the first constructed building received the Mister Warszawy architecture prize, awarded by the city's residents.

Entry into Politics (1964-1971)

The realisation of Sady Żoliborskie brought Skibniewska international recognition, which led to contacts with Western intellectuals. She was awarded a United Nations scholarship to study residential architecture, including a study trip to Great Britain and Switzerland. When French sociologist Paul-Henry Chombart de Lauwe saw Sady

7 She contributed to it for the next two decades.

8 Ibid.

Om informatie uit eerste hand over de vormen van speelplaatsen te verzamelen, verkende ze de buurt en sprak ze met kinderen over hun voorkeuren. Samen met landschapsontwerpster Alina Scholtz ontwierp ze tuinen en 'avonturenparken' voor de kinderen.

Skibniewska overtuigde investeerders om binnen de regels zo groot mogelijke appartementen te kunnen realiseren. Omdat ze wist dat de grootte van de woonheden verre van optimaal was, probeerde ze die te compenseren door een indeling die veel flexibiliteit bood. Skibniewska analyseerde zorgvuldig de behoeften van de gezinnen, die in de loop van de tijd veranderen, en ontwierp een systeem van voorverpakt meubilair dat verschillende combinaties van ruimtelijke indelingen mogelijk maakte. Sady Żoliborskie werd al snel een fenomeen en is nog steeds populair. Het woningbouwproject was nog niet eens volledig voltooid, toen het eerste opgeleverde gebouw de Mister Warszawy-architectuurprijs ontving, die werd toegekend door de inwoners van de stad.

De politiek in (1964-1971)

De realisatie van Sady Żoliborskie bracht Skibniewska internationale erkenning, wat leidde tot contacten met westerse intellectuelen. Ze kreeg een beurs van de Verenigde Naties om woningbouwarchitectuur te bestuderen, inclusief een studiereis naar Groot-Brittannië en Zwitserland. Toen de Franse socioloog Paul-Henry Chombart de Lauwe Sady Żoliborskie bezocht, zei hij haar: 'Wat je hier gebouwd hebt, is een doctorstitel waard; ga zitten en schrijf het op!'[9] Een paar jaar later, in 1971, deed ze dat inderdaad. Ze verdedigde een proefschrift, waarin ze architectuur en sociologie combineerde om gezinssamenstellingen en de huiselijke sfeer te analyseren, dat later als boek werd gepubliceerd.[10]

Ze werd ook een begrip in Polen, wat in 1965 resulteerde in een nominatie voor partijloos parlementslid. Ze herinnerde zich later zelfs, dat dankbare inwoners van Sady Żoliborskie haar voor die positie hadden voorgedragen.[11] Dat kan zo zijn geweest, maar de samenstelling van de assemblee stond hoe dan ook onder controle van de communistische partij.[12] De aanwezigheid van partijloze afgevaardigden zou er zogenaamd voor zorgen dat alle maatschappelijke groeperingen vertegenwoordigd waren. Alle kandidaten moesten echter worden geaccepteerd door de PZPR en hun publieke autoriteit werd gebruikt om het regime te legitimeren.

Toch geloofde Skibniewska dat een positie in de politiek haar de mogelijkheid zou geven om op verschillende niveaus te onderhandelen en invloed uit te oefenen op de bouwvoorschriften. In een interview uit 2000 zei ze: 'Zygmunt en ik wisten vrij snel dat onze sympathieën niet overeenkwamen met de die van de Volksrepubliek. Maar wat moest er uit dit besef volgen? Is het beter om je terug te trekken of om een huis te bouwen?'[13]

Sadyba: pionieren in toegankelijkheid

Skibniewska vormde haar ontwerpideeën door middel van publicaties en academische activiteiten. Ze beschouwde nieuwe projecten als potentiële kansen om haar concepten tot leven te brengen, maar dat mocht niet ten koste gaan van haar principes.

Tijdens de bouw van Sady Żoliborskie streefde ze ernaar om een

9
Agnieszka Wróblewska, interview met Halina Skibniewska, 'Łapcie przestrzeń w okna', *Gazeta Wyborcza* (2000).

10
Halina Skibniewska, *Rodzina a mieszkanie* (Warschau: PWN, 1971).

11
Wróblewska, interview met Halina Skibniewska, op. cit. (noot 9).

12
Polen was indertijd een eenpartijstaat en de PZPR had volledige politieke zeggenschap.

13
Ibid.

Halina Skibniewska in parliament, Warsaw, between 1965-1969/ Halina Skibniewska in het parlement, Warschau, tussen 1965-1969

Sadyba estate, Warsaw, 1970s/ Woningbouwproject Sadyba, Warschau, jaren 1970

inclusieve omgeving te creëren waar ruimte was voor mensen met een handicap, aan wie het architectuurdiscours gewoonlijk geen aandacht besteedde. Hoewel ze er niet in slaagde de coöperatie te overtuigen van dit baanbrekende concept, werden haar ideeën later uitgevoerd in een ander project, toen ze een sterkere positie had en onderhandelingservaring had opgedaan.

In 1968 kreeg ze de opdracht om woningbouwproject Sadyba in Warschau te ontwerpen. Ze was daarbij verplicht een prefabricagetechniek op basis van een grootformaat paneelsysteem toe te passen. Skibniewska was zich ervan bewust dat dit de architectonische vorm van haar ontwerp zou bepalen en daarom wees ze de opdracht af. Ze was echter wel bereid om een stedenbouwkundig plan te maken. Uiteindelijk leidden haar inzet voor sociale inclusie en kennis van het project tot een samenwerking met professor Marian Weiss, die gespecialiseerd was in traumatologie en revalidatie. Samen ontwierpen ze een aantal toegankelijke flats als onderdeel van een programma om slachtoffers van ongevallen te leren om zelfstandig te wonen. Dit betekende dat de bouwplannen moesten worden gewijzigd, maar ze slaagde erin de bureaucratische hindernissen te overwinnen en het project van de grond te krijgen.

Geconfronteerd met mogelijkheden en beperkingen (1971-1975)

In 1971 werd Skibniewska benoemd tot plaatsvervangend voorzitter van het parlement; ze was de eerste vrouw die deze functie in Polen bekleedde. De daaropvolgende 14 jaar was ze lid van talloze commissies en uiteindelijk kwam ze aan het hoofd van het Bureau voor interventies (Biuro Interwencji) te staan.

In deze jaren was de vraag naar woningen groot. De bouwsector zag zich echter geconfronteerd met bezuinigingsmaatregelen die ertoe leidden dat het bouwproces ondergeschikt werd gemaakt aan de beperkte capaciteiten van de aannemers.[14] Als lid van de Commissie voor bouw en gemeentelijk beheer *(*Komisji Budownictwa, Gospodarki Komunalnej) pleitte ze voor de verbetering van de kwaliteit van nieuwe woningen en de afstemming op specifieke behoeften door een grotere diversiteit aan indelingen. Skibniewska bekritiseerde de bouw van nieuwe wijken die verwerden tot 'slaapsteden in betonwoestijnen'.[15]

Als gedeputeerde richtte Skibniewska zich voornamelijk tot haar collega-politici, waarbij ze niet alleen de architectengemeenschap vertegenwoordigde, maar ook opkwam voor de belangen van burgers. In haar toespraken kwam haar passie voor maatschappelijke kwesties duidelijk naar voren en sommige van haar oproepen bereikten het brede publiek via citaten in kranten. Zo zei ze in 1972:

> Onze samenleving kan niet alleen uit ontvangers of gebruikers van woningbouw bestaan, maar men moet ook deelnemen aan, en meebouwen aan, de totstandkoming ervan. Voor wie bouwen we huizen? Voor de gebruikers. Daarom staat het beantwoorden van de vraag, wat voor soort gebruikers dat zijn, wat hun behoeften en aspiraties zijn, voorop.[16]

In het niet-democratische Poolse systeem waren Skibniewska's mogelijkheden dikwijls beperkt, maar ze gebruikte zowel formele als informele

14 Ibid.

15 Edyta Chrobaczyńska-Plucińska, 'Halina Skibniewska: Szkic do biografii', in: Agnieszka Chamera-Nowak (red.), *Kobiety Polsce: Polska Kobietom* (Warschau: SBP, 2022), 256-289.

16 Ibid.

Żoliborskie, he told her: 'You have built a doctorate, sit down and write it!'[9] A few years later, in 1971 she did so and defended a thesis that combined architecture and sociology in the analysis of family structure and domestic spaces, which was later published as a book.[10]

She also became a well-known figure in Poland, which resulted in a nomination as a non-party Member of Parliament in 1965. She even recalled, that appreciative residents of Sady Żoliborskie recommended her for that position.[11] This may have been the case, but the composition of the assembly was under the control of the communist party.[12] The presence of non-party deputies allegedly ensured that all social groups were represented. However, all candidates had to be accepted by the PZPR and their public authority was used to legitimise the regime.

Nonetheless, Skibniewska believed that a position in politics would provide her with the agency to negotiate at various levels and influence building standards. In an interview from 2000, she said: 'Zygmunt and I knew fairly quickly that our sympathies did not align with the practices of the People's Republic. But what was to follow from this realisation? Is it better to go into internal emigration or to build a house?'[13]

9 Agnieszka Wróblewska interview with Halina Skibniewska, 'Łapcie przestrzeń w okna', Gazeta Wyborcza (2000).

10 Halina Skibniewska, *Rodzina a mieszkanie* (Warsaw: PWN, 1971).

11 Agnieszka Wróblewska, interview with Halina Skibniewska, 'Łapcie przestrzeń wokna', *Gazeta Wyborcza* (2000).

12 Poland at that time was a one-party state, and the PZPR had complete political authority.

13 Ibid.

Sadyba, a Pioneering Programme in Accessibility

Skibniewska's design ideas were formed in publications and academic activities. She regarded new projects as potential opportunities to bring her concepts to life, but not at the expense of compromising her principles.

In Sady Żoliborskie, she strived to create an inclusive environment with flats for people with disabilities, whose needs were overlooked in the architecture discourse. Although she failed to convince the cooperative of this groundbreaking concept, her ideas were later implemented in another project, when she had a stronger position and had gained negotiating experience.

In 1968, she was commissioned to design the Sadyba housing estate in Warsaw. The requirement was to use a prefabrication technique based on a large-format panel system. Skibniewska was aware that it would determine the architectural form and therefore refused. However, she agreed to create a master plan. Finally, her involvement in social inclusion and knowledge about the project resulted in collaboration with Professor Marian Weiss, a specialist in traumatology and rehabilitation. Together, they designed accessible flats as part of a programme to teach accident victims to live independently. This necessitated changes to the building plans, but she managed to overcome bureaucratic hurdles and pushed the project through.

Facing Possibilities and Constraints (1971-1975)

In 1971, Skibniewska was appointed vice-speaker of the Parliament, making her the first woman in Poland to hold this position. She served for the following 14 years, during which she participated in numerous committees and eventually headed the Bureau of Interventions (Biuro Interwencji).

communicatiekanalen om haar doelen te bereiken. Als ze de opstelling van een wet niet kon beïnvloeden, gebruikte ze haar positie en connecties om in te grijpen in specifieke gevallen (bijvoorbeeld bij de omlegging van een geplande snelweg in Warschau om een waardevol bos te behouden). Ze gebruikte haar behendigheid bij het onderhandelen die ze opdeed tijdens haar omgang met beleidsmakers, vervolgens in discussies met investeerders in latere projecten.

In 1974 werd Skibniewska benoemd tot hoogleraar Architectuur en Stedenbouw aan de Politechnika Warszawska. Gedurende deze periode werkte ze parttime in het onderwijs, in het parlement en bij een door de staat geleid ontwerpbureau. Haar studenten en collega's herinneren zich dat de combinatie van drie banen weliswaar flexibiliteit en vindingrijkheid vereiste, maar dat ze altijd beschikbaar was voor haar medewerkers. Belangrijke vergaderingen werden in de studio gehouden, maar ontwerpoverleg vond vaak plaats in haar parlementaire kantoor tijdens onderbrekingen in de werkzaamheden.

Białołęka Dworska: interdisciplinaire samenwerking

In het parlement deed Skibniewska ervaring op in het communiceren met verschillende belanghebbenden met vaak onverenigbare doelen.

Halina Skibniewska during the project presentation to the First Secretary of the PZPR, Warsaw, 1970s/
Halina Skibniewska tijdens de presentatie van een project aan de eerste secretaris van de PZPR, Warschau, jaren 1970

Throughout these years, the demand for housing was great, but the construction industry faced austerity measures that resulted in the subordination of the building process to contractors' limited capabilities.[14] As a member of the Construction and Communal Management Committee (*Komisji Budownictwa, Gospodarki Komunalnej*), she advocated for enhancing the quality of new housing units and tailoring them to specific needs by increasing the diversity of layouts. Skibniewska criticised the creation of new neighbourhoods that turned into 'bedroom cities in concrete deserts'.[15]

Serving as a deputy, Skibniewska primarily addressed her fellow politicians, representing not only the architectural community, but also advocating for the needs of citizens. In her speeches, a passion for social issues was clearly visible, and some of her appeals reached a wider audience through quotations in newspapers. In 1972, she stated:

> Our society cannot just be a recipient or user of housing but also a participant and co-creator of its construction. Who are we building housing for? For the users. Therefore, the most important thing is to determine what kind of users they are, what their needs and aspirations are.[16]

In the non-democratic Polish system, Skibniewska's options were often limited, but she utilised both formal and informal channels of communication to achieve her objectives. If she could not influence the formulation of a law, she used her position and connections to intervene in specific cases (such as rerouting a planned expressway in Warsaw to preserve a valuable forest). She subsequently employed the negotiation skills she acquired in her dealings with policymakers in discussions with investors in later projects.

In 1974, Skibniewska was appointed professor of Architecture and Urban Planning at the Warsaw University of Technology. During this time, she worked part-time at the university, in the parliament and at a state-led design office. Her students and colleagues recall that juggling three jobs required flexibility and resourcefulness, but she was always available for her collaborators. Important meetings were held in the studio, but design consultations often took place in her parliamentary office during breaks in proceedings.

Białołęka Dworska, Interdisciplinary Collaboration

In the parliament, Skibniewska gained experience in communicating with various stakeholders who often had incompatible goals. This skill set proved instrumental in coordinating large-scale projects and persuading others to support her ideas.

The government initiated several programmes in response to the high demand for housing. As part of the Governmental Project 5 (PR-5), Skibniewska was invited to develop the area of Białołęka Dworska in Warsaw.

This urban project for 25,000 inhabitants became the most ambitious design of her life. For the collaboration, she engaged specialists in the areas of geomorphology, geology, hydrology, climate, soil, flora and fauna who carefully studied the site.[17] To communicate with stakeholders, Skibniewska organised presentations

14 Ibid.

15 Edyta Chrobaczyńska - Plucińska, 'Halina Skibniewska: Szkic do biografii', in: Agnieszka Chamera-Nowak (ed.), *Kobiety Polsce: Polska Kobietom* (Warsaw: SBP, 2022), 256-289.

16 Ibid.

17 Maciej Luniak, 'An Experiment in Poland: Białołęka Dworska', *Naturopa* 36 (1980), 14.

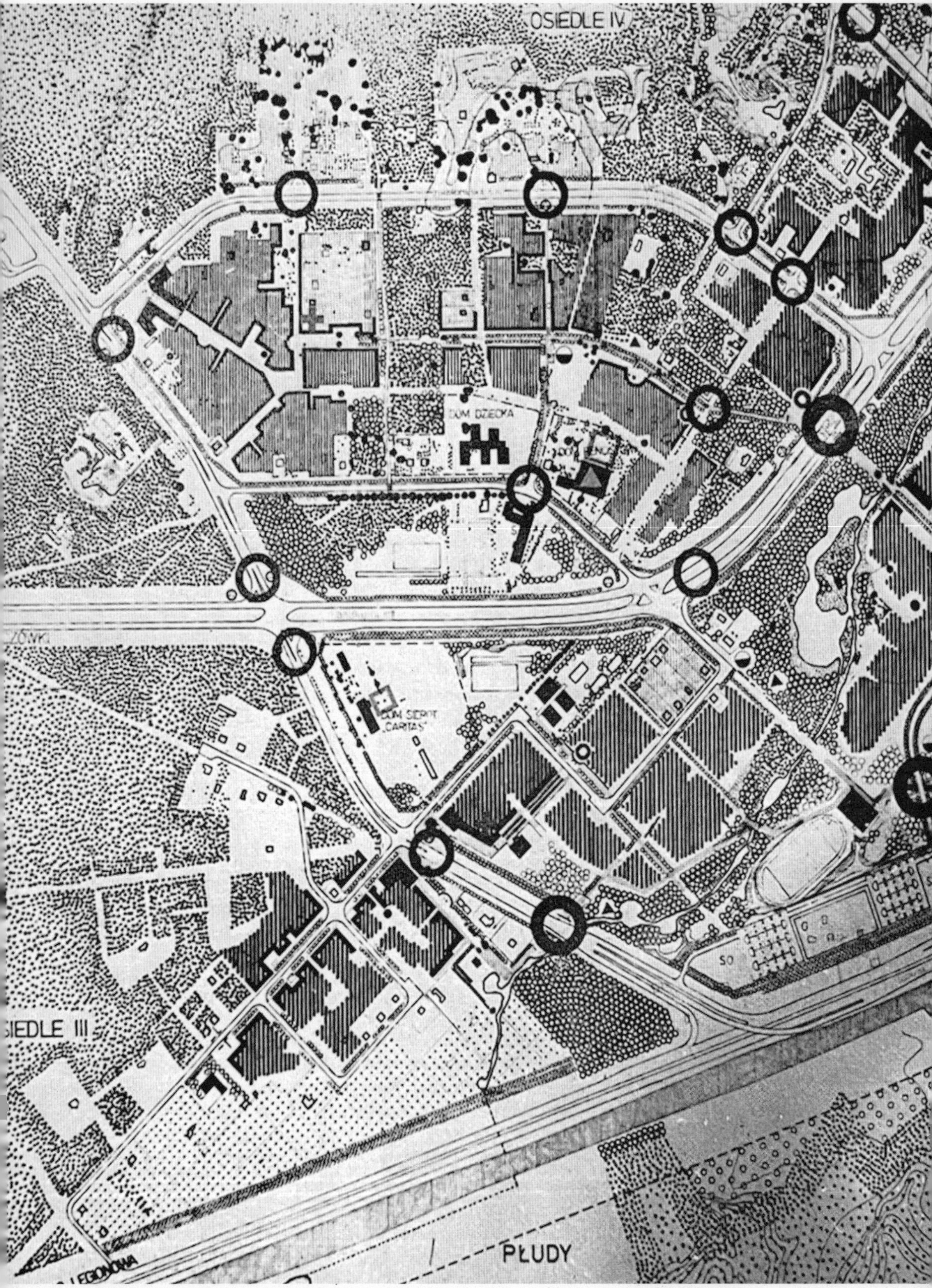

The master plan of Białołęka Dworska, Warsaw, between 1975-1985/ Het masterplan voor Białołęka Dworska, Warschau, tussen 1975-1985

where the findings of interdisciplinary teams were presented in straightforward language. 'These were always discussions based on arguments. They sat and listened while she explained. It was a bit like university. Then they would leave, convinced that she was right. We all shook our heads in disbelief,' her co-worker and friend Bogdan Dzierżawski remembered.[18]

Finally, the area was imagined as an ecosystem integrating nature with human habitation. The construction process was planned without the use of heavy machines to minimise the damage to wildlife. The design process took more than a decade, but the project was never realised, most likely due to economic difficulties and the impending collapse of communist rule.[19]

18 Filip Springer, Źle *urodzone: Reportaże o architekurze PRL-u* (Gdańsk: Karakter, 2013), 177.

19 Agnieszka Mazuś, 'Taniej jest z przyrodą nie walczyć', *Dziennik Wschodni*, 2 December 2011.

20 Bielecki, interview with Halina Skibniewska, op. cit. (note 5), 26-35.

Postgraduate Housing Programme, the Empowerment of Local Architects

Skibniewska's dedication to interdisciplinary collaboration was something she wanted to share with fellow architects. In assembling a team of experts for the PR-5 project, she identified an opportunity to promote this approach and utilise their expertise within academia. She created a one-year Postgraduate Housing Programme, addressed to teams of architects from regional offices, who would work on commissioned projects and receive consultations from various specialists. In this way, expertise accumulated in the capital city could be disseminated to other regions. Moreover, the programme provided education and certification from the Warsaw University of Technology to local professionals who otherwise would not have had such an opportunity.

The programme was Skibniewska's greatest realised ambition and pride. Given the lack of sufficient funds and procedural frameworks for combining theory with real projects in the university setting at the time, she involved the Centre of Housing Cooperatives' Staff Development to launch this initiative in a joint venture. Her colleagues remember her exceptional ability to persuade bureaucrats and fellow architects alike. The programme continued for many years, for as long as the Białołęka project and its socially-conscious graduates remained active in the architectural scene.

Reaching a Wider Audience (1975-1985)

The involvement in politics gave Skibniewska a sensitive understanding of social issues, surpassing that of the average architect. While heading the Parliamentary Bureau of Intervention, she received thousands of personal accounts and inquiries regarding housing, education, the needs of people with disabilities and general quality of life. Skibniewska endeavoured to address these issues and rectify some of the regime's injustices. Speaking from the perspective of an architect, she said in one interview:

> The fact that I am the deputy chairman of the parliament enriches my knowledge and my attitude towards society. Few people know how many contacts with the citizens I have. But sometimes my position is a ballast. I cannot use all tricks in this brutal fight for architecture.[20]

Deze ervaring kon ze goed gebruiken bij het coördineren van grootschalige projecten en als ze anderen moest overtuigen haar ideeën te steunen.

Om tegemoet te komen aan de grote vraag naar woningbouw lanceerde de overheid verschillende programma's. Skibniewska werd gevraagd om de wijk Białołęka Dworska in Warschau, die onderdeel was van PR-5 of te wel overheidsproject nummer 5, te ontwikkelen.

Dit stadontwikkelingsproject voor 25.000 inwoners zou het meest ambitieuze van haar leven worden. Ze werkte samen met specialisten op het gebied van de geomorfologie, geologie, hydrologie, klimaat, bodem, flora en fauna, die de locatie zorgvuldig bestudeerden.[17] Om met belanghebbenden te communiceren, organiseerde Skibniewska presentaties waarin de bevindingen van de interdisciplinaire teams in eenvoudige taal werden gepresenteerd. 'Dit waren altijd besprekingen op basis van argumenten. Ze zaten en luisterden, terwijl zij uitleg gaf. Het was een beetje schools. Als ze dan weer weggingen, waren ze ervan overtuigd dat zij gelijk had. 'We vonden het allemaal ongelofelijk,' vertelde haar collega en vriend Bogdan Dzierżawski achteraf.[18]

Uiteindelijk werd het gebied gepresenteerd als een ecosysteem waarin natuur en menselijke bewoning zouden worden geïntegreerd. Bij de bouw werd geen gebruik gemaakt van zware machines, dit om de schade aan de natuur tot een minimum te beperken. Het ontwerpproces nam meer dan tien jaar in beslag, maar het project werd nooit gerealiseerd, waarschijnlijk als gevolg van economische tegenslag en de dreigende ineenstorting van het communistische bewind.[19]

Een postacademisch woningbouwprogramma: de emancipatie van lokale architecten

Skibniewska wilde haar toewijding aan interdisciplinaire samenwerking delen met collega-architecten. Bij het samenstellen van een team van experts voor PR-5 zag ze een kans om deze benadering te promoten en de expertise van het team binnen de academische wereld in te zetten. Ze creëerde een postdoctoraal woningbouwprogramma van een jaar dat was gericht op teams van architecten van regionale bureaus die aan projectopdrachten zouden werken en daarbij door verschillende specialisten zouden worden geadviseerd. Zo kon de expertise die in de hoofdstad was opgebouwd, worden verspreid in andere regio's. Bovendien kwamen lokale professionals in aanmerking voor het onderwijs en de certificering van de Politechnika Warszawska, waarvoor ze anders nooit de kans zouden hebben gekregen.

Het programma was Skibniewska's grootste gerealiseerde ambitie en haar grote trots. Omdat de Politechnika Warszawska in die tijd niet over de middelen en het procedurele kader beschikte om de theorie in de praktijk te brengen, betrok ze het Centrum voor de personeelsontwikkeling van woningbouwcoöperaties bij de samenwerking om dit initiatief te lanceren. Haar collega's herinneren zich haar buitengewone vermogen om zowel bureaucraten als collega-architecten te overtuigen. Het programma duurde net zo lang als het Białołęka-project en de sociaalbewuste afgestudeerden bleven jarenlang actief in de architectuurwereld.

17
Maciej Luniak, 'An Experiment in Poland: Białołęka Dworska', *Naturopa* 36 (1980), 14.

18
Filip Springer, *Źle urodzone: Reportaże o architekurze PRL-u* (Gdańsk: Karakter, 2013), 177.

19
Agnieszka Mazuś, 'Taniej jest z przyrodą nie walczyć', *Dziennik Wschodni*, 2 december 2011.

While she used this unique knowledge to broaden the discourse in the professional field, she also sought to expand the reach of some of her writings and popularise high-quality spatial solutions. Her book *Tereny otwarte w miejskim środowisku mieszkaniowym* (Open areas in the urban residential environment) is directed at professionals, but can also serve as a manual for those interested.

At the turn of the 1970s and 1980s, Skibniewska gained wider international recognition. She engaged in discussions on the profession, debating with fellow architects and urbanists during gatherings such as the XIVth meeting of the International Union of Architects in 1981 in Warsaw, where she delivered a keynote speech on the responsibility of the architect in the creation of a humane environment. In 1979, she was awarded the Lenin Prize (the Soviet equivalent of the Nobel Prize) for 'strengthening peace among nations'. Four years later – which may seem contradictory – she received a prize from the other side of the Iron Curtain: a Papal medal 'for sacrificial and courageous interventions for the oppressed and sick'. In December 1981, after the democratic opposition strengthened, martial law was imposed in Poland. Many opposition activists were arrested and Skibniewska's position was instrumental in negotiating their release.

Sharing Expertise (1985-2011)

Skibniewska's dedication to social issues extended to participating in various committees and public institutions, as well as citizen

Halina Skibniewska at her office, Warsaw, 1963/ Halina Skibniewska op kantoor, Warschau, 1963

Voor een breder publiek (1975-1985)

Haar betrokkenheid bij de politiek zorgde ervoor dat Skibniewska een beter begrip van sociale kwesties had dan de gemiddelde architect. Toen ze aan het hoofd stond van het parlementaire Bureau voor interventies (Biuro Interwencji) bereikten haar duizenden persoonlijke verhalen en vragen over huisvesting, onderwijs, de behoeften van gehandicapten en de algemene kwaliteit van leven. Skibniewska probeerde problemen op te lossen en een aantal van de onrechtvaardigheden van het regime recht te zetten. Ze sprak als architect toen ze eens in een interview zei:

> Het feit dat ik de plaatsvervangende voorzitter van het parlement ben, verrijkt mijn kennis en verbetert mijn houding ten opzichte van de samenleving. Maar weinig mensen weten hoeveel contact ik heb met de burgers. Maar soms is mijn positie ballast. Ik kan niet allerlei trucs gebruiken in deze brute strijd om de architectuur.[20]

Terwijl ze haar unieke kennis gebruikte om het architectonische discours uit te breiden, probeerde ze ook het bereik van sommige van haar geschriften te vergroten en hoogwaardige ruimtelijke oplossingen te populariseren. In haar boek *Tereny otwarte w miejskim środowisku mieszkaniowym* (Open plekken in de stedelijke woonomgeving) richtte ze zich op professionals, maar het boek diende ook als handleiding voor geïnteresseerden.

Aan het eind van de jaren 1970 en in de jaren 1980 kreeg Skibniewska steeds meer internationale erkenning. Ze nam deel aan discussies over het vak, debatteerde met collega-architecten en stedenbouwkundigen tijdens bijeenkomsten zoals de XIVde vergadering van de Internationale Unie van Architecten in Warschau in 1981, waar ze als hoofdspreker de verantwoordelijkheid van de architect bij het vormgeven van een menselijke omgeving besprak.

In 1979 ontving ze de Lenin-prijs (het Sovjet-equivalent van de Nobelprijs) voor 'het versterken van vrede tussen de naties'. Vier jaar later – en dit kan tegenstrijdig lijken – ontving ze een prijs vanaf de andere kant van het IJzeren Gordijn: een pauselijke medaille 'voor opofferend en moedig interveniëren ten behoeve van de onderdrukten en zieken'. In december 1981, toen de democratische oppositie aan kracht had gewonnen, werd de staat van beleg afgekondigd in Polen. Veel activisten van de oppositie werden gearresteerd en Skibniewska speelde een grote rol in de onderhandelingen over hun vrijlating.

Het delen van expertise (1985-2011)

Skibniewska's toewijding aan maatschappelijke kwesties bleek ook uit haar deelname aan verschillende commissies, openbare instellingen en burgerinitiatieven die ze adviseerde. Haar intellectuele activiteiten waren vooruitstrevend en zijn vandaag de dag nog steeds relevant. Skibniewska streefde ernaar haar ideeën te verspreiden en schreef ongeveer 200 publicaties die zowel in Polen als daarbuiten verschenen.[21]

In 1985 trok ze zich terug uit de politiek na betrokken te zijn geweest bij oppositionele activiteiten. Na de democratische overgang van het land in 1989 bleef Skibniewska parttime lesgeven aan de Politechnika Warszawska, maar ze ondernam geen bouwprojecten meer. Toch bleef ze sterk betrokken bij de toekomst van de Poolse architec-

20 Bielecki, interview met Halina Skibniewska, op. cit. (noot 5), 26-35.

21 Overlijdensbericht van Halina Skibniewska, *Gazeta Wyborcza*, 27 april 2011.

initiatives, where she provided consulting expertise. Her intellectual activity was progressive and revisited today can still be found relevant. Skibniewska strove to disseminate her ideas and was the author of around 200 publications in Poland and abroad.[21]

21
Obituary of Halina Skibniewska, *Gazeta Wyborcza*, 27 April 2011.

In 1985, following her involvement in the opposition, she withdrew from politics. With the advent of the country's democratic transition in 1989, Skibniewska continued to teach on a part-time basis at the university but did not undertake any further building projects. Nonetheless, she remained deeply invested in the future of Polish architecture, which she addressed in a speech at the first Polish Architecture Congress in 1998.

As an architect, politician and individual, Halina Skibniewska faced many ethical dilemmas. Should she design buildings, and if so, for whom? Paradoxically, the flats she designed with the sincere intention of serving society were often allocated to party members. Should she agree to low-quality mass production? Sometimes she refused to design when she realised that her architectural expertise would be greatly limited. Should she cooperate with the regime to improve people's lives? She knew that she was being used to legitimise the leading party.

Skibniewska's approach to architecture was characterised by a combination of idealistic beliefs and pragmatism, with a focus on improving living spaces and advocating for more freedom in the profession. She had the ability to convince bureaucrats to break out of their routine ways of thinking. Some of her projects were never realised, hidden away and forgotten. Skibniewska faced unfavourable judgements about her political involvement to some extent, but considered this inevitable and the price she had to pay for her activities.

One of the roles of the public intellectual is to act as a liaison, finding ways to communicate between different realms. This involves engaging with diverse audiences and interlocutors in discussions, and utilising knowledge acquired from intersecting areas of activity. Skibniewska shaped her position in the field of architecture as a liaison, but extended it to combining down-to-earth work with efforts to bring about system change. This is a position that is still valid in today's world, building alliances for structural transition, and working on both practical and strategic levels.

tuur en ze hield bijvoorbeeld een toespraak op het eerste Poolse architectuurcongres, dat plaatsvond in 1998.

Halina Skibniewska werd als architect, politicus en mens met veel ethische dilemma's geconfronteerd. Was ze bereid gebouwen te ontwerpen en zo ja, voor wie? Paradoxaal genoeg werden de appartementen die ze ontwierp met de oprechte intentie om de samenleving te dienen, vaak toegewezen aan partijleden. Moest ze instemmen met massaproductie van lage kwaliteit? Soms weigerde ze opdrachten, als ze zich realiseerde dat ze haar architectonische expertise maar in beperkte mate zou kunnen inzetten. Was ze bereid samen te werken met het regime om het leven van de mensen te verbeteren? Ze wist dat ze gebruikt werd om de machthebbers te legitimeren.

Skibniewska's benadering van de architectuur werd gekenmerkt door een combinatie van idealisme en pragmatisme, waarbij de nadruk lag op het verbeteren van de huisvesting en het bepleiten van meer professionele vrijheid. Ze had het vermogen om bureaucraten te overtuigen om hun routinematige manier van denken te doorbreken. Sommige van haar projecten werden nooit gerealiseerd, verdwenen in een la of werden vergeten. Ze kreeg tot op zekere hoogte te maken met ongunstige oordelen over haar politieke betrokkenheid, maar beschouwde dit als onvermijdelijk en als de prijs die ze voor haar activiteiten moest betalen.

Een van de taken van de publieke intellectueel is om als contactpersoon op te treden en manieren te vinden om communicatie tussen verschillende sferen mogelijk te maken. Dit betekende dat Skibniewska discussies aanging met verschillende doelgroepen en gesprekspartners, en gebruikmaakte van de kennis die ze had opgedaan in overlappende disciplines. Hoewel Skibniewska in de architectuur de rol van contactpersoon speelde, wist ze deze uit te breiden door praktische arbeid te combineren met pogingen om het systeem te veranderen. Deze positie, die vandaag de dag nog steeds actueel is, combineert het bouwen van allianties voor structurele verandering met het werken op zowel praktisch als strategisch niveau.

Vertaling: InOtherWords, Maria van Tol

Public Positions: An Attempt to Categorise Public Engagement

Tom Avermaete, Véronique Patteeuw, Elsbeth Ronner and Hans Teerds

In addition to the six architects presented in this issue of *OASE*, there are countless other architects who engage, either prominently or behind the scenes, in the public domain. From diverse backgrounds, with varying ambitions, and using a wide variety of tools, they contribute to improving conditions, public debate or public administration. In working on this issue, we traced different positions in this public participation: that of the architect as syndicalist, populist, activist, facilitator or politician. As with any subdivision, examples hardly ever fit into a single category. Sometimes public participation varies over time, or combines two or more categories at once, as each period takes a different stance, an alternative approach, requiring other media to convey the interference in the public debate. Nevertheless, this categorisation is useful because it clarifies how the public is defined in particular cases, which available media architects can make use of and, vice versa, how public participation affects the relationship between participants and their profession. To clarify the different forms of participation and show the diversity of positions (including the variations within the categories we defined), we present the different positions, each illustrated by short introductions on the work and lives of four architects who were involved in public debate at some point during (or throughout) their careers as syndicalists, populists, activists, facilitators or politicians.

Publieke posities: Een poging om maatschappelijke betrokkenheid te categoriseren

Tom Avermaete, Véronique Patteeuw, Elsbeth Ronner en Hans Teerds

Naast de zes architecten die in dit nummer van *OASE* worden gepresenteerd, zijn er nog talloze andere architecten die zich, al dan niet zichtbaar, in het publieke domein begeven. Vanuit verschillende achtergronden, met verschillende ambities, en met behulp van een grote variatie aan instrumenten, dragen ze bij aan het verbeteren van omstandigheden, het publieke debat of het openbaar bestuur. Bij het werken aan dit nummer traceerden we in deze publieke participatie verschillende posities: die van de architect als syndicalist, populist, activist, facilitator of politicus.[1] Zoals gebruikelijk bij pogingen een dergelijke onderverdeling te maken, is het niet gemakkelijk de voorbeelden onder te brengen in een enkele categorie. Sommige architecten leveren op verschillende momenten heel verschillende bijdragen aan het publieke debat, hanteren door de tijd heen andere benaderingen of gebruiken andere media om zich in het publieke debat te mengen. Toch is deze categorisering nuttig, omdat die duidelijk maakt hoe het publiek in bepaalde gevallen wordt gedefinieerd, van welke beschikbare media architecten gebruik kunnen maken en hoe publieke participatie de relatie tussen deelnemers en hun vakgebied vice versa beïnvloedt. Om de verschillende vormen van participatie te verhelderen en de diversiteit aan posities te laten zien (inclusief de variaties binnen de categorieën die wij hebben gedefinieerd), presenteren we de verschillende posities, elk geïllustreerd door korte inleidingen over werk en leven van vier architecten die op een bepaald moment tijdens (of gedurende hun gehele) carrière als syndicalist, populist, activist, facilitator of politicus betrokken waren bij het publieke debat

Contributors to this overview:

– Serafina Amoroso is an architect and lecturer in Architectural Design at the Universidad Rey Juan Carlos in Madrid.

– Maria Bonaiti is Full Professor in the History of Architecture at Università Iuav di Venezia.

– Gianluca Croce is an architect, currently working as a research fellow at the Politecnico di Torino.

– Simon Duthoit is a Master student at the École Nationale Supérieure d'Architecture et de Paysage de Lille.

– Felicia Liang is assistant curator at Ark Des, Stockholm.

– Serena Papalardo is an architect and research associate at the Department of Architecture and Art at Università Iuav di Venezia.

– Annamaria Prandi is an architect and curator based in Zurich.

– Sabrina Righi is a PhD candidate at the Department of Architecture and Arts at Università Iuav di Venezia.

– Elsbeth Ronner runs the architecture firm Lilith Ronner van Hooijdonk since 2010 and is a lecturer at TU Delft.

– Chiara Semenzin is an architect and research associate at the Department of Architecture and Art at Università Iuav di Venezia.

– Hans Teerds is architect and urban designer and works as senior lecturer at the ETH in Zurich.

– Melek Pinar Uz Baki is an architect and associate professor at Baskent University in Ankara.

– Elisa Vendemini is a PhD candidate at the Department of Architecture and Arts at Università Iuav di Venezia.

1
This categorisation is based on the four categories that Tom Avermaete defined in his article 'The Architect and the Public', in which he distinguishes between different conceptions of 'the public' in order to define how architects have related to it. We added a fifth category: the politician, emphasising how public participation can lead to the choice to take public responsibilities. Tom Avermaete, 'The Architect and the Public: Empowering People in Postwar Architectural Culture', *HUNCH* 14 (2010).

De bijdragen aan dit overzicht zijn van de hand van:

– Serafina Amoroso, architect en docent architectonisch ontwerp aan de Universidad Rey Juan Carlos in Madrid.

– Maria Bonaiti, hoogleraar architectuurgeschiedenis aan de Università Iuav di Venezia.

– Gianluca Croce, architect en werkzaam als onderzoeker aan de Politecnico di Torino.

– Simon Duthoit, masterstudent aan de École Nationale Supérieure d'Architecture et de Paysage de Lille.

– Felicia Liang, assistent-curator bij Ark Des, Stockholm.

– Serena Pappalardo, architect en onderzoeksmedewerker aan de afdeling architectuur en kunst van de Università Iuav di Venezia.

– Annamaria Prandi, architect en curator in Zürich.

– Sabrina Righi, promoveert aan de afdeling architectuur en kunst van de Università Iuav di Venezia.

– Elsbeth Ronner voert sinds 2010 het architectenbureau Lilith Ronner van Hooijdonk en is docent aan de TU Delft.

– Chiara Semenzin, architect en onderzoeksmedewerker aan de afdeling architectuur en kunst van de Università Iuav di Venezia.

– Hans Teerds is architect en stedenbouwkundige en werkt als senior docent aan de ETH in Zürich.

– Melek Pinar Uz Baki, architect en universitair docent aan de Baskent University in Ankara.

– Elisa Vendemini, promoveert aan de faculteit architectuur en kunst van de Università Iuav di Venezia.

1

Deze indeling is gebaseerd op de vier posities die Tom Avermaete presenteerde in zijn artikel 'The Architect and the Public', waarin hij onderscheid maakte tussen verschillende opvattingen van 'het publieke', om te beschrijven hoe architecten zich daarmee hebben beziggehouden. We hebben een vijfde positie toegevoegd, die van de politicus, om te benadrukken hoe maatschappelijke participatie kan leiden tot de keuze om maatschappelijke verantwoordelijkheid te nemen. Tom Avermaete, 'The Architect and the Public: Empowering People in Postwar Architectural Culture', *HUNCH* 14 (2010).

I. The Architect as Syndicalist

The architect as syndicalist starts from an awareness of the diversity of the public. He/she is particularly concerned with often overlooked or neglected minorities in public administration and debate: indigenous communities, migrant workers, refugees, the queer community and the homeless. The architect as syndicalist makes an effort to organise these groups and strengthen their position in society against the power of the majority to determine the design and use of (public) space. Moreover, the architect as syndicalist is able to learn from these 'other' cultures, to recognise qualities that are often overlooked and explore how they can contribute to a more just, vibrant, robust and inclusive city or society. Blanche Lemco Van Ginkel is clearly a syndicalist: she spoke out in favour of Indigenous people who were relocated because of the transformation of Lake Winnipeg into a hydroelectric reservoir, at least in trying to describe their living environment. Halina Skibniewska's work can also be understood in these terms, especially since, as an architect, she managed to both create more spacious flats and include housing for the disabled in building plans. The architect as syndicalist sees architecture as an expression of social commitment and uses it to draw attention to oppressed and marginalised groups and to defend their rights.

1. De architect als syndicalist

De architect als syndicalist start vanuit het besef van de diversiteit van het publiek. Hij/zij houdt zich in het bijzonder bezig met vaak in het openbare bestuur en debat over het hoofd geziene of verwaarloosde minderheden: inheemse gemeenschappen, arbeidsmigranten, vluchtelingen, de queergemeenschap en dak- en thuislozen. De architect als syndicalist spant zich in om deze groepen te organiseren en hun positie in de samenleving tegenover de macht van de meerderheid om het ontwerp en gebruik van de (openbare) ruimte te bepalen, te versterken. Bovendien is de architect als syndicalist in staat om van deze 'andere' culturen te leren, om kwaliteiten te herkennen die vaak over het hoofd worden gezien en te onderzoeken hoe deze kunnen bijdragen aan een rechtvaardiger, levendiger, robuuster en inclusiever stad of samenleving. Blanche Lemco Van Ginkel is duidelijk een syndicalist: ze sprak zich uit ten gunste van de inheemse bewoners die elders werden gehuisvest vanwege de transformatie van Lake Winnipeg in een hydro-elektrisch stuwmeer, op zijn minst in de poging hun woonomgeving te beschrijven. Ook het werk van Halina Skibniewska kan in deze termen worden opgevat, vooral omdat ze er als architect in slaagde zowel ruimere appartementen te creëren als woningen voor gehandicapten in bouwplannen op te nemen. De architect als syndicalist beschouwt de architectuur als een uiting van maatschappelijke betrokkenheid en gebruikt haar om aandacht te vestigen op onderdrukte en gemarginaliseerde groepen en hun rechten te verdedigen.

1. The Architect as Syndicalist

Ingeborg Waern-Bugge

Felicia Liang

Ingeborg Waern-Bugge (1899-1991) was a Swedish architect, teacher and writer known for her commitment and contribution to improving the domestic conditions of women and the living conditions of the working class. In 1929, Waern-Bugge and Kjerstin Göransson-Ljungman founded their own architectural firm. One of their first projects was a critical examination of the discredited kitchen presented at the 1930 Stockholmudstillingen, especially the kitchen intended for the working class. A focused critique of the unsuitability of the proposed kitchenettes followed from their research; the study emphasised that essential trade-offs are needed to design functional housing. This work led to the publication of *Bostad och hushållsorganisation* (Housing and household organisation) in 1936.

Waern-Bugge was involved in the Hemmens forskningsinstitut (Household Research Institute) and was also actively concerned with wome's living conditions. A notable contribution was her proposal for the centre for mothers and children of the Fredrik the First Foundation (1935), which, within the contours of a residential building, introduced a nursery for toddlers. This facility was intended to support working mothers, who lived in this building

Ingeborg Waern-Bugge

Felicia Liang

Ingeborg Waern-Bugge (1899-1991) was een Zweedse architect, docent en schrijver die bekend stond om haar betrokkenheid en bijdrage aan de verbetering van de huiselijke omstandigheden van vrouwen en de leefomstandigheden van de werkende klasse.
In 1929 richtte Waern-Bugge samen met Kjerstin Göransson-Ljungman een eigen architectenbureau op. Een van hun eerste projecten was een kritisch onderzoek naar de in opspraak geraakte keuken die gepresenteerd was op de Stockholmudstillingen van 1930, in het bijzonder de keuken die bedoeld was voor de arbeidersklasse. Uit hun

Ingeborg Waern-Bugge, daycare in the Stiftelsen Fredrik Een's Memorial Home for Mothers and Children, 1953/
Ingeborg Waern-Bugge, dagopvang in het Stiftelsen Fredrik Een tehuis voor moeders en kinderen, 1953

onderzoek volgde een gerichte kritiek op de ongeschiktheid van de voorgestelde kitchenettes; het onderzoek benadrukte dat er essentiële afwegingen nodig zijn om functionele woningen te kunnen ontwerpen. Dit werk leidde tot de publicatie van *Bostad och hushållsorganisation* (Woning en huishoudelijke organisatie) in 1936.

Waern-Bugge was betrokken bij het Hemmens forskningsinstitut (huishoudkundig onderzoeksinstituut) en hield zich daarnaast actief bezig met de leefomstandigheden van vrouwen. Een opmerkelijke bijdrage was haar voorstel voor het centrum voor moeders en kinderen van de stichting Fredrik de Eerste (1935), dat, binnen de contouren van een woongebouw, een kinderdagverblijf voor kleuters introduceerde. Deze faciliteit was bedoeld om werkende moeders, die in dit bouwblok woonden, te ondersteunen bij de zorg voor het thuisfront.

Meer lezen:
– Ingeborg Waern-Bugge, *Bostad och hushållsorganisation: studie över ett aktuellt rationaliseringsproblem: staden, landet* (Stockholm: Kooperativa förbundets bokförlag, 1936)
– Föreningen för rationell hushållning, *Den förvärvsarbetande husmodern* (Stockholm: Kooperativa förbundets bokförlag, 1943)

block, and to ease the challenges they faced.

Further Reading:
– Ingeborg Wærn-Bugge, *Bostad och hushållsorganisation: studie över ett aktuellt rationaliseringsproblem: staden, landet* (Stockholm: Kooperativa förbundets bokförlag, 1936)
– Föreningen för rationell hushållning, *Den förvärvsarbetande husmodern*, Stockholm: Kooperativa förbundets bokförlag, 1943)

Renée Gailhoustet

Simon Duthoit

Na haar afstuderen aan de École Nationale Supérieure des Beaux-Arts in Parijs in 1961 werkte de Franse architect Renée Gailhoustet (1929-2023), onder invloed van de masculiene idealen van Roland Dubrulle en Jean Renaudie, voornamelijk in Ivry-sur-Seine. Gailhoustet hield zich vanaf de oprichting van haar praktijk in 1964 en parallel aan de periode van grootschalige woningbouw in de voorsteden van Parijs bezig met sociale woningbouw. Tegen het einde van haar carrière ontwierp ze vooral woningen die gekenmerkt werden door een afwezigheid van typologie en een aanwezigheid van terrassen, met name in het Liégat-complex in Ivry. Het royale formaat van de geboden ruimten, de alomtegenwoordigheid van groen en de nabijheid van buren zijn slechts enkele van de kenmerken van haar 'open' architectuur. Vanuit stedenbouwkundig oogpunt vormen de door haar ontworpen complexen ruimten die 'tussen haakjes' staan: het zijn plekken in de stad die het openbare verkeer niet verstoren, maar het wel mogelijk maken aan de drukte van de stad te ontsnappen.

Gailhoustet heeft lang bepleit dat stadsbewoners met een laag inkomen ook moeten kunnen genieten van een comfortabele woning van hoge kwaliteit. Haar werk oversteeg de grenzen van haar beroep, doordat ze zich ook met maatschappelijke onderwerpen bezighield, vooral in haar rol als woordvoerder van bewoners die overleg voerden met verhuurders en gemeenteraden, of als ze zich uitsprak over de ontwikkeling van stedelijke regelgeving die gebaseerd was op bestaande behoeften. Vaak eiste ze het recht op kwaliteit in de sociale woningbouw op onder verwijzing naar het vrijstaande huis, met een eigen voorgevel, ingang, voortuin en achtertuin, en zo droeg ze bij aan de ontwikkeling van specifieke regelgeving voor sociale woningbouw. Haar feministische ontwerp heeft bijgedragen aan de ontwikkeling van woonruimte voor mensen die te vaak door de maatschappij worden buitengesloten. Haar menselijkheid en mededogen hebben een groter bewustzijn gecreëerd voor de

aard van 'anders zijn' van de mensen die zich in de marge van de samenleving bevinden.

Meer lezen:
– Bénédicte Chaljub, *La politesse des maisons, Renée Gailhoustet, architecte* (Arles: Actes Sud, 2009)
– Emmanuel Laurentin, in: 'Rompre le cloisonnement: Renée Gailhoustet, l'architecte du logement social', *France Culture,* 7 maart 2011, radiofrance.fr/franceculture/podcasts/la-fabrique-de-l-histoire/histoire-des-interieurs-1-4-6680625

Renée Gailhoustet

Simon Duthoit

After graduating from the École Nationale Supérieure des Beaux-Arts in Paris in 1961, French architect Renée Gailhoustet (1929-2023) worked mainly in Ivry-sur-Seine, influenced by the masculine ideals of Roland Dubrulle and Jean Renaudie. From the time she founded her practice in 1964 and in parallel to the development of suburban housing in the Paris region, Gailhoustet addressed the question of social housing. Towards the end of her career, she designed housing models characterised by their lack of typology and their development of garden terraces, notably the Liégat in Ivry. The generosity of spaces that can be appropriated, the omnipresence of plants and the proximity to neighbours are just some of the characteristics of her 'open' architecture. From an urban point of view, the complexes she designed constitute 'parentheses-spaces': they offer an episode in the city that does not disrupt public traffic, while providing an escape from the city's effervescence.

Gailhoustet long argued that low-income city dwellers should also be able to enjoy comfortable, high-quality housing. Her work goes beyond the boundaries of her profession by incorporating societal issues, particularly in her role as a spokesperson for residents in discussions with landlords and town councils, and in the development of urban regulations based on current needs. She often used the analogy of a detached house, with its own frontage, entrance, front garden and back garden, when claiming the right to quality in social housing and contributed as such to the evolution of specific social housing regulations. Her feminist design has contributed to creating living areas for people who are too often excluded from society. Her humanity and compassion have claimed awareness for the quality of the differences of people situated on the margins of society.

Renée Gailhoustet, Le Liégat, Ivry, 1971-1986

Translation from French to English: Véronique Patteeuw

Further Reading:
– Bénédicte Chaljub, *La politesse des maisons, Renée Gailhoustet, architecte* (Arles: Actes Sud, 2009)
– Emmanuel Laurentin, in: 'Rompre le cloisonnement: Renée Gailhoustet, l'architecte du logement social', *France Culture,* 7 March 2011, radiofrance.fr/franceculture/podcasts/la-fabrique-de-l-histoire/histoire-des-interieurs-1-4-6680625

Luzia Hartsuyker-Curjel

Hans Teerds

Uitgedaagd door de krappe woningwetwoningen in Nederland, richtte Luzia Hartsuyker (1926-2011) zich op de ontwikkeling van zogenoemde 'open' woningplattegronden, zonder duidelijke scheidingswanden en voorzien van vides. Deze plattegronden waren 'vrouwvriendelijker', stelde ze, mede gebaseerd op haar eigen ervaring. In 1963 richtte ze samen met haar man Emilio Hartsuyker een bureau op. Samen ontwierpen en bouwden ze enkele vooruitstrevende woongebouwen, zoals de Zonnetrap in Rotterdam en Cannenburg in Amsterdam. De opbouw van deze complexen is niet alleen gebaseerd op de open woningplattegrond, maar ook op hun stedenbouwkundige modellen Biopolis en Hydropolis, die ze samen hadden ontwikkeld als kritiek op de modernistische benadering van de stad. In oplopende woonlagen zijn in deze modellen alle functies opgenomen en geïntegreerd: (openbaar) vervoer, werken, recreatie en wonen. Later in haar carrière ontwierp Hartsuyker meerdere andere vooruitstrevende woonmodellen als kritiek op de standaard Nederlandse plattegrond, die ze weinig flexibel vond en bovendien niet als een tegemoetkoming aan veranderende samenlevingspatronen beschouwde. Bij de Stichting Vrouwen Bouwen Wonen, een organisatie die de positie van vrouwen in de bouw en architectuur wilde verbeteren, presenteerde ze deze plattegronden als expliciet 'vrouwvriendelijk'. Haar werk heeft een belangrijke bijdrage geleverd aan de diversificatie van het Nederlandse woonlandschap.

Meer lezen:

– Wies van Moorsel en Dorothee Segaar-Höweler, *Enrico Hartsuyker en Luzia Hartsuyker-Curjel: Modellen voor nieuwe woonvormen* (Rotterdam: Stichting Bonas, 2008)

Luzia Hartsuyker-Curjel

Hans Teerds

Challenged by the cramped conditions of Dutch council housing, Luzia Hartsuyker (1926-2011) focused on the development of so-called 'open' layouts characterised by the absence of clear partitions and atria. Based in part on her own experience, she argued that these layouts were more 'woman-friendly'. In 1963, she set up a firm with her husband Emilio Hartsuyker. Together, they designed and built several progressive housing complexes, including the Zonnetrap in Rotterdam and Cannenburg in Amsterdam. The structure of these complexes is not only based on the open floor plan, but also on the couple's urban design models, Biopolis and Hydropolis, which they developed together as a critique of the modernist approach to the city. In ascending residential levels, these models incorporated and integrated all functions: (public) transport,

Luzia Hartsuyker and the coordination group of the 'civilian hospital for women' project, 1988/
Luzia Hartsuyker en de coördinatiegroep van het project 'burgerziekenhuis voor vrouwen', 1988

work, leisure and living. Later in her career, Hartsuyker developed several other progressive housing models as a critique of the standard Dutch floor plans, which she found inflexible and unable to accommodate changing residential patterns. At Stichting Vrouwen Bouwen Wonen, a foundation dedicated to improving the position of women in construction and architecture, she presented these floor plans as explicitly 'woman-friendly'. Her work made an important contribution to the diversification of the Dutch housing landscape.

Further Reading:

– Wies van Moorsel and Dorothee Segaar-Höweler, *Enrico Hartsuyker and Luzia Hartsuyker-Curjel: Modellen voor nieuwe woonvormen* (Rotterdam: Stichting Bonas, 2008)

Cini Boeri

Annamaria Prandi

Cini Boeri (1924-2020) was een Milanese architect die in 1951 afstudeerde aan de Politecnico di Milano. In 1963 opende ze haar eigen atelier. De objecten die haar beroemd maakten, waaronder de zitmeubels Bobo, Pecorelle en Botolo, onthullen haar anti-elitaire kijk op de architectuur. Ze nam binnen de Italiaanse cultuur een progressieve positie in, vooral door haar nieuwe en feministische herinterpretatie van de woningplattegrond. In haar opvallende architectonische ontwerpen voor Casa La Rotonda, Casa Bunker en Casa nel Bosco was er altijd plaats gemaakt voor een 'persoonlijke ruimte' waarnaar Virginia Woolf in 1929 verwees, toen ze schreef: 'A woman must have money and a room of her own if she is to write fiction.'[2] Boeri stelde dat in de architectuur, net als in het leven, iets delen altijd samen moet gaan met onafhankelijkheid. Haar huizen boden daarom zowel plekken waarin men zich terug kon trekken, als ruimten waarin men het leven en ervaringen kon delen.

Cini Boeri

Annamaria Prandi

Cini Boeri (1924-2020) was a Milanese architect who graduated from the Politecnico di Milano in 1951. She opened her own studio in 1963. The objects that made her famous, including the Bobo and Pecorelle armchairs and the Botolo chairs, reveal her anti-elitist view of the architectural discipline. She played a progressive role in Italian culture, especially by offering new and feminist interpretations of domestic spaces. Moreover, her striking architectural designs for Casa La Rotonda, Casa Bunker and Casa nel Bosco provided the kind of private space that Virginia Woolf referred to in 1929 when she wrote: 'A woman must have money and a room of her own if she is to write fiction.' She argued that, in architecture as in life, sharing must always go hand in hand with independence. Her houses offered spaces of individual privacy as well as places of shared life and experience. In a radical project for the

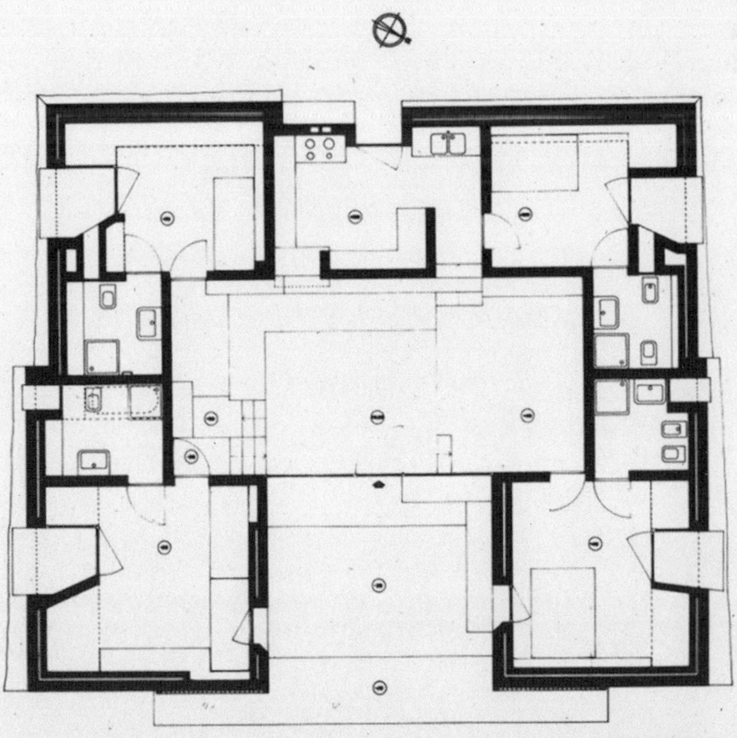

Cini Boeri, Casa Bunker, 1972, plan/ plattegrond

1. De architect als syndicalist

In een radicaal project voor de tentoonstelling 'The Domestic Project' voor de triënnale van Milaan (1986) bood ze het koppel twee slaapkamers aan en noemde ze de keuken 'een gedeelde verantwoordelijkheid'. Haar handboekje *Le dimensioni umane dell'abitare* (1980) stelde bovendien als eerste in Italië de vraag of de woning(plattegrond) niet moest worden aangepast aan de veranderende maatschappij.

De positie die Boeri innam vertegenwoordigde haar moeizame strijd om als vrouw en als architect haar plaats in te nemen in de maatschappij van die tijd. Boeri's ideeën over het huiselijke domein zijn vandaag de dag nog steeds interessant, omdat we ons ook nu nog kunnen afvragen of we wel in staat zijn om onszelf van een eigen kamer te verzekeren.

Meer lezen:
– Cini Boeri, *Le dimensioni umane dell'abitare* (Milaan: Franco Angeli, 1980)
– Cecilia Avogadro (red.), *Cini Boeri architetto e designer* (Milaan: Silvana Editoriale, 2004)

2
Virginia Woolf, *A Room of One's Own* (Londen: Hogarth Press, 1935 [1929]), 6.

exhibition 'The Domestic Project' at the Triennale of Milan (1986), she offered a couple two bedrooms and presented the kitchen as a space of 'shared responsibility'; in her small manual *Le dimensioni umane dell'abitare* (1980) she was the first in Italy to raise the question of whether the home should adapt to changing society.

The positions she took represented her uphill struggle to find her place, as a woman and as an architect, in the society of the time. Boeri's idea of the domestic realm is still compelling today, as we continue to ask ourselves whether we have been able to secure a space of our own.

Further Reading:
– Cini Boeri, *Le dimensioni umane dell'abitare* (Milan: Franco Angeli, 1980)
– Cecilia Avogadro (ed.), *Cini Boeri architetto e designer* (Milan: Silvana Editoriale, 2004)

2
Virginia Woolf, *A Room of One's Own* (London: Hogarth Press, 1935 [1929]), 6

Cini Boeri, Casa Bunker, 1972

Building Diplomacy: The Work of Ruth Rivera Marín

Elena Palacios Carral

1 Sheila Espinosa, personal communication on Zoom, 2 February 2023, and Ana Elena Mallet, personal communication on Zoom, 24 February 2023.

2 The Academy of San Carlos was absorbed by the UNAM.

Ruth Rivera Marín's (1927-1969) contribution to the furtherment of architecture culture and practice in Mexico occurred in a relatively brief period during the middle of the twentieth century. The country was struggling to reconcile a pre- and post-colonial identity with the adoption of modernist values. However, little is known and understood about Marín's lasting influence. Born in 1927 to actress and writer Guadalupe Marín, and muralist painter and political leader Diego Rivera, it is easy to see how Rivera Marín's preoccupations would be influenced by the project that her family and their contemporaries had initiated in the 1920s. This was a project that aimed to bridge the divide between pre-Hispanic culture and the incoming modernist ideals, but her approach proved to involve great tensions. Despite the privilege of her birth and her access to the corresponding network, Rivera Marín was operating in an almost entirely male environment where diplomacy would emerge as her modus operandi. This diplomatic dexterity allowed her to bring together the sometimes conflicting notions of tradition and modernity, and to find compromises for a wide range of people, ideas and voices. It is this diplomacy that has led some scholars to describe her as a *gestora institucional* (institutional manager).[1] Indeed, the work of Rivera Marín as an architect has been characterised less by architectural design, and more by her role as an institutional manager and a diplomat. To most people, perhaps this sounds mundane and bureaucratic, at odds with the image of the creative heroism usually associated with the practising architect, yet her work has had a provocative and remarkable influence on the development of the Mexican built environment.

The ambitions of Rivera Marín were evident early on in her education. She studied architecture at the Escuela Superior de Ingeniería y Arquitectura (ESIA) of the Instituto Politécnico Nacional in Mexico City. As the daughter of two prominent Mexican cultural figures, Rivera Marín's more obvious choice would have been to attend the Academy of San Carlos, the Art and Architecture School at the Universidad Nacional Autonoma de Mexico (UNAM), at which the majority of acclaimed architects in Mexico were taught. She was the first woman architect to graduate from the newly founded ESIA.[2] ESIA was an attempt to restructure an existing school for builders, initiated in 1932 by her future collaborator, architect and painter Juan O'Gorman. This was in response to a demand by students from the former Escuela Nacional de Maestros Constructores (National School of Builders) to restructure their school in a way that would enable future graduates to

Diplomatiek in de bouw: Het werk van Ruth Rivera Marín

Elena Palacios Carral

1
Sheila Espinosa, interview via Zoom, 2 februari 2023; Ana Elena Mallet, interview via Zoom, 24 februari 2023.

2
De academie van San Carlos is nu onderdeel van de UNAM.

De bijdrage van Ruth Rivera Marín (1927-1969) aan de ontwikkeling van de architectuurcultuur en -praktijk in Mexico vond plaats in een relatief korte periode in het midden van de twintigste eeuw. Het land worstelde met het verzoenen van een pre- en postkoloniale identiteit met modernistische waarden. Over de blijvende invloed van Marín is echter weinig bekend en er wordt maar weinig van begrepen. Rivera Marín werd in 1927 geboren als kind van de actrice en schrijfster Guadalupe Marín en de muurschilder en politieke figuur Diego Rivera. Het ligt dan ook voor de hand dat Rivera Marín's opvattingen beïnvloed werden door het project dat haar familie en tijdgenoten in de jaren 1920 hadden geïnitieerd. Dit project, dat gericht was op het overbruggen van de kloof tussen de pre-Spaanse cultuur en de idealen van het opkomende modernisme, bleek echter grote spanningen met zich mee te brengen. Rivera Marín opereerde, ondanks haar bevoorrechte positie en haar toegang tot het bijbehorende netwerk, in een omgeving die bijna uitsluitend uit mannen bestond. Marín's diplomatieke vaardigheden zouden hierin haar modus operandi worden. Dankzij deze diplomatieke handigheid wist ze de soms tegenstrijdige noties van traditie en moderniteit bij elkaar te brengen en compromissen te sluiten tussen personen, ideeën en opvattingen. Juist vanwege haar diplomatieke benadering beschrijven sommige academici haar als een *gestora institucional* (institutionele manager).[1] Rivera Marín's werk als architect wordt dan ook eerder gekenmerkt door haar rol als manager en diplomaat, dan door specifiek architectonisch ontwerp. Dit klinkt de meeste mensen misschien saai en bureaucratisch in de oren, als botsend met het creatief-heroïsche imago van de praktiserende architect, maar toch heeft haar werk een provocerende en opmerkelijke invloed gehad op de ontwikkeling van de Mexicaanse gebouwde omgeving.

De ambities van Rivera Marín kwamen tijdens haar studie al snel aan het licht. Ze studeerde architectuur aan de Escuela Superior de Ingeniería y Arquitectura (ESIA) die is verbonden aan het Instituto Politécnico Nacional in Mexico City. Het zou het meest voor de hand liggend zijn geweest als Rivera Marín, immers de dochter van twee prominente Mexicaanse culturele figuren, naar de Academy of San Carlos was gegaan om daar de kunst- en architectuuropleiding van de Universidad Nacional Autonoma de Mexico (UNAM) te volgen. Daar hadden de meeste Mexicaanse architecten van naam gestudeerd. Ze zou echter als eerste vrouwelijke architect afstuderen aan de pas opgerichte ESIA.[2] De ESIA werd in 1932 opgericht door haar toekomstige collega, de architect en schilder Juan O'Gorman, in een poging een bestaande bouwkundeopleiding te reorganiseren. Dit was een reactie op de oproep van studenten van de voormalige Escuela Nacional de Maestros Constructores om hun school zodanig te herstructureren dat toekom-

practise as full-fledged professional architects. Prior to its reorientation, the courses delivered in the school were dedicated only to training builders and technicians, but did not lead to a degree in architecture or engineering. The new course structure designed by Juan O'Gorman and architect Juan Legarreta distanced itself from the pedagogical approach of the artistic oriented academy by referring to Bauhaus principles, and was at the service of Mexico's most disadvantaged social classes.[3] Rivera Marín's degree was in architectural engineering rather than in architecture. However, an understanding of architecture as a practice driven by social and political concerns alongside technical concerns was an important influence on her approach. She would come to understand architecture as a discipline that was not solely underpinned by its creative endeavours, but rather by its management and commissioning. Such an approach was also linked to the big and broad questions of what it might mean to design and build in a way that reflected a 'new' national identity.

During her studies, Rivera Marín spent two years in Italy. Her time there would prove to be especially formative. She trained at the Istituto Restauro Roma, where methods for urban reconstruction 'from the ground up' were being explored. Upon her return and graduation from ESIA, Rivera Marín began to transfer her knowledge through teaching, first in visual arts at the Escuela de Pintura y Escultura La Esmeralda at INBA, and later at ESIA, where she held the position as teacher of Architectural Theory and Composition. Her studio on contemporary Planning and Urbanism was inspired by her trips and studies abroad. Rivera Marín's involvement with INBA solidified in the early 1950s, when she collaborated with the then director of the Architecture Department,

3
Raúl R. Illán Gómez, 'Enseñanza de la Arquitectura en México y en el IPN', *Revista Esencia y Espacio* 28 (2009), 29-38.

ESCUELA SUPERIOR DE INGENIERIA Y ARQUITECTURA
INSTITUTO POLITECNICO NACIONAL
La presente acredita al Sr. RIVERA MARIN
RUTH MARIA
como alumno de esta Escuela.
Carrera ING. ARQUITECTO 2o.
Domicilio Tampico # 6 Col. Condesa
ESIA
EL DIRECTOR
EL ALUMNO
1947 AÑO
2013 BOLETA
Ingn. Arq. Gmo. Chávez P.
SECRETARIA

Ruth Rivera Marín, student ID/ studentenkaart, Escuela Superior de Ingeniería y Arquitectura, Instituto Politécnico Nacional, 1947

stige afgestudeerden als volwaardige professionele architecten zouden kunnen gaan werken. Vóór de reorganisatie waren de opleidingen die de school verzorgde, bedoeld om bouwkundigen en technici op te leiden, maar resulteerden die niet in een graad in de architectuur of een ingenieursdiploma. De nieuwe, door Juan O'Gorman en architect Juan Legarreta ontworpen opleidingsstructuur week af van de pedagogische benadering van de kunstacademies, en richtte zich daarentegen op de principes van het Bauhaus, en het instituut stond open voor Mexicanen uit de lagere sociale klassen.[3] Rivera Marín studeerde af als architect-ingenieur, in plaats van als architect. Haar benadering is echter beïnvloed door het feit dat ze de architectuur zag als een praktijk die wordt aangedreven door zowel sociale en politieke, als technische motieven. Ze zou architectuur gaan zien als een discipline die niet alleen was gebaseerd op creatieve inspanning, maar ook op management en opdrachtgeverschap. Deze invalshoek was mede gekoppeld aan de grote, brede vraagstukken over wat het zou kunnen betekenen om te ontwerpen en te bouwen op een manier die een 'nieuwe' nationale identiteit weerspiegelde.

Tijdens haar studie verbleef Rivera Marín twee jaar in Italië. Haar tijd daar zou grote gevolgen hebben. Ze studeerde er aan het Istituto Restauro Roma, waar methoden voor stedelijke reconstructie 'vanaf de grond' werden onderzocht. Na haar terugkeer en afstuderen aan de ESIA begon Rivera Marín haar kennis te delen door les te geven, eerst in de beeldende kunst aan de Escuela de Pintura y Escultura La Esmeralda van het Instituto Nacional de Bellas Artes (INBA) en later aan de ESIA, waar ze architectuurtheorie en compositieleer doceerde. Haar studio over hedendaagse planning en stedenbouw was gebaseerd op haar reizen en studies in het buitenland. Rivera Marín's betrokkenheid bij het INBA werd verstevigd in het begin van de jaren 1950, toen ze samenwerkte met de toenmalige directeur van de architectuurafdeling, Enrique Yáñez, om het fotografische archief van architectuurtekeningen (dat bekend stond als de *planoteca*), plus andere belangrijke correspondentie, te coördineren en catalogiseren.[4] Ze vergrootte haar kennis over buitenlandse architectuur tijdens een reis naar Griekenland en Egypte.

De opleiding en het onderwijs van Ruth Rivera Marín tonen haar groeiende engagement en haar wens bij te dragen aan de versteviging van de discussie over Mexicaanse kunst en cultuur, en hun relatie tot het volk en de wereld buiten Mexico. Haar diplomatieke behendigheid werd evident in 1959, toen ze werd benoemd tot directeur van de afdeling architectuur van het INBA. Als afdeling van het Secretariaat voor Openbaar Onderwijs is het een van de meest invloedrijke overheidsinstellingen in Mexico, dat belast is met het behoud en de verspreiding van kunst en cultuur.[5] Als directeur had Rivera Marín de taak om een visie te ontwikkelen op wie en wat de hedendaagse architectuurproductie in Mexico en daarbuiten vertegenwoordigde. Om ook buiten de besloten gemeenschap van de onderwijsinstellingen het debat te kunnen aangaan en het publiek te kunnen bereiken, vertrouwde Rivera Marín op instrumenten met een zo groot mogelijke reikwijdte. Het ging daarbij om tentoonstellingen, conferenties en publicaties zowel als om nationale en internationale bijeenkomsten van de beroepsgroep. Rivera Marín was niet alleen directeur van het INBA, maar ze was ook actief in

3
Raúl R. Illán Gómez, 'Enseñanza de la Arquitectura en México y en el IPN', *Revista Esencia y Espacio* 28 (2009), 29-38.

4
Een plek waar blauwdrukken worden bewaard.

5
De INBA (nu INBAL) werd in 1946 opgericht onder leiding van Miguel Alemán Valdés, die lid was van de politieke partij PRI. In de periode dat Rivera Marín directeur was, hadden de aan de PRI verbonden Adolfo López Mateos en Gustavo Díaz Ordaz Bolaños de leiding. De PRI bleef 70 jaar lang aan de macht, van 1929 tot 2000 (PRI staat voor 'Institutionele Revolutionaire Partij').

Ruth Rivera Marín next to an Egyptian sculpture, n.d./ Ruth Rivera Marín naast een Egyptisch beeldhouwwerk, z.d.

ontwerpcommissies en verenigingen van de overheid, zoals de Sociedad Mexicana de Planificacion, waarvan zij medeoprichter was en die tot doel had om in zowel het onderwijs als de praktijk planningstechnieken te stimuleren en te implementeren. Daarnaast was zij hoofd van de Sistema Nacional de Escuelas Regionales, waar ze aanstuurde op de ontwikkeling van bepaalde bouwtechnieken en -methoden die niet beperkt werden door gebrek aan middelen, bouwkundige kennis of tijd.[6]

De *Cuadernos de Arquitectura*

Rivera Marín's belangrijkste bijdrage aan het INBA werd gevormd door een reeks publicaties onder de titel *Cuadernos de Arquitectura*. Hier bundelde ze haar interesses en bood ze een platform om het werk dat ze deed als lid van andere organisaties te bevorderen en te verzamelen. *Cuadernos* waren een reeks boekjes die tussen 1961 en 1967 werden gepubliceerd onder redactie van Rivera Marín. Ze werden uitgegeven door het INBA als supplement bij het bestaande tijdschrift *Cuadernos de Bellas Artes*; ze werden niet alleen gedistribueerd via de gebruikelijke architectonische kanalen en architectuurscholen, maar ze werden ook – en dat bleek van cruciaal belang – verspreid onder ambassades en consulaten via de ministeries van Buitenlandse Zaken en Openbaar Onderwijs.[7]

De verspreiding van de *Cuadernos* zou Rivera Marín's bereik en invloed vergroten, maar haar rol als publieke intellectueel kwam op gespannen voet te staan met haar ontluikende rol als attaché voor het INBA. Terwijl zij de thema's, auteurs en onderwerpen bepaalde die in de *Cuadernos de Arquitectura* aan bod kwamen, was ze ook verantwoordelijk voor het creëren van nationale en internationale steun. Ze moest in haar werk dus een delicaat evenwicht bewaren tussen actieve deelname aan openbare debatten over hoe het landschap van de Mexicaanse architectuur vorm moest krijgen en intussen 'frictieloze' relaties met de overheidsinstanties binnen en buiten Mexico onderhouden. Als gevolg hiervan nam Ruth Rivera Marín meer openlijk een diplomatieke rol op zich. Ze leverde een cruciale bijdrage aan de aansturing van belangrijke culturele figuren en hun politieke relaties. Deze diplomatieke dimensie van haar werk kwam duidelijk naar voren bij de selectie van thema's voor de *Cuadernos* die ze samenstelde, vooral wanneer die een brug sloegen tussen internationale referenties en lokale architectuurproductie.

Als redacteur van de *Cuadernos de Arquitectura* promootte Rivera Marín zowel Mexicaanse kunst als internationale referenties in een tijd waarin het modernisme in Mexico dominant was. Dit betekende niet dat ze tegen het modernisme was of dat ze haar overtuigingen moest afzwakken omwille van haar diplomatieke betrekkingen. Integendeel, ze erkende de invloed van het modernisme op de Mexicaanse architectuur en nam actief internationale voorbeelden en meningen op in de publicaties, tentoonstellingen en conferenties die ze als directeur van het INBA organiseerde. Hiermee liet ze haar waardering voor modernistische ideeën zien.

De allereerste uitgave in de reeks die ze redigeerde, was zelfs volledig gewijd aan het werk van Mies van der Rohe. Ze nodigde nationale architecten uit om over hun werk te publiceren, bijvoorbeeld Manuel Teja en Juan Becerra, die een onderzoek beschreven dat ze

6
Ze was lid van de bestuurscommissie van het federale scholenbouwprogramma in de Estado of Hidalgo (1956–1959) en van de koloniale monumentencommissie (1959). Ze was ook het hoofd planning van de nationale organisatie voor regionale plattelandsscholen van het ministerie van Openbaar Onderwijs (SEP) (1960–1964) en secretaris voor stedelijke herindeling tijdens het Inleidend Uitvoerend Congres van de Mexicaanse planningsorganisatie (1965).

7
Dolores Martínez Orralde, 'Presentación', in: Carlos Ríos Garza (red.), *Cuadernos de Arquitectura del INBA 1961-67* (Mexico, 2014), 6.

Enrique Yáñez, in the coordination and cataloguing of the photographic archive of architectural drawings – known as *planoteca* – and other relevant correspondence.[4] She expanded her knowledge on foreign architecture during a trip to Greece and Egypt.

Ruth Rivera Marín's training and teaching demonstrate her growing commitment and desire to contribute to strengthening the discussion of Mexican art and culture, and their relationship to the people and the world outside Mexico. Her diplomatic role became apparent in 1959 when she was appointed director of the Architecture Department at the Instituto Nacional de Bellas Artes (INBA, National Institute of Fine Arts). As a branch of the Secretariat of Public education, it is one of the most influential governmental institutions in Mexico in charge of preserving and disseminating the country's art and culture.[5] As its director, Rivera Marín was tasked with developing a vision of who and what represented contemporary architectural production in Mexico and abroad. To enable debate, and to reach audiences outside of the familiarity of her educational institutions, Rivera Marín relied on tools with the widest possible reach: exhibitions, conferences and publications, as well as national and international meetings among representatives of the profession. Alongside her directorship at the INBA, Rivera Marín was also involved in governmental design committees and societies, such as la Sociedad Mexicana de Planificacion, that she co-founded in order to promote and implement planning techniques, in education and practice, or as the head of Sistema Nacional de Escuelas Regionales where she pushed for the development of particular building techniques and methods that were not limited by resources, building knowledge and time.[6]

The *Cuadernos de Arquitectura*

Rivera Marín's most compelling contribution to the INBA was fundamentally shaped by a series of publications entitled *Cuadernos de Arquitectura*. Here she consolidated her interests and provided a platform to promote and collect the work she was doing as a member of other organisations. The *Cuadernos* were a set of small booklets published between 1961 and 1967 under the editorship of Rivera Marín. Published by the INBA as a supplement to the existing *Cuadernos de Bellas Artes* magazine, the booklets were distributed not only in conventional architectural circles and schools of architecture, but also – and this proved crucial – sent to embassies and consulates via the Ministry of Foreign Affairs and the Ministry of Public Education.[7]

The dissemination of the *Cuadernos* would extend Rivera Marín's reach and influence, but her role as a public intellectual was at odds with her burgeoning role as attaché for the INBA. While she controlled the themes, authors and subjects to be included in the *Cuadernos de Arquitectura*, she was also responsible for finding national and international support. Therefore, her work had to strike a delicate balance between actively participating in the public debates about how to shape the landscape of Mexican architecture, while maintaining 'frictionless' relationships with governmental

4
A place where blueprints are kept.

5
The INBA (now INBAL) was founded in 1946 under Miguel Alemán Valdés, a member of the political party PRI. During Rivera Marín's directorship, the PRI-affiliated leaders Adolfo López Mateos and Gustavo Díaz Ordaz Bolaños governed. The PRI held power for 70 years from 1929 to 2000 (PRI stands for Institutional Revolutionary Party).

6
She was a member of the Administrative Committee of the Federal School Construction Programme in the Estado of Hidalgo (1956-1959) and of the Colonial Monuments Commission (1959). She was also the head of planning of the National System of Regional Rural Schools of the SEP (1960-1964) and secretary of urban remodelling issues in the Primer Executive Congress of the Mexican Planning Society (1965).

7
Dolores Martínez Orralde, 'Presentación', in: Carlos Ríos Garza (ed.), *Cuadernos de Arquitectura del INBA 1961-67* (Mexico, 2014), 6.

eerder hadden gepresenteerd op een conferentie georganiseerd door Rivera Marín bij de architectuurafdeling van het INBA. In het voorwoord van deze uitgave benadrukt Rivera Marín het belang van buitenlandse uitwisseling door te stellen dat 'het gezien de hoeveelheid functionalistische, organische en diverse nationalistische stromingen onontbeerlijk is om de oorsprong van elk van deze stromingen te verduidelijken en te verspreiden'.[8]

Uitgaven die volledig waren gewijd aan werk van buiten Mexico borduurden grotendeels voort op Rivera Marín's diplomatieke pogingen om te bemiddelen tussen verschillende architectonische culturen.[9] De *Cuadernos* volgen zo impliciet haar werk als directeur en organisator van het INBA in Mexico en daarbuiten. In het nummer *Arquitectura Viva Japonesa*, dat is gewijd aan de Japanse architectuur, en opgezet in samenwerking en met de steun van de Japanse ambassade, legt Rivera Marín haar intentie uit om een 'confrontatie tussen de architectuur van verschillende landen en onze eigen [Mexicaanse] artistieke productie' tot stand te brengen.[10] In nummer 19 deed ze iets soortgelijks, door de focus te leggen op Zweedse architectuur, met essays van Zweedse architecten en Mexicaanse onderzoekers.

Andere nummers stonden in het teken van de promotie van het werk van Mexicaanse architecten. Nummer 14 was gewijd aan haar vader en heette *Diego Rivera, Arquitecto* – en classificeerde hem dus niet als schilder, zoals gebruikelijk. Het nummer bevatte het ontwerp van het Anahuacalli-museum in San Pablo Tepetalpa, een buitenwijk van Mexico-Stad. Rivera ontwierp dit buitengewone gebouw grotendeels zelf om zijn collectie van meer dan 50.000 pre-Spaanse artefacten te huisvesten en tentoon te stellen. Het was onvoltooid toen hij in 1957 overleed. Hoewel het gebouw door Ruth Rivera Marín, Juan O'Gorman en Heriberto Pagelson werd voltooid, zag ze vreemd genoeg af van enige vermelding van haar eigen bijdrage aan het ontwerp en de voltooiing ervan.

Wie de reeks *Cuadernos* bekijkt, kan zien hoe Rivera Marín een opeenstapeling van stemmen en perspectieven verspreidt in een poging om een maatschappelijk debat over architectuurproductie aan te moedigen in een land dat op zoek is naar een verenigde identiteit. Het idee, dat de formule van de *Cuadernos* verandering teweeg zou kunnen brengen, net als de culturele en politieke activiteiten van het INBA, komt misschien wel het krachtigst tot uitdrukking in de twee nummers die Rivera Marín wijdde aan het ontwerp van Mexicaanse plattelandsscholen. Deze nummers hadden betrekking op het werk dat ze deed als onderdeel van haar rol in het Comité Administrador del Programa Federal de Construcción de Escuelas (CAPFCE), een overheidsorgaan dat verantwoordelijk was voor de organisatie, het beheer en de uitvoering van federale programma's voor het bouwen en uitrusten en de ontwikkeling van scholen in Mexico.

Het eerste van deze twee uitgaven, nummer 5, was gewijd aan wat Rivera Marín definieert als *la aula-casa rural* (het landelijke schoolhuis) en heette *Arquitectura Escolar Mexicana: La casa-aula rural*. In dit nummer presenteren Rivera Marín en architect Pedro Ramírez Vázquez aan de hand van een serie foto's en ontwerpen een aantal gerealiseerde projecten. De uitgave concentreerde zich op het platteland van Mexico en de inhoud lag in het verlengde van het materiaal, dat werd geprodu-

8
Ruth Rivera Marín, 'Propositos', in: Ruth Rivera Marín (red.), *Cuadernos de Arquitectura* 1 (Mexico, 1961), 3.

9
Xavier Guzmán Urbiola, 'Estudio Introductorio', in: Carlos Ríos Garza (red.), *Cuadernos de Arquitectura del INBA 1961-67* (Mexico, 2014), 13.

10
Ruth Rivera Marín, 'Propositos', in: Ruth Rivera Marín (red.), *Cuadernos de Arquitectura* 3 (Mexico, 1961), 3.

bodies within and outside of Mexico. As a result, Ruth Rivera Marín assumed more patently the role of a diplomat, playing a crucial part in orchestrating significant cultural figures and their political relations. This diplomatic dimension of her work was evident in the choice of themes for the issues of *Cuadernos* that she curated, especially those that combined international references with local architectural production.

As the editor of the *Cuadernos de Arquitectura*, Rivera Marín promoted Mexican art alongside international references, at a time when modernism was dominant in Mexico. This did not imply that she opposed modernism or had to compromise her beliefs for the sake of her diplomatic relationships. On the contrary, she acknowledged modernism's influence on architecture in Mexico, actively incorporating international references and voices in the publications, exhibitions and conferences she organised as INBA director, showcasing her appreciation for modernist ideas.

In fact, the very first issue of the *Cuadernos* that she edited was devoted in its entirety to the work of Mies van der Rohe. She extended invitations to national architects, to write about the work – Manuel Teja and Juan Becerra, for example, who wrote about their research, which they had already presented at a conference Rivera Marín organised at the INBA's Architecture Department. In the preface to the issue, Rivera Marín stresses the importance of foreign exchange, stating that 'in all its functionalist, organic and diverse nationalist currents, it is indispensable to clarify and spread the origins of each of these currents'.[8]

Issues entirely dedicated to work outside of Mexico were largely built upon Rivera Marín's diplomatic efforts to negotiate between different architecture cultures.[9] As such, the *Cuardernos* implicitly shadow her organisational work as director of INBA in Mexico and abroad. In the issue *Arquitectura Viva Japonesa*, dedicated to Japanese architecture and developed in collaboration and with the support of the Japanese Embassy, Rivera Marín explicates her intention to install a 'confrontation between the architecture of different countries and our own [Mexican] artistic work'.[10] A similar endeavour was made in number 19, focussed on Swedish architecture and incorporating essays by Swedish architects and Mexican researchers.

The promotion of work by Mexican architects filled other issues. Issue 14 was dedicated to her father, entitled *Diego Rivera, Arquitecto*, dispensing with his usual classification as a painter. The issue featured the design of the Anahuacalli Museum, in San Pablo Tepetalpa, a suburb of Mexico City. Built to house and display his collection of over 50,000 pre-Hispanic artefacts, this extraordinary edifice was largely designed by Rivera himself, but left unfinished when he died in 1957. Although the building was completed by Ruth Rivera Marín in cooperation with Juan O'Gorman and Heriberto Pagelson, she chooses, curiously, to omit any account of her own contribution to the design and completion of the building.

Viewing the *Cuadernos*, one can appreciate the accretion of voices and perspectives that Rivera Marín spreads out, as she seeks to encourage the public conversation about architectural production

8
Ruth Rivera Marín, 'Propositos', in: Ruth Rivera Marín (ed.), *Cuadernos de Arquitectura* 1 (Mexico, 1961), 3.

9
Xavier Guzmán Urbiola, 'Estudio Introductorio', in: Carlos Ríos Garza (ed.), *Cuadernos de Arquitectura del INBA 1961-67* (Mexico, 2014), 13.

10
Ruth Rivera Marín, 'Propositos', in: Ruth Rivera Marín (ed.), *Cuadernos de Arquitectura* 3 (Mexico, 1961), 3.

ceerd en getoond op de 12e triënnale van Milaan in 1960. Zoals Rivera Marín en Ramírez Vázquez uitleggen in het essay (en zoals blijkt uit de titel van het nummer) waren de in de bundel gepresenteerde projecten gewijd aan het ontwerp van scholen en huizen voor leraren op het Mexicaanse platteland. In regio's waar het percentage kinderen zonder toegang tot onderwijs het hoogste was, geloofde men dat de bouw van scholen of *aulas* (klaslokalen) met bijbehorende woningen voor leraren het onderwijs toegankelijker maakte voor de kinderen die zonder zaten. Het essay in dit nummer betoogde dat het aantal scholen dat nodig was om deze onderwijskloof te dichten, gezien de uitgestrekte gebieden waar het om ging, een nieuwe typologie en bouwmethodologie vereiste, bestaande uit geprefabriceerde elementen, waarbij het de bedoeling was dat de gebouwen 'gemakkelijk op verschillende plekken konden worden geassembleerd, zonder dat daar technische expertise voor nodig was'.[11]

In nummer 8, *Arquitectura Escolar Internacional*, werd dit politiek beladen argument met betrekking tot plattelandsscholen verder uitgewerkt. De Mexicaanse schooltypologie werd in dit nummer vergeleken met die van scholen in het buitenland. De begeleidende tekst van de

11
Ruth Rivera Marín en Pedro Ramírez Vázquez, 'Arquitectura Escolar Mexicana', in: Ruth Rivera Marín (red.), *Cuadernos de Arquitectura* 5 (Mexico, 1961), 11.

Ruth Rivera with the organising committee of the XIX Olympiad, 19 October 1968/
Ruth Rivera met het organisatiecommittee dat actief was tijdens de negentiende Oympiade, 19 oktober 1968

in a country in search of an amalgamated identity. The notion that the *Cuadernos* format might activate change alongside the cultural and political activities of the INBA, perhaps finds its most potent manifestation in the two issues she devoted to the design of schools in rural Mexico. These issues referenced the work carried out as part of her role in the Comité Administrador del Programa Federal de Construcción de Escuelas (CAPFCE), a public organ in charge of organising, running and carrying out federal programmes for the construction, equipping and development of schools in Mexico.

The first of the two issues, (no. 5), was dedicated to what she defines as *la aula-casa rural* (the rural classroom-house) entitled *Arquitectura Escolar Mexicana: La casa-aula rural*. In this issue, Rivera Marín and architect Pedro Ramírez Vázquez present examples of built projects in rural Mexico using an array of photographs and architectural plans. The issue concentrated on the rural areas of Mexico and was an extension of the material produced and shown at the 12th Triennale of Milan in 1960. As explained in the essay by Rivera Marín and Ramírez Vázquez (and explicit in the title of the issue), the building examples presented in the volume were dedicated to the design work of schools and houses for teachers in rural Mexico. In regions that had the largest percentage of children without access to education, the development of schools or *aulas* (classrooms) with living accommodation attached for teachers was believed to facilitate greater access to education for those in need. The essay in this issue claimed that the target number of schools that might close this educational divide, coupled with the vast territories in question, called for a new typology and construction methodology, composed of prefabricated elements so that the buildings 'could be easily assembled in each locality without the need of technical expertise'.[11]

Issue 8, *Arquitectura Escolar Internacional*, further developed this politically charged argument concerning rural schools. The Mexican typology of schools was now presented in relation to examples of schools abroad. The accompanying text by Mexican architect Enrique M. Vergara, which compared rural schools in Mexico and Morocco as a way to illustrate two significant examples of countries were prefabrication would be an answer to the massive demand for schools, awakened the interest of various Mexican technicians and institutions. These examples were contrasted with the design and development of schools in countries like England. Such a comparison not only illuminated the conspicuous differences in environmental and climate requirements but also the crucial social and political context of the different geographies, as for Vergara the design problem of the English school or classroom was 'no longer to accommodate all children but to improve the conditions of a population'.[12] The ideas and themes in the publications were not only direct translations of projects and questions that Rivera Marín developed as director of the INBA and as a member of the CAPCE, they illustrate above all her explicit rejection of internationalism and of the repetition or imitation of European culture. Rivera Marín maintained that these were alien to the needs

11
Ruth Rivera Marín and Pedro *Ramírez Vázquez* 'Arquitectura Escolar Mexicana', in: Ruth Rivera Marín (ed.), *Cuadernos de Arquitectura* 5 (Mexico, 1961), 11.

12
Enrique M. Vergara, 'Escuelas Rurales de Mexico y Marruecos', in: *Arquitectura Escolar Internacional*, in: Ruth Rivera Marín (ed.), *Cuadernos de Arquitectura* 8 (Mexico, 1963).

Mexicaanse architect Enrique M. Vergara vergeleek Mexicaanse plattelandsscholen met Marokkaanse plattelandsscholen. Het gaf zo twee belangrijke voorbeelden van landen waar prefabricage een antwoord zou kunnen zijn op de massale vraag naar scholen en wekte de interesse van verschillende Mexicaanse technici en instellingen. De twee voorbeelden werden afgezet tegen het ontwerp en de ontwikkeling van scholen in landen als Engeland. Een dergelijke vergelijking benadrukte niet alleen de opvallende verschillen in milieu- en klimaatvereisten, maar ook de cruciale sociale en politieke context van verschillende geografische gebieden. Volgens Vergara was de ontwerpuitdaging van de Engelse school of het klaslokaal 'niet langer het onderbrengen van alle kinderen, maar het verbeteren van de omstandigheden van een bevolking'.[12] De ideeën en thema's die in deze publicaties aan bod kwamen, waren niet alleen directe vertalingen van de projecten en kwesties die Rivera Marín als directeur van het INBA en als lid van CAPCE ontwikkelde, maar ze illustreerden vooral haar expliciete afwijzing van internationalisme en het herhalen of imiteren van de Europese cultuur. Rivera Marín betoogde dat die vreemd waren aan de behoeften van het Mexicaanse volk en de Mexicaanse geografie, en ze verdedigde een pluralisme waarbinnen de architectuur reageert op culturele factoren en situaties. De spanning en balans tussen het tentoonstellen van internationale architectuur en het promoten van lokaal werk, die misschien wel in elk nummer aanwezig waren, zijn te zien als een poging om de specifieke identiteit van de Mexicaanse architectuur te definiëren in relatie tot haar wereldwijde verwanten.

12
Enrique M. Vergara, 'Escuelas Rurales de Mexico y Marruecos', in: *Arquitectura Escolar Internacional*, in: Ruth Rivera Marín (red.), *Cuadernos de Arquitectura* 8 (Mexico, 1963).

De pluralistische architect

Rivera Marín heeft altijd verschillende rollen gespeeld en zich met uiteenlopende praktijken beziggehouden. Gesteld dat de *Cuadernos* in de eerste plaats bedoeld waren om een publiek debat op gang te brengen, dan kan haar gelijktijdige werk met het INBA worden beschouwd als bevordering van institutionele verandering, om de toekomst van de gebouwde omgeving in Mexico op een vollediger, concretere manier vorm te geven. Rivera Marín was tevens voorzitter van de Internationale unie van vrouwelijke architecten. Ze was daarnaast lid van UNESCO, waar ze hartstochtelijk streed voor de aanwijzing van Mexicaanse gebouwen als nationaal monument, daarmee tegen de heersende 'opinie' van die tijd ingaand. In al haar rollen week ze af van de conventionele opvatting van de solistische, heldhaftige architect en het kostte haar veel energie en behendigheid om anderen hulp te bieden, met ze samen te werken en zich bezig te houden met uiteenlopende belangen op artistiek en politiek gebied. Rivera Marín's interesses resoneerden sterk met de geest van een tijdperk waarin architectuur en schilderkunst werden gecombineerd om het concept van *mexicanidad*, dat wil zeggen, een kunst die zowel nationaal als sociaal kon zijn, te creëren. Het werk van haar vader en het aan hem gelieerde Revolutionaire Verbond van technici, schilders, beeldhouwers en aanverwante beroepen, waar de schildersezel werd afgewezen ten gunste van de muurschildering, omdat de laatste een vorm van expressie was die zogenaamd toegankelijk was voor het grootste aantal mensen, diende als voorbeeld van publiek geëngageerde kunst en architectuur. Rivera Marín, die opgroeide in

of the Mexican people and geography and defended an idea of pluralism, in which architecture is responsive to cultural factors and circumstances. The tensions and balance between showcasing international architecture and promoting local work, perhaps present in every issue, was part of an attempt to define the specific identity of Mexican architecture in relation to its global siblings.

The Plural Architect

Rivera Marín always played multiple roles and unfolded various practices. If the *Cuadernos* were primarily about opening a public debate, then her accompanying work at the INBA might be framed in terms of forwarding institutional change in a way that could shape the future of Mexico's built environment in a more fulsome, concrete sense. Rivera Marín was also the president of the International Union of Women Architects, and she served as a member of UNESCO, where she passionately championed the safeguarding of Mexican buildings as National Monuments, largely against the national 'wisdom' of the time. All of these roles departed from a more conventional definition of the single heroic architect and required great energy and skill to facilitate others, to work collaboratively and to engage with the various interests in the artistic and political spheres. Rivera Marín's concerns resonated strongly with the spirit of an era in which architecture and painting were combined to

Ruth Rivera at a meeting of architects, 11 December 1943/ Ruth Rivera op een bijeenkomst van architecten, 11 december 1943

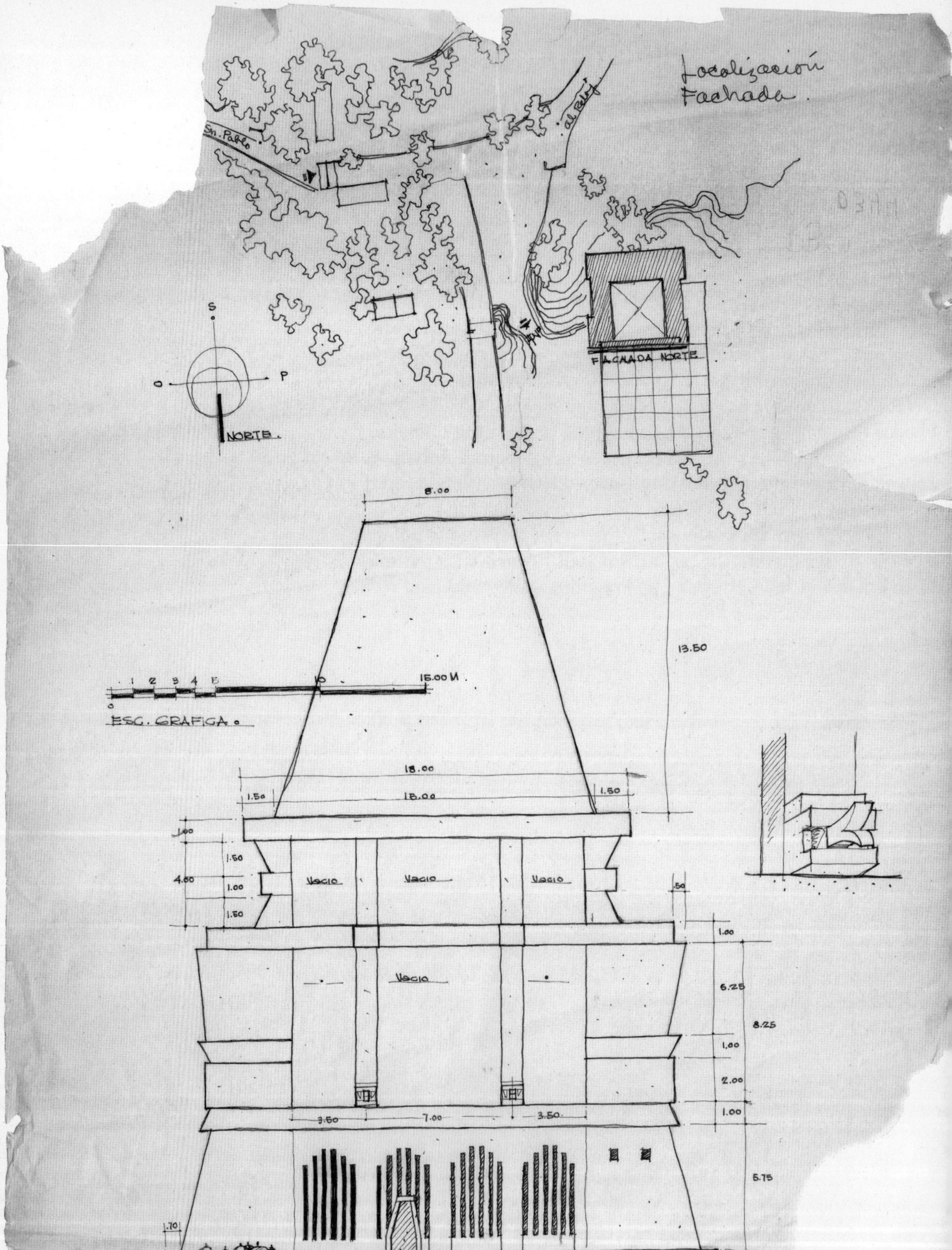

Elevation, detail and plan of the Anahuacalli Museum, not identified (probably by Ruth Rivera Marín), n.d./
Opstand, detail en situatie van het Anahuacalli Museum, niet geïdentificeerd (waarschijnlijk van Ruth Rivera Marín), z.d.

create a concept of *mexicanidad*, that is the creation of an art that could be both national and social. The work of her father and the associated Revolutionary Union of Technical Workers, Painters, Sculptors and Allied Trades, with its dismissal of easel painting in favour of muralism, as a form of expression that would be more readily accessible to as many of the population as possible, functioned as an example of a more public engagement of art and architecture. Growing up in this environment, Rivera Marín became an active participant in a movement that aimed to integrate architecture with other art forms, particularly painting and sculpture. Although inspired by the potential of such integration, it was the melding of architecture and the arts with a political and social role that would drive Rivera Marín. Empowered by her diplomatic, managerial and curatorial roles, one can read Rivera Marín's work as a project for the public dissemination of Mexican art and architecture throughout the country and beyond. She often worked in the 'background', advocating the realisation of public projects from different venues and institutions, where she was able to instrumentalise and leverage political relations to enact change, be it promoting the importance of a Mexican modernism, heritage preservation or the establishing of schools for those without access to education.

It cannot be denied that Ruth Rivera Marín was born into a position of entitlement. It gave her access to significant figures, places and job opportunities, but she also faced personal hardship and sexism in reaching her professional success. Whether it was by choice or circumstances of her gender, her contribution to the actual design of the buildings she was known to be involved with is largely unknown. Her contribution to the completion of the design of the Museum Anahuacalli is one among many others. Yet ironically, it is the very obscurity of her conventional design activities that throws her other practices into stark relief. The form of architectural practice Ruth Rivera Marín pursued was not focused on the advancement of the idea of the architect as an artist or as the sole author. Instead, she saw architecture as a collaborative practice with an explicit public, social and political role. From a clear understanding of her own political and social condition, she promoted the realisation of the work of others that she considered important. By refusing to think that architecture was based on the design and production of buildings and by extending the definition of architectural practice to curating, teaching, writing, managing, facilitating and especially diplomacy, Ruth Rivera Marín illuminated the potential of a mode of modern architectural practice that is publicly engaged, open, plural and humane.

The author wishes to express her gratitude to: Casa Estudio Diego Rivera y Frida Kahlo, Juan Rafael Coronel Rivera, and Instituto Nacional de Bellas Artes y Letras.

All Translations in the text are by the author.

deze omgeving, ontwikkelde zich tot een actieve deelnemer aan een beweging die ernaar streefde de architectuur te integreren met andere kunstvormen, vooral met de schilder- en beeldhouwkunst. Hoewel Rivera Marín geïnspireerd werd door het potentieel van een dergelijke integratie, was het haar ambitie de architectuur en kunst te combineren met een politieke en maatschappelijke functie. Het werk van Rivera Marín kan, mede dankzij de diplomatieke, leidinggevende en curatoriële rollen die ze op zich nam, worden opgevat als één project voor de publieke verspreiding van Mexicaanse kunst en architectuur in het hele land en daarbuiten. Ze werkte vaak op de achtergrond en bepleitte de realisatie van openbare projecten vanuit verschillende locaties en instellingen, waar ze erin slaagde politieke relaties te instrumentaliseren en in te zetten om veranderingen aan te jagen, of het nu ging om het promoten van het belang van een Mexicaanse vorm van modernisme, het behoud van cultureel erfgoed of de oprichting van scholen voor mensen zonder toegang tot onderwijs.

Het valt niet te ontkennen dat Ruth Rivera Marín van bevoorrechte huize was. Dit gaf haar toegang tot belangrijke personen, plaatsen en functies, maar ze kreeg op weg naar professioneel succes ook te maken met persoonlijke tegenspoed en seksisme. Of het nu uit vrije keuze was of door de omstandigheid dat ze een vrouw was, haar bijdrage aan het feitelijke ontwerp van de gebouwen waaraan ze heeft gewerkt, is grotendeels onbekend. Haar bijdrage aan de uitvoering van het ontwerp van het Anahuacalli-museum is een van de vele voorbeelden. Ironisch genoeg zorgt echter juist de onbekendheid met haar ontwerpactiviteiten ervoor dat haar andere praktijken daar zo sterk bij afsteken. Ruth Rivera Marín streefde een architectuurpraktijk na die niet was gericht op het idee van de architect als kunstenaar of exclusieve auteur. In plaats daarvan zag ze architectuur als een collaboratieve praktijk met een duidelijke publieke, maatschappelijke en politieke functie. Op basis van een helder begrip van haar eigen politieke en maatschappelijke situatie zorgde ze ervoor, dat het werk van anderen dat zij belangrijk vond, gerealiseerd werd. Ruth Rivera Marín weigerde de architectuur te beschouwen als iets dat uitsluitend gebaseerd was op het ontwerpen en produceren van gebouwen, en breidde de definitie van 'architectuurpraktijk' uit met organisatie, onderwijs, auteurschap, management, facilitering en vooral diplomatie. Ze vergrootte zo de mogelijkheid van een moderne architectuurpraktijk die publiek geëngageerd, open, pluriform en menselijk is.

Met dank aan: Pedro Diego Alvarado Rivera, Juan Rafael Coronel Rivera, Sheila Espinosa, Jon Lopez, Ana Elena Mallet en aan Museo Casa Estudio Diego Rivera y Frida Kahlo en INBAL.

Vertaling: InOtherWords, Maria van Tol

2. The Architect as Populist

The populist role understands the public as the 'popular mass', acknowledging popular culture, vernacular knowledge and public desires. The aim of the populist is to engage with these dimensions of the populace. The architect as populist is able to analyse, understand and (critically) engage with the knowledge inherent in vernacular and popular practices, like local traditions and craftmanship, the iconography of mass culture, and the mechanisms of marketing and branding, without losing the knowledge and expertise inherent in the architectural profession. By engaging with popular desires and perspectives, the architect as populist not only bridges architectural and popular culture, but is also able to participate in the public domain, beyond strictly architectural issues. This attitude allowed Margit Kennedy to engage with issues beyond her own expertise, in particular the challenges of economic development in relation to the issue of ecology, while being careful not to be encapsulated within the field of economic experts. Although her public appearances in the field of economics arose from architectural dilemmas, she was able, as a layperson, to translate these dilemmas into more general questions and to critically grasp the impact of economic mechanisms not only on architecture, but also in other areas of society.

2. De architect als populist

De architect als populist beschouwt het publiek als de (volks) massa en erkent de aanwezigheid van een populaire cultuur, vernaculaire kennis en de verlangens van het grote publiek. Het doel van de populist is om zich te verdiepen in deze eigenschappen van de bevolking. De architect als populist is in staat om de kennis die aanwezig is in vernaculaire en populaire praktijken, zoals lokale tradities en vakmanschap, de iconografie van de massacultuur en mechanismen van marketing en *branding*, te analyseren, te begrijpen en zich er (kritisch) in te verdiepen, zonder de kennis en expertise te verliezen die inherent zijn aan de architectuurprofessie. Door gehoor te geven aan de verlangens en perspectieven van gewone mensen slaat de architect als populist niet alleen een brug tussen architectuur en populaire cultuur, maar is hij/zij ook in staat om deel te nemen aan een publiek debat dat verder gaat dan de gebruikelijke architectonische onderwerpen. Het was deze houding waardoor Margit Kennedy zich kon bezighouden met kwesties die buiten haar eigen expertise vielen, overstegen, zoals de uitdaging van economische ontwikkeling versus ecologie, waarbij ze er zorgvuldig voor waakte zich te laten inkapselen door economische experts. Hoewel haar publieke optredens in economische kringen het gevolg waren van dilemma's in de architectuur, slaagde ze er als leek in om deze dilemma's te vertalen naar meer algemene vraagstukken. Daarnaast wist ze het effect van economische mechanismen op de architectuur én andere domeinen van de samenleving kritisch te duiden.

Catherine Bauer

Hans Teerds

Catherine Krouse Bauer Wurster (1905-1964) studied architecture at Cornell University, but never graduated. She nevertheless remained involved in the built environment, particularly as an advocate for public housing. She taught at several universities, including Harvard, Cornell and Berkeley, where she helped found the College of Environmental Design in 1959. After completing her undergraduate studies at Vassar College, she spent a year in Paris studying European architecture, housing policy, urban planning and, in particular, the work of Le Corbusier. It was in Europe that her attention was drawn to the issue of housing in relation to economic inequality, a subject that continued to occupy her when she returned to the United States. She started to work for various publishing houses in New York, where she met Lewis Mumford. Mumford invited her to join the Regional Planning Association of America, a group of 'friends' brought together by Clarence Stein to critically examine cities and collaborate on developing alternative city-building projects. Convinced of the urgency of the housing issue, she published *Modern Housing* in 1934, drawing lessons from modern architecture and housing in Europe for the difficult post-Depression situation in the United States. The book attracted the attention of New Deal policymakers, who invited Bauer to write much of the Housing Act of 1937. Following her work on the Act, she became President of Information and Research for the United States Housing Authority. In this role she influenced national, state and local housing and urban planning agencies until her death in 1964.

Catherine Bauer

Hans Teerds

Catherine Krouse Bauer Wurster (1905-1964) maakte haar studie architectuur aan Cornell University niet af. Wel bleef ze haar hele carrière bezig met de gebouwde omgeving, in het bijzonder als vurig verdediger van sociale woningbouw. Ze gaf les aan verschillende universiteiten, waaronder Harvard, Cornell en de Universiteit van California in Berkeley, waar ze in 1959 een van de oprichters was van de afdeling College of Environmental Design. Na haar uitstapje naar architectuur en Cornell rondde ze een algemene bachelor af op Vassar College, waarna ze voor een jaar naar Parijs vertrok, waar ze de Europese architectuur, woningbouwbeleid, stedenbouw en in het bijzonder het werk van Le Corbusier bestudeerde. In Europa werd haar aandacht vooral getrokken door het verband tussen het woningbouwvraagstuk in relatie tot economische ongelijkheid, een thema waar ze ook in de Verenigde Staten mee bezig zou blijven. Via haar werk bij verschillende uitgeverijen in New York ontmoette ze Lewis Mumford, die haar uitnodigde om bijeenkomsten van de Regional Planning Association of America

Further reading

- **Catherine Bauer, *Modern Housing* (Boston: Houghton Mifflin, 1934)**
- **Cynthia Hammond, 'The Interior of Modernism: Catherine Bauer and the American Housing Movement', in: Sandra Alfoldi and Janice Helland (eds.), *Craft, Space, and Interior Design, 1855-2005* (Hampshire: Ashgate, 2008)**

Cover of/ omslag van **Catherine Bauer, Modern Housing, c. 1934**

bij te wonen, een groep 'vrienden' die, op uitnodiging van Clarence Stein, steden kritisch onderzochten en gezamenlijk alternatieve stedenbouwkundige voorstellen deden. Omdat ze overtuigd was van de urgentie van het woningbouwvraagstuk, publiceerde Bauer in 1934 het boek *Modern Housing*, waarin ze de lessen beschreef die ze in Europa had geleerd over de moderne architectuur en sociale woningbouw tegen de achtergrond van de uitdagende situatie waarin de Verenigde Staten in die tijd, na de zogenoemde Depressie, verkeerde. Het boek trok de aandacht van de politici en beleidsmakers van de New Deal, die haar uitnodigden om grote delen van de Housing Act van 1937 te schrijven. Na haar betrokkenheid bij de totstandkoming van deze wet werd ze directeur informatie en onderzoek van de United States Housing Authority. Vanuit deze positie had ze invloed op alle lagen van het bestuur – nationaal tot en met de staten – en drukte ze, tot haar dood in 1964, een stempel op woningbouw en stedenbouwkundige diensten op tal van plaatsen in de Verenigde Staten.

Meer lezen
– Catherine Bauer, *Modern Housing* (Boston: Houghton Mifflin, 1934)
– Cynthia Hammond, 'The Interior of Modernism: Catherine Bauer and the American Housing Movement', in: Sandra Alfoldi en Janice Helland (red.), *Craft, Space, and Interior Design, 1855-2005* (Hampshire: Ashgate, 2008)

Minnette De Silva

Maria Bonaiti

Minnette De Silva (1918-1998) played a leading role in Sri Lanka's history of modern architecture. After studying at the Architectural Association School of Architecture in London, she participated in the CIAM conference in Bridgewater (1947) as the Indian group's delegate. Her work represents a skilful synthesis between the most advanced Western technologies and local craftsmanship. In the quest for a modern architecture, it prefigured an expression of the cultural identity

Minnette De Silva

Maria Bonaiti

Minnette De Silva (1918-1998) heeft een belangrijke rol gespeeld in de geschiedenis van de Sri Lankaanse moderne architectuur. Na haar studie aan de Architectural Association School of Architecture in Londen nam ze als afgevaardigde van de Indiase afdeling deel aan de CIAM-conferentie in Bridgewater (1947). Haar werk is een vakkundige synthese van geavanceerde westerse technieken en lokaal vakmanschap. In de zoektocht naar een moderne architectuur, was haar werk als het ware een voorproef van hoe de cultu-

of a new independent Ceylon. Through the magazine *MARG*, which De Silva co-founded and helped to promote in Europe, she championed a 'Regional Modern Architecture', where cultural and political choices 'could not be clearly separated'.[1] The magazine had a pre-eminently educational task. It aimed to disseminate knowledge of traditional culture as widely as possible among the population, fostering a new awareness of one's own identity. Simultaneously, artisans were directly involved in De Silva's architectural work. She expressed her principal ideas in a series of housing projects where a modern reinforced concrete structure was combined with local materials and artisanal details to demonstrate that it is possible to achieve 'in a modern idiom' a 'continuation of an authentic traditional form'.[2]

Further Reading:
– Minnette De Silva, with Ashley de Vos and Susil Sirivardana (eds.), *The Life and Work of an Asian Woman Architect* (Colombo: Smart Media Production, 1998)
– Ellen Dissanayake, 'Minnette De Silva: Pioneer of Modern Architecture in Sri Lanka', *Orientations* 13/8 (1982).

1
Minette De Silva, with Ashley de Vos and Susan Sirivardana (eds.), *Minnette De Silva: The Life and Work of an Asian Woman Architect* (Colombo: Smart Media Production, 1998), 33.

2
Minette De Silva, 'A House at Kandy, Ceylon', *MARG* 6/3 (1953), 8.

rele identiteit van het nieuwe onafhankelijke Ceylon kon worden uitgedrukt. In het tijdschrift *MARG*, dat De Silva mede oprichtte en introduceerde in Europa, pleitte ze voor een 'Regionale Moderne Architectuur', waar culturele en politieke keuzes 'niet duidelijk van elkaar gescheiden konden worden'.[1] Het tijdschrift had vooral educatieve bedoelingen, namelijk om de kennis van de traditionele cultuur zo breed mogelijk onder de bevolking te verspreiden en zo een nieuw bewustzijn van de eigen identiteit te bevorderen. Ook werkten er altijd ambachtslieden mee aan de projecten van De Silva. Haar belangrijkste ideeën zijn te vinden in een serie woningbouwprojecten waar een moderne structuur van gewapend beton werd gecombineerd met lokale materialen en ambachtelijke details, om aan te tonen dat het mogelijk was om, 'in een modern idioom', een 'voortzetting van de authentieke traditionele vorm' te realiseren.[2]

Meer lezen:
– Minnette De Silva, met Ashley de Vos en Susil Sirivardana (red.), *The Life and Work of an Asian Woman Architect* (Colombo: Smart Media Productions, 1998)
– Ellen Dissanayake, 'Minnette De Silva: Pioneer of Modern Architecture in Sri Lanka', *Orientations* 13/8 (1982)

1
Minette De Silva, met Ashley de Vos en Susil Sirivardana (red.), *Minnette De Silva: The Life and Work of an Asian Woman Architect* (Colombo: Smart Media Productions, 1998), 33.

2
Minette De Silva, 'A House at Kandy, Ceylon', *MARG* 6/3 (1953), 8.

Egle Renata Trincanato

Elisa Vendemini and Sabrina Righi

Egle Renata Trincanato (1910-1998), a 1938 graduate of the Università Iuav di Venezia, was deeply involved in the discourse on the future of Venice. Her work as an architect and as a professor at her alma mater, but also in Venetian institutions as director of the Palazzo Ducale (1954) and secretary of the National Institute for Urban Planning (INU, 1955), allowed her to contribute to public discourses. She spoke with important professionals such as Le Corbusier, Neutra, Wright and Gropius, as well as with local and international politicians. She took part in these debates through the design of new buildings, survey studies, the restoration of historical buildings and the development of urban plans, which she presented through photographs, monographs such as *Venezia Minore* (1948), drawings and exhibitions. In 1954 she organised the exhibition 'Venezia Viva' at Palazzo Grassi, one of the most important works in which Trincanato reached out to a wider public, highlighting the relationship between the socioeconomic problems of the Venetian community and the architectural and urban development of the city. In fact, Trincanato's commitment to Venice was characterised not only by her dedication as an architect to studying the social impact of the city's urban form, but also by her willingness to make the general public and the local community aware of their participation in the decisions concerning the city's future.

Further Reading:
– Egle Renata Trincanato, *Venezia Minore* (Venice: Filippi Editore, 1948)
– Maddalena Scimemi and Anna Tonicello, *Egle Renata Trincanato 1910-1998* (Venice: Marsilio Editore, 2008)

< **Minnette De Silva climbing up to inspect concrete columns and slab work of the De Saram house, 1951/** Minnette De Silva klimt omhoog om betonnen kolommen en plaatwerk van het De Saram huis te inspecteren, Colombo, 1951

Egle Renata Trincanato

Elisa Vendemini en Sabrina Righi

Egle Renata Trincanato (1910-1998), die in 1938 afstudeerde aan de Università Iuav di Venezia, was in verschillende functies nauw betrokken bij het debat over de toekomst van Venetië. Haar opdrachten als architect zowel als haar werk als hoogleraar aan haar alma mater, maar ook bij Venetiaanse instellingen, bijvoorbeeld als directeur van het Palazzo Ducale (1954) en als secretaris van het Nationaal Instituut voor Stedenbouw (INU, 1955), stelden haar in staat om een rol te spelen in het publieke debat. Ze sprak met zowel belangrijke professionals als Le Corbusier, Neutra, Wright en Gropius als met lokale en internationale politici. Ze mengde zich in deze debatten door nieuwe gebouwen te ontwerpen, *surveys* te maken, historische gebouwen te restaureren en stedenbouwkundige plannen te ontwikkelen die ze presenteerde door middel van foto's, monografieën zoals *Venezia Minore* (1948), tekeningen en tentoonstellingen. In 1954 organiseerde ze de tentoonstelling 'Venezia Viva' in het Palazzo Grassi. Als een van haar belangrijkste werken wist Trincanato zo een breed publiek te bereiken en de relatie tussen de sociaal-economische problemen van de Venetiaanse gemeenschap en de architectonische en stedenbouwkundige ontwikkeling van de stad te benadrukken. Kenmerkend voor Trincanato's toewijding aan Venetië was niet alleen haar betrokkenheid bij het bestuderen van de sociale effecten van haar stedelijke vorm, maar ook haar bereidheid om het grote publiek en de lokale gemeenschap bewust te maken van hun keuzes voor de toekomst van de stad.

Meer lezen:
– Egle Renata Trincanato, *Venezia Minore* (Venetië: Filippi Editore, 1948)
– Maddalena Scimemi en Anna Tonicello, *Egle Renata Trincanato 1910-1998* (Venetië: Marsilio Editore, 2008)

Svetlana Kana Radević

Gianluca Croce

Svetlana Kana Radević (1937-2000) was a talented Montenegrin architect whose ability to overcome the traditional barriers of a still strongly patriarchal society and discipline was evident in projects that combined the aspirations of a modern society with the renewed forms of tradition within the principles of the Socialist Republic. As an official of the Republican Institute of Urbanism and Planning (RZUP), Radević drew up extensive strategic plans for the realisation of leisure cities, conceived as areas of collective life and social cohesion.
In her parallel activity as an individual architect, she translated these principles to the scale of the built object. Her first major project is the Hotel Podgorica (1964-1967), where the large spaces for public sharing are accompanied by those for individual relaxation in a spatial configuration that follows the morphology of the land facing the Moraca River. Here, the architect has skilfully combined the image of modernity, through the extensive use of concrete, with tradition, updating the custom of local stone constructions by means of interior and exterior cladding made of pebbles from the river below.

Further reading:
– Martino Stierli and Vladimir Kulić (eds.), *Toward a Concrete Utopia: Architecture in Yugoslavia, 1948-1980* (New York: Museum of Modern Art, 2018)
– Anna Kats, 'Svetlana Kana Radević (1937-2000)', *The Architectural Review* (2020), 1469

Svetlana Kana Radević

Gianluca Croce

Svetlana Kana Radević (1937-2000) was een getalenteerde Montenegrijnse architect. Haar vermogen om de traditionele barrières van een nog sterk patriarchale samenleving en discipline te overwinnen, kwam duidelijk naar voren in projecten die de aspiraties van een moderne samenleving combineerden met de vernieuwde vormen van traditie binnen de principes van de socialistische republiek. Als ambtenaar van het Republikeinse Instituut voor Stedenbouw en Planning (RZUP) stelde Radević uitgebreide strategische plannen op voor de realisatie van 'vrijetijds-steden' die zij concipieerde als gebieden waar samenleven en sociale cohesie centraal stonden. Parallel aan deze activiteiten was ze actief als zelfstandig architect, waardoor ze deze uitgangspunten naar de schaal van het gebouw wist over te brengen. Haar eerste belangrijke project was Hotel Podgorica (1964-1967), waar ze grote openbare ruimten en die voor individuele ontspanning bijeenbracht in een ruimtelijke configuratie die de morfologie volgde van het terrein aan de rivier de Moraca. Hier wist Radević handig een moderne vormgeving te combineren met de traditie: ze paste een grote hoeveelheid beton toe en vernieuwde het gebruik om in de lokale steensoort te bouwen, door het hotel van binnen en van buiten te bekleden met kiezelstenen uit de rivier.

Meer lezen:
– Martino Stierli en Vladimir Kulić (red.), *Toward a Concrete Utopia: Architecture in Yugoslavia, 1948-1980* (New York: Museum of Modern Art, 2018)
– Anna Kats, 'Svetlana Kana Radević (1937-2000)', *The Architectural Review* (2020), 1469

View of the exhibition/ zicht op de tentoonstelling **'Venezia Viva', Palazzo Grassi, 1954**

Svetlana Kana Radević, Hotel Podgorica, 1967

De grenzen van het vak verleggen: Novella Sansoni als organisch intellectueel, bestuurder en architect

Elettra Carnelli en Maria Silvia D'Avolio

Vijftien jaar na haar aftreden als president van de provincie Milaan in 1985 publiceerde architect, politicus en openbaar bestuurder Novella Sansoni (1926-2005) haar memoires onder de titel *Fuori dalle regole del gioco* (Buiten de regels van het spel).[1] Sansoni blikt hierin terug op de uitdagingen en dubbelzinnige situaties van het Italiaanse politieke klimaat tussen de jaren 1960 en 1980. Die leidden indertijd tot het falen van de toenmalige politiek en, aan het begin van de jaren 1990, tot de ondergang van de linkse partijen.[2] In deze context speelde architect en bestuurder Sansoni verschillende rollen en zodoende droeg ze bij aan de tegenstrijdige gebeurtenissen uit die tijd. Toch wekt Sansoni's terugblik de suggestie dat iets van die dubbelzinnigheid haar ook de kans gaf om zinvolle resultaten te bereiken. Het was indertijd niet ongewoon dat geëngageerde architecten en stedenbouwkundigen hun politieke idealen vertaalden naar een bestuurlijke praktijk. Ook Sansoni, die lid was van het Communistische Collettivo di Architettura, deed dat dus. Ze oefende in verschillende functies – architect, politicus en openbaar bestuurslid in de gelederen van de Italiaanse Communistische Partij (PCI) – een blijvende invloed uit op Milaan en haar periferie. Ze droeg vooral bij aan de ontwikkeling van een plancultuur met betrekking tot schoolgebouwen en culturele voorzieningen in de buitenwijken van Milaan. Terwijl ze via haar architectonische projecten experimenteerde met niet-autoritaire schooltypologieën, confronteerde ze lokale autoriteiten, planningscommissies en economische spelers met nieuwe gezichtspunten. Wij zijn van mening dat deze politieke dimensie een integraal onderdeel was van haar professionele praktijk. Met name haar aandacht voor het publiek als gesprekspartner en haar desinteresse in politieke macht stelden haar in staat om 'buiten de regels van het spel' te spelen en een zekere onafhankelijkheid ten opzichte van de Communistische Partij te bewaren. In dit artikel onderzoeken wij Sansoni's invloed als architect en bestuurder, vooral door het herlezen van haar memoires. Haar autobiografie onthult niet alleen het beleid en de projecten die ze in gang zette, maar stelt de lezer ook in staat om de beweegredenen achter haar politieke en publieke betrokkenheid te benoemen en een plaats te geven. Haar memoires werpen daarnaast ook licht op de spanningen, debatten en machtsdynamiek waarmee ze gedurende haar carrière te maken kreeg.

Het bestaan en handelen van een communistische architect

De culturele en politieke context in Italië als gevolg van de naoorlogse economische groei bood een vruchtbare voedingsbodem voor baan-

1 Novella Sansoni, *Fuori dalle regole del gioco: Diario privato di un amministratore pubblico* (Rome: Currenti Calamo Editore, 2000).

2 Een reeks gerechtelijke onderzoeken, bekend onder de naam 'Tangentopoli', bracht begin jaren 1990 een corruptieschandaal aan het licht waarbij de politiek en het bedrijfsleven van Italië betrokken waren. De daaropvolgende media-ophef en publieke verontwaardiging leidden tot de ontbinding van al lang bestaande politieke partijen, inclusief de linkse.

Stretching Professional Boundaries: Novella Sansoni as Organic Intellectual, Administrator and Architect

Elettra Carnelli and Maria Silvia D'Avolio

Fifteen years after her resignation as President of the Province of Milan in 1985, architect, politician and public administrator Novella Sansoni (1926-2005) published a memoir with the title *Fuori dalle regole del gioco* (Playing outside the rules).[1] Sansoni's memoir offers a retrospective observation of the challenges and ambiguities of the Italian political environment from the 1960s to the 1980s, leading to the failure of political practices of the time and the fall of leftist parties in the early 1990s.[2] Working within this framework in her various roles as architect and administrator, Sansoni participated in its contradictions. Nonetheless, Sansoni's reflections in hindsight suggest that certain ambiguities also offered a positive contribution in helping her achieve meaningful results. At the time it was not uncommon for committed architects and urban designers to implement political ideals in their administrative practices. As did Sansoni, who was a member of the communist architectural collective Collettivo di Architettura. In her various roles as an architect, politician and public administrator in the ranks of the Italian Communist Party (PCI), she had a lasting impact on Milan and its peripheries. She in particular contributed to the development of a planning culture regarding school buildings and cultural facilities on Milan's outskirts. While testing non-authoritarian school typologies in her architectural projects, she confronted local authorities, planning commissions and economic actors with novel perspectives. This political dimension, we claim, was an integral part of her professional practice. Particularly, her attention towards the public as interlocutors and her disinterest in political power allowed her to 'play outside the rules' and have a certain independence from the Communist Party. This article explores Sansoni's impact as an architect and administrator, especially by rereading her memoir. Along with disclosing the policies and the projects she implemented, her autobiography allows the reader to detect and contextualise the motivations behind her political and public commitment, while illustrating the tensions, discussions and power dynamics she handled throughout her career.

Being and Acting as a Communist Architect

The cultural and political context in Italy that followed the post-war economic growth offered fertile ground to explore pioneering political practices and theoretical debates. This renewal in the intellectual space of Italian culture was driven by the feeling that

1 Novella Sansoni, *Fuori dalle regole del gioco: Diario privato di un amministratore pubblico* (Rome: Currenti Calamo Editore, 2000).

2 A series of judicial investigations, known as 'Tangentopoli', uncovered a corruption scandal involving Italy's politics and business community in the early 1990s. The ensuing media frenzy and public outcry led to the dissolution of longstanding political parties, including the left.

brekende politieke initiatieven en theoretische debatten. Deze vernieuwing in de intellectuele ruimte van de Italiaanse cultuur werd aangestuurd door het gevoel dat alles mogelijk was, volgend op de langverwachte verandering in het politieke domein. Na het winnen van de nationale verkiezingen in 1948 regeerden de christendemocraten (CD) het land bijna onafgebroken tot het einde van de Koude Oorlog, langdurig in conflict met de Communistische Partij. Als de sterkste communistische partij in Europa was de PCI een beetje een anomalie in het westerse blok: de partij was wegens de Koude Oorlog 40 jaar lang tot de nationale oppositie veroordeeld, had zich weten te verankeren in lokale en regionale besturen en was op veel secundaire niveaus verweven met de bestuurlijke laag. De houding van de PCI was reformistisch, niet revolutionair. Dit zorgde bij de arbeidersklasse voor veel ontevredenheid over de traditionele partijen, wat in de jaren 1970 nog verergerde na de studentenprotesten en de zogenaamde *Autunno caldo* (hete herfst).

In deze periode nam het politieke engagement van Novella Sansoni toe. Ze begon haar professionele carrière als een van de oprichters van het zogenaamde communistische architectuurcollectief Collettivo di Architettura, dat actief werd in het begin van de jaren 1950. In het Collettivo kwam de binnen de PCI niet ongebruikelijke combinatie van architectonische en politieke activiteit ook voor. De leden, onder het fascistische regime geboren en tijdens de oorlog opgegroeid in een omgeving van verzet tegen het regime, vonden de architectuurpraktijk zoals die indertijd werd onderwezen, te abstract, te oppervlakkig en te ver verwijderd van de werkelijkheid.[3] De leden van het Collettivo waren architecten die politieke doorwerking opeisten. Ze hielden zich bezig met territoriale kwesties en met de bouw van scholen en woningbouw in de buitenwijken van Milaan om zo de maatschappij positief te beïnvloeden. Een communistische architect diende volgens het Collettivo 'als deskundige in de socialistische zin bij te dragen aan de vernieuwing van de maatschappij'.[4] De leden van het Collettivo, die zich baseerden op Antonio Gramsci's notie van 'de organische intellectueel', zagen hun beroepsuitoefening als een kans om hun strijdvaardigheid te versterken en daarmee politieke, maatschappelijke en culturele doelen te bereiken. Architecten handelden als 'organische intellectuelen' als ze door middel van een sociaal- geëngageerde en geïntegreerde praktijk actief bouwden aan de emancipatie van de arbeidersklasse.[5] Sansoni bracht deze principes via haar professionele en politieke activiteiten in de praktijk: als 'organische intellectueel' slaagde ze er aan het eind van de jaren 1960 in om een van de belangrijkste problemen te identificeren, die het wantrouwen van het volk jegens de Communistische Partij veroorzaakte, en wat tot een dreigende crisis zou leiden: het gebrek aan burgerparticipatie in de politiek. Vanuit dit besef cultiveerde Sansoni een manier van werken waarmee ze vanuit haar organische positie kon opereren.

Van ontwerp tot politiek: scholenbouw

Hoewel Sansoni niet het enige lid van het Collettivo was dat scholen ontwierp en bouwde, ontwikkelde ze tussen het begin van de jaren 1950 en het einde van de jaren 1970 een groot aantal projecten voor middelbare scholen, basisscholen en kleuterscholen in de buitenwijken van

3
Zie de lezingen van Novella Sansoni en Alessandro Tutino tijdens de eerste conferentie over stedenbouwkundig onderwijs in Siena, *Urbanistica* 9 (1952), 73-79.

4
Alessandro Tutino, conferentie 'Collettivo di Architettura', Ordine degli Architetti di Milano, 30 mei 2013.

5
'De nieuwe levenswijze van de intellectueel kan niet langer toe met welsprekendheid, een oppervlakkige en tijdelijke aanjager van affecties en passies, maar moet zich actief engageren met het praktische leven, als bouwer, organisator, als "iemand met overtuigingskracht"', Antonio Gramsci, *Quaderni del Carcere, deel 3* (Turijn: Einaudi, 1975), 1550-1551.

anything was possible, in the wake of the long-awaited change in the political realm. After winning the national elections in 1948, the Christian Democrats (DC) ruled the country almost without interruption until the end of the Cold War, in a prolonged antagonism with the Communist Party. The PCI was a sort of anomaly in the Western Block as the strongest communist party in Europe: condemned by the Cold War to 40 years of national opposition, the PCI took root in local and regional administrations, intertwining with the order of government on many secondary levels. The attitude of the PCI was reformist, and not revolutionary. This created a huge discontent in the working class towards traditional parties, which was exacerbated in the 1970s, following the student protests and the so-called *Autunno caldo* (hot fall).

It is during these years that Novella Sansoni's political engagement intensifies. Sansoni began her professional career as one of the founding members of the self-proclaimed communist architectural collective Collettivo di Architettura, which began its activity in the early 1950s. The Collettivo was an expression of the at the time recurrent combination of architectural profession and active politics in the ranks of the PCI: its members, born under the fascist regime and raised during the war on the resistance side, considered the common way of practicing, as it was taught at the time, to be too abstract, superficial and detached from reality.[3] Collettivo's members claimed political agency as architects and engaged in territorial issues, school building and housing in the Milanese outskirts with the intention of positively impacting society. Being a communist architect according to the Collettivo lay precisely in 'contributing as professionals to the renewal of society in a socialist sense'.[4] Drawing from Antonio Gramsci's notion of the organic intellectual, Collettivo's members considered the profession as an extension of their militancy to achieve political, social and cultural goals. In their view, architects could act as organic intellectuals by actively contributing to the emancipation of the working class through a socially committed and integrated practice.[5] Sansoni put these principles in practice both in her professional and political activities: it is by being an organic intellectual that she managed to identify, in the late 1960s, one of the main problems that caused the public mistrust towards the Communist Party, which led to its impending crisis: citizens' lack of participation in politics. Through this awareness, Sansoni cultivated a praxis that facilitated her organic position within her operating context.

From Design to Politics: School Building

Although school design and construction were not exclusive to Sansoni within the Collettivo, she developed many projects for secondary schools, elementary schools and kindergartens in the Milanese suburbs from the early 1950s until the late 1970s. These buildings show a broad variety in layout, formal language and references, but share the common intention of translating anti-authoritarian pedagogical principles into a new school typology: the open plan and direct connection of classrooms to the outside

3 See Sansoni's and Tutino's speeches at the first Siena conference on the teaching of town planning, *Urbanistica* 9 (1952), 73-79.

4 Alessandro Tutino, conference 'Collettivo di Architettura', Ordine degli Architetti di Milano, 30 May 2013.

5 'The new intellectual's mode of being can no longer rely on eloquence, an outward and momentary mover of the affections and passions, but on actively engaging with practical life, as builder, organizer, as "permanent persuader" . . .': Antonio Gramsci, *Quaderni del Carcere, volume 3* (Turin: Einaudi, 1975) 1550-1551.

Milaan. Deze gebouwen vertoonden een grote verscheidenheid qua indeling, vormentaal en referenties, maar deelden de gemeenschappelijke intentie om anti-autoritaire pedagogische principes te vertalen in een nieuwe schooltypologie. De open plattegronden, en de directe verbindingen tussen de klaslokalen en de buitenwereld waren mogelijke ruimtelijke vertalingen van dit doel, maar konden door de gebruikers worden aangepast. Uit Sansoni's beschouwingen over scholen vanuit stedenbouwkundig perspectief spreken soortgelijke ideeën, vooral waar het gaat om hun locatie in de Milanese provincie. Sansoni stelde dat onderwijsfaciliteiten eerlijk over het grondgebied verdeeld moesten worden om te voorkomen dat studenten in de verschillende gemeenten in 'selectiezones' terecht zouden komen. Het beroepsonderwijs en de technische en middelbare scholen moesten gelijkmatig over de provincie verdeeld worden, zodat alle studenten van dezelfde leeftijdscategorie in hun eigen gemeente zouden kunnen profiteren van een uitgebreide keuzemogelijkheid. Dit vereiste zowel een nieuwe benadering van stedenbouw als volledig nieuwe criteria voor de scholenbouw.

Om die reden werkte Sansoni als architect én politicus. Ze nam deel aan debatten over het onderwerp en werd in 1963 adviseur van het ministerie van Onderwijs om nieuwe bouwvoorschriften voor scholen te helpen formuleren. In 1964 werd ze namens de PCI lid van het provinciebestuur van Milaan en kreeg ze opdracht om zich met het

Novella Sansoni during an interdisciplinary debate on elementary schools organised by architecture magazine *Argomenti di Architettura*, 1960/ Novella Sansoni tijdens een interdisciplinair debat over basisscholen, georganiseerd door het architectuurtijdschrift *Argomenti di Architettura*, 1960

represent possible spatial translations of this aim, allowing for user modifications. Sansoni's reflections on schools from an urban planning perspective reveal a comparable intention, especially regarding their location in the Milanese province. Sansoni argued that educational facilities should be distributed fairly throughout the territory, so as not to create 'selection' zones among students in the different municipalities. Vocational, technical and high schools were to be distributed evenly across the province, so that all students of the same age group could profit from a complete choice in their municipality. This required both a different way of approaching urban planning and completely redefined criteria for school construction.

To this end, Sansoni worked both as an architect and as a politician engaging in debates on the topic, eventually becoming in 1963 a consultant to the Ministry of Education to formulate new school building regulations. In 1964 she joined the Milanese Provincial Council with the PCI and was assigned to follow the urban planning domain. However, she soon became largely involved with the construction of schools: since 1962, when compulsory secondary schools and state kindergartens were introduced, the construction of school buildings had become one of the province's most important responsibilities. In her new role as provincial councillor, Sansoni could address school building not only from a construction and typological perspective, but also from an urban and educational viewpoint: this distinctive positionality gave her the chance to embody the role of organic intellectual. In this way, school building became a political matter: the necessity of providing easily accessible and high-quality spaces for education and culture in Milan's outskirts was seen as a priority and part of a class struggle. Sansoni was convinced that the connection between school and social reality, as well as educational action and community culture, was essential for qualifying the school system in peripheral areas.

Turning Citizens into Interlocutors: How to Build Trust

Sansoni's administrative role in the Education Department of the Province of Milan, allowed her to develop good relationships with the recipients of her policies, including students. This was a challenging task, especially given the tense sociopolitical climate in Milan and in Italy in the early 1970s. The wave of international unrest culminating in the protests of 1968 and students' occupations of most universities in Italy reflected the need for cultural and political change in society and in the educational system, as advocated particularly by workers and students from lower income families. The urge to address issues such as increasing access to higher education or removing the distinction between academic and vocational schools put students in conflict with political power and institutions. Aware of this, Sansoni tried to not simply address the citizens, but to initiate a dialogue with them. By bringing her political role on site and building trust with the users and the recipients of her policies, she made them her interlocutors, working

domein stedenbouw te gaan bemoeien. Al snel hield ze zich echter vooral bezig met de bouw van scholen: vanaf 1962, met de invoering van de leerplicht voor het voortgezet onderwijs en de instelling van openbare kleuterscholen, werd de bouw van schoolgebouwen een van de belangrijkste taken van de provincie. Door haar nieuwe functie als provinciebestuurder kon Sansoni de bouw van scholen niet alleen vanuit een bouwkundig en typologisch perspectief benaderen, maar ook vanuit een stedelijke en pedagogische invalshoek. Deze bijzondere positie stelde haar in staat om de rol van de organische intellectueel te vertolken. Scholenbouw werd zo een politieke kwestie; de noodzaak om gemakkelijk toegankelijke, hoogwaardige educatieve en culturele ruimten in de buitengebieden van Milaan aan te bieden, werd gezien als een prioriteit

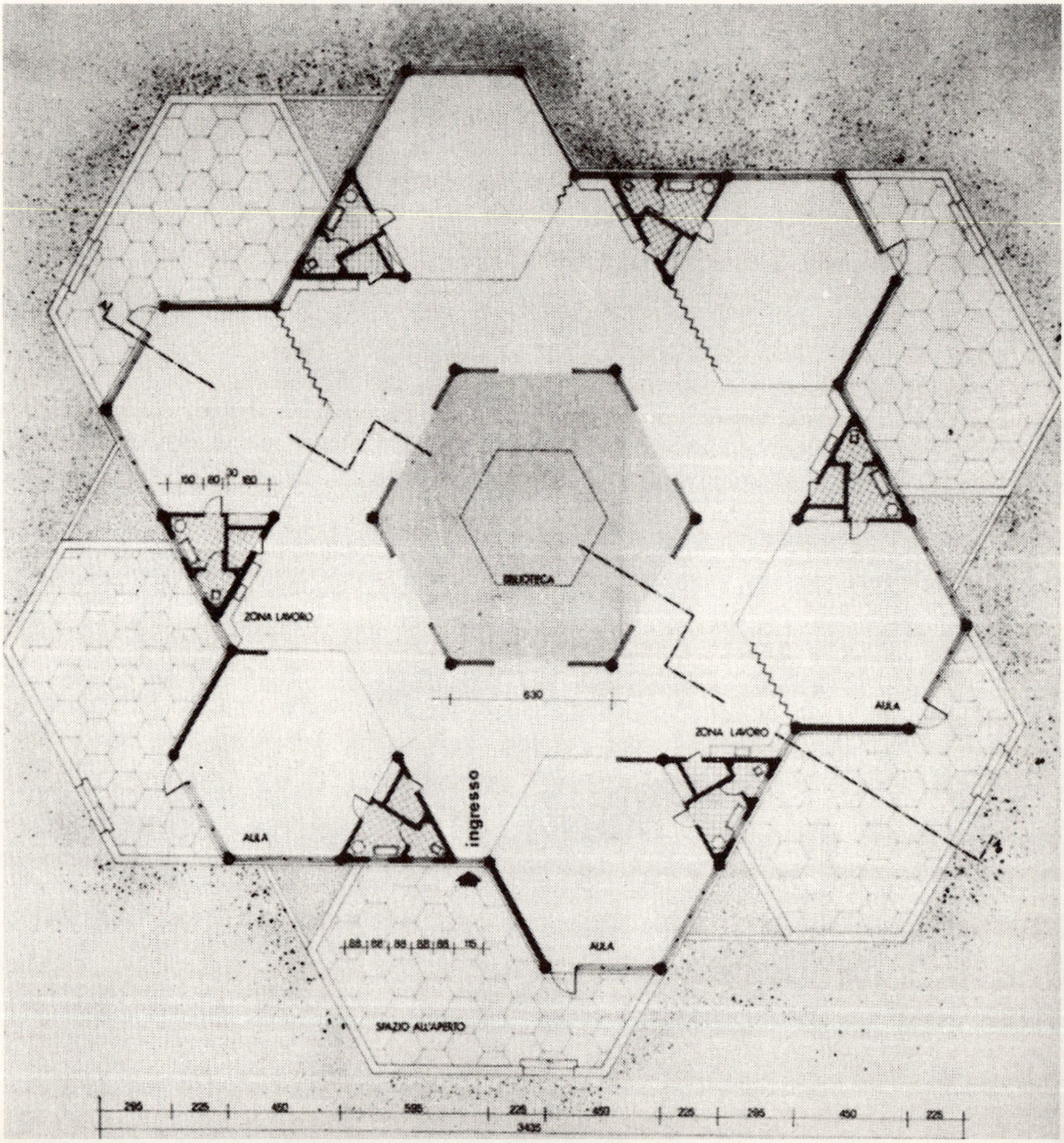

Novella Sansoni, Primary School in Ponte Sesto, Rozzano (Milan), floor-plan, 1968-1974/
Novella Sansoni, basisschool in Ponte Sesto, Rozzano (Milaan), plattegrond, 1968-1974

together to identify problems and find solutions. The shift from public to interlocutor is the hallmark of her activity as an administrator and public intellectual, reflecting her vision of being and acting as a communist by implementing different practices rather than inventing new ideals. Her role was based on building trust with her interlocutors, including colleagues in the councils, intermediaries and users. As she remembers in her memoir:

> It cost me a lot of energy to build trust with people in those critical years of the Milanese school: I was running from one assembly to another among agitated students and angry parents. And I had to do everything in person: I could not delegate anyone because people would not accept any intermediaries.[6]

She continues by stressing the need for trust in interfacing with the recipients of her policies, in this case the students: 'By trusting people and their ability to understand issues, you convince young people of democracy through democracy.'[7] The strategy of mutual trust and respect proved to be successful, particularly regarding students' managing cultural centres within schools as hubs of political and cultural activity after class: 'I never had any problems with young people managing the centres. By making them responsible and involved in administrative problems, they were always engaged even in difficult times.'[8] However, this approach jeopardised her rapport with many colleagues in the provincial council, especially when 'they began to realize that the schools were also a forum for autonomous political orientation, at a time – the late 1970s – when the attitude of young people was certainly not benevolent towards the traditional parties, including the left.'[9]

Building trust and establishing a dialogue requires specific tools and strategies, which Sansoni has mastered since the early days of her career as an engaged practitioner. She wrote for various national newspapers, such as *L'Unità,* the official newspaper of the Italian Communist Party, and architecture journals, such as *Casabella* and *L'Architettura. Cronache e Storia*. Her newspapers articles and participation in public meetings were aimed at explaining decisions and strategies to the general public, as well as spreading awareness on issues related to education and planning. As a public administrator, Sansoni devoted much of her time and energy to fieldwork through meetings, surveys, mapping and published reports, verifying problems and their possible solutions on site. This modus operandi was influenced by her previous professional experience: the need to test possible solutions in their context and to 'spatially' resolve issues affecting educational infrastructure stems from her practice as an architect. Sansoni approaches politics, administration and architecture in the same way, challenging canonical definitions of the role of architects. This approach was shared by her colleagues in the Collettivo di Architettura: its members held political and administrative positions alongside the architectural profession and believed that it is through this political praxis that it is possible to recognise and solve societal

6 Sansoni, *Fuori dalle regole del gioco*, op. cit. (note 1), 11.

7 Ibid., 12.

8 Ibid., 27.

9 Ibid., 27.

en een onderdeel van de klassenstrijd. Sansoni was ervan overtuigd dat het verband tussen school en sociale werkelijkheid, tussen educatieve activiteit en gemeenschapscultuur, essentieel was voor de kwaliteit van het schoolsysteem in de periferie.

Van burgers naar gesprekspartners: hoe bouw je vertrouwen op?

Door Sansoni's bestuurlijke positie bij het ministerie van Onderwijs van de provincie Milaan kon zij goede relaties ontwikkelen met de partijen en mensen die baat hadden bij haar beleid, dus ook de studenten. Dit was een uitdaging, vooral gezien het gespannen sociaal-politieke klimaat in Milaan en Italië in het begin van de jaren 1970. De golf van internationale onrust die culmineerde in de protesten van 1968 en in studentenbezettingen aan de meeste Italiaanse universiteiten, weerspiegelde de behoefte aan culturele en politieke verandering in de maatschappij en het onderwijssysteem, vooral onder arbeiders en studenten uit gezinnen met een laag inkomen. De drang om bepaalde kwesties aan te pakken, het hoger onderwijs breder toegankelijk te maken en het onderscheid tussen academische opleidingen en scholen voor beroepsonderwijs op te heffen, bracht studenten in conflict met de politieke macht en met de instellingen. Sansoni was zich bewust van het conflict en probeerde niet alleen burgers aan te spreken, maar ook een dialoog met hen op gang te brengen. Door haar politieke rol mee het veld in te nemen en het vertrouwen te winnen van de gebruikers en ontvangers van haar beleid, maakte ze hen tot haar gesprekspartners: zo konden ze samenwerken om problemen te benoemen en oplossingen te vinden. De verschuiving van burger naar gesprekspartner is kenmerkend voor haar activiteiten als bestuurder en publiek intellectueel en weerspiegelt haar visie dat men, om communist te zijn en als communist te handelen, verschillende praktijken eerst moet uitvoeren in plaats van telkens nieuwe idealen te bedenken. Ze kon haar rol spelen dankzij het vertrouwen van haar gesprekspartners, onder wie zich ook bestuurlijke collega's, tussenpersonen en gebruikers bevonden. Zoals ze zich herinnert in haar memoires:

> Het kostte me veel energie om het vertrouwen van mensen te winnen in die kritieke jaren van de Milanese scholen: ik rende van de ene bijeenkomst naar de andere, te midden van opgewonden studenten en boze ouders. En ik moest alles persoonlijk doen: ik kon niets delegeren, want de mensen accepteerden geen tussenpersonen.[6]

Verder benadrukt ze de noodzaak van vertrouwen in de omgang met de ontvangers van haar beleid, in dit geval de studenten: 'Door vertrouwen te hebben in de mensen en hun vermogen om zaken te begrijpen, overtuig je jongeren van de democratie door middel van de democratie.'[7] Haar strategie van wederzijds vertrouwen en respect bleek succesvol, vooral met betrekking tot de studenten die culturele centra in scholen gingen beheren als knooppunten van politieke en culturele naschoolse activiteiten: 'Ik heb nooit problemen gehad met de jongeren die de centra beheerden. Door ze verantwoordelijkheid te geven en ze te betrekken bij bestuurlijke problemen bleven ze altijd geëngageerd, zelfs in moeilijke tijden.'[8] Deze aanpak bracht echter haar relatie met veel collega's in het

6 Sansoni, *Fuori dalle regole del gioco*, op. cit. (noot 1), 11.

7 Ibid., 12.

8 Ibid., 27.

problems. Architectural practice is therefore inseparable from political engagement.

Reflecting from the Periphery

Sansoni's practice as a politically engaged architect presents an inherently public dimension, since she acts on the frontlines as a mediator between the public, the city and its politics, engaging her interlocutors and fighting for battles that reflect her political convictions and role. Despite the wide recognition of the impact of her work in both political and architectural circles, Sansoni's memoir reveals that her feeling of being on the periphery was constant throughout her whole career. She felt marginalised as an *architect* because 20 years of administrative work gradually drove her out of the Collettivo, and she had to start all over again as an independent architect after leaving her administrative role in 1985. She felt marginalised as a *public administrator* because, as she often repeated in her memoire, she committed to her role to change and ameliorate public issues rather than to accrue power and political status:

> [After resigning as President of the province of Milan] I had to recognise that I was missing something. I missed the civic, political commitment; not being able to be useful anymore,

Novella Sansoni, Primary School in Ponte Sesto, Rozzano (Milan), external view, 1968-1974/
Novella Sansoni, basisschool in Ponte Sesto, Rozzano (Milaan), buitenaanzicht, 1968-1974

provinciale bestuur in gevaar, vooral toen 'ze zich begonnen te realiseren dat scholen ook een platform waren voor autonome politieke oriëntatie in een tijd – de late jaren 1970 – waarin de houding van jongeren ten opzichte van de traditionele partijen, inclusief links, bepaald niet welwillend was'.[9]

Voor het opbouwen van vertrouwen en het tot stand brengen van een dialoog zijn specifieke methoden en strategieën nodig, waarin Sansoni zich al vanaf het begin van haar carrière als geëngageerd praktiserend architect had bekwaamd. Ze schreef voor verschillende landelijke kranten, zoals *L'Unità,* de officiële krant van de Italiaanse Communistische Partij, en voor architectuurtijdschriften zoals *Casabella* en *L'Architettura. Cronache e Storia*. Haar krantenartikelen en deelname aan openbare bijeenkomsten waren bedoeld om besluiten en strategieën uit te leggen aan een breed publiek en meer bewustzijn te kweken over zaken als onderwijs en planning. Als openbaar bestuurder besteedde Sansoni veel tijd en energie aan veldwerk en wist ze door middel van bijeenkomsten, onderzoeken, inventarisaties en rapporten problemen en hun mogelijke oplossingen ter plaatse te verifiëren. Deze manier van werken was ingegeven door eerdere professionele ervaring: ze had als voormalig architect de behoefte om mogelijke oplossingen in context uit te proberen en problemen met de onderwijsinfrastructuur 'ruimtelijk' op te lossen. Sansoni benaderde de politiek, het bestuur en de architectuur op dezelfde manier en plaatste vraagtekens bij de canonieke definities van de rol van de architect. Haar collega's van het Collettivo di Architettura hanteerden dezelfde benadering: de leden bekleedden naast hun werk als architect ook politieke en bestuurlijke functies; ze geloofden dat sociale problemen benoemd en opgelost konden worden aan de hand van politieke betrokkenheid. Architectuurpraktijk en politiek engagement waren daarom onlosmakelijk met elkaar verbonden.

9 Ibid., 27.

10 Ibid., 107.

Reflecteren in de marge

Sansoni's praktijk als politiek geëngageerd architect representeert een inherent publieke dimensie. Ze treedt op als eerstelijns bemiddelaar tussen het publiek, de stad en de politiek, betrekt daar gesprekspartners bij en vecht voor zaken die haar politieke overtuiging en rol reflecteren. Ondanks de wijdverspreide erkenning van de invloed van haar werk in zowel politieke als architectonische kringen onthullen Sansoni's memoires dat ze gedurende haar hele carrière het gevoel had dat ze in de marge bezig was. Ze voelde zich gemarginaliseerd als *architect* doordat 20 jaar bestuurswerk haar geleidelijk uit het Collettivo had gedreven. Nadat ze haar bestuursfunctie in 1985 had neergelegd, moest ze helemaal opnieuw beginnen als onafhankelijk architect. En ze voelde zich gemarginaliseerd als *openbaar bestuurder* omdat ze zich, zoals ze vaak herhaalt in haar memoires, geroepen voelde om publieke kwesties te veranderen en te verbeteren, niet om macht en politieke status te vergaren:

> [Na mijn aftreden als president van de provincie Milaan] moest ik erkennen dat ik iets miste. Ik miste de maatschappelijke, politieke betrokkenheid; ik kon niet meer nuttig zijn, ik zag dingen die niet werkten en ik kon er niets aan doen. Ze zeiden me dat (...) ik de rol en de macht zou missen, maar die dingen konden me niets schelen.[10]

> seeing things that were not working and not being able to do anything about it. They told me that . . . I would miss the role, the power, but I didn't care about these aspects.[10]

Sansoni also felt marginalised as a *woman*, although she did not often formulate her discomfort in open terms of sexism. In her reflexive account, gender implications are more nuanced and subtle and can be read as a constant need for validation, from unexpected congratulations from colleagues to appraisal of students in public meetings, and feelings of frustration. Despite seemingly being generic, these aspects were clearly correlated to her gender and had a long-lasting impact on her sense of endorsement and authorisation.[11] Sansoni's account highlights the constant tension between internalised doubts about her ability to fulfil her role and external validation, reflecting the ambiguity that many women in leftist professional and political environments were experiencing at the time. Their presence was not enough to prove female emancipation in society, as their actions were constantly under further scrutiny, or they were bound to deal exclusively with women's issues. Although in her memoire Sansoni does not identify as feminist and laments her lack of tools to address women's issues in PCI meetings, her elaborations on the topic consider the material implications of schools on women's space and time.[12] Her participation in public local meetings enabled her to recognise some of the practical barriers that mothers experienced from the location of schools in the periphery and their lack of services, which impacted women's working time and overall family income.

Playing Outside the Rules

Although being on the periphery can be considered as a disadvantaged position, this location enabled Novella Sansoni to create her own exceptional political and professional figure: a public administrator able to introduce innovative practices without being forced to conform to the expectations of her professional role. Considering that Sansoni initially employed the expression 'playing outside the rules' in 1979 as an aspiration for the Communist Party to implement a long-lasting change in political and social culture, it can be argued that being on the periphery has been a practice that Sansoni employed consciously and strategically.[13] 'Playing outside the rules' is thus a metaphor for living and operating on the periphery, a practice that allowed Sansoni to make an incisive impact, despite also contributing to fuel her sense of frustration in a context she never felt she fully belonged in. Sansoni managed to play outside the rules because she was not interested in pursuing a political career. Thus, not having to blindly respect hierarchies and follow common practices provided her with the leverage to act independently of expectations in everyday interactions. She chose, for example, to retain the current secretary, who had previously worked with the political opposition, to work with her in her very first administrative position. Her unconventional practices reflect her view that individual respect is more impor-

10
Ibid., 107.
11
Ibid., 42.
12
Ibid., 43.
13
Novella Sansoni, *L'Unità* (6 July 1979), 10.

PAG. 6 / cultura

la scuola

Linee di una «politica di piano» per l'edilizia scolastica

Come dare una casa alla scuola italiana?

Secondo le ultime statistiche ufficiali occorrono 250.000 aule per un piano di sviluppo delle strutture scolastiche: ma non si può fare un discorso sul fabbisogno edilizio senza estendere l'esame a tutto il problema della scuola — Politica di piano e programmazione democratica

Percentuali regionali di ademprienza all'obbligo elementare nel ciclo di 5 anni (Anno '60-'61)

Liguria	[illegible]
Piemonte	[illegible]
Marche	89
Lombardia	[illegible]
Toscana	[illegible]
Emilia	[illegible]
Trentino	[illegible]
Friuli-Ven. Giulia	[illegible]
Umbria	[illegible]
Veneto	[illegible]
Lazio	[illegible]
Abruzzi e Molise	65.85
Puglie	63.75
Basilicata	59.99
Campania	54.53
Sardegna	52.41
Sicilia	46.02
Calabria	44.01
Percentuale media nazionale	69.08

Novella Sansoni Tutino

Article by Novella Sansoni in communist newspaper *L'Unità*. 'Come dare una casa alla scuola italiana?' (How to give the Italian school a home)/ Artikel van Novella Sansoni in de communistische krant *L'Unità*. 'Come dare una casa alla scuola italiana?' (Hoe geef je de Italiaanse school een thuis?)

Sansoni voelde zich ook gemarginaliseerd als *vrouw*, hoewel ze haar ongemak niet vaak openlijk uitdrukte in termen van seksisme. In haar beschouwende verslag komen genderimplicaties vooral genuanceerd en subtiel tot uiting, en kunnen die opgevat worden als een constante behoefte aan erkenning, bijvoorbeeld in de vorm van onverwachte felicitaties van collega's of de waardering van studenten in openbare bijeenkomsten, dan wel gevoelens van frustratie. Hoewel dit ogenschijnlijk algemene aspecten zijn, hielden ze duidelijk verband met haar sekse en hadden ze blijvende invloed op de mate waarin ze het gevoel had dat ze steun kreeg en autoriteit had.[11] Sansoni's relaas benadrukt de constante spanning tussen geïnternaliseerde twijfel over haar vermogen om haar rol te vervullen en externe erkenning, wat de dubbelzinnige positie weerspiegelt die veel vrouwen indertijd in linkse professionele en politieke omgevingen ervoeren. Hun aanwezigheid bleek onvoldoende basis voor de emancipatie van vrouwen in de samenleving, want hun activiteiten werden telkens opnieuw onder de loep genomen, of ze werden verplicht om zich uitsluitend met vrouwenkwesties bezig te houden. Hoewel Sansoni zich in haar memoires niet als feministe identificeert en het betreurt dat ze tijdens PCI-vergaderingen geen kans ziet vrouwenkwesties aan de orde te stellen, gaat ze in haar uiteenzettingen over het onderwerp wel in op de invloed van scholen op de ruimte en tijd van vrouwen.[12] Door haar deelname aan lokale openbare bijeenkomsten kon ze een aantal praktische belemmeringen aanwijzen die moeders ervoeren door de locaties van de scholen in de periferie en hun gebrek aan dienstverlening, die van invloed waren op de tijd die vrouwen aan werk konden besteden en dus op het totale gezinsinkomen.

Buiten de regels van het spel

Hoewel haar positie aan de zijlijn als nadelig kan worden beschouwd, heeft die Novella Sansoni in staat gesteld om haar eigen uitzonderlijke politieke en professionele persona te creëren: dat van een openbaar bestuurder die in staat is vernieuwende methoden te introduceren, zonder de dwang te voelen zich te conformeren aan de verwachtingen rond haar professionele rol. Aangezien Sansoni in 1979 voor het eerst de woorden 'Buiten de regels van het spel' gebruikte om de ambitie van de Communistische Partij om de politieke en maatschappelijke cultuur blijvend te veranderen te beschrijven, kunnen we stellen dat het innemen van een marginale positie ook een middel was dat Sansoni bewust en strategisch toepaste.[13] 'Buiten de regels van het spel' is derhalve een metafoor voor een leven en werken aan de zijlijn, een manier van doen waardoor Sansoni veel invloed kon uitoefenen, maar die ook bijdroeg aan haar gevoel van frustratie in een omgeving waar ze zich nooit helemaal thuis voelde. Sansoni slaagde erin 'buiten de regels van het spel' te spelen, omdat ze geen interesse had in een politieke carrière. Omdat zij geen blind respect voor de hiërarchie hoefde op te brengen en niet op de gebruikelijke manier te werk hoefde te gaan, stond het haar vrij om zich in haar dagelijkse interacties onafhankelijk van de verwachtingen op te stellen. Ze koos er tijdens haar eerste bestuurlijke functie bijvoorbeeld voor om te blijven werken met de zittende secretaris, die eerder had samengewerkt met de politieke oppositie. Haar onconventionele

11 Ibid., 42.

12 Ibid., 43.

13 Novella Sansoni, *L'Unità* (6 juli 1979), 10.

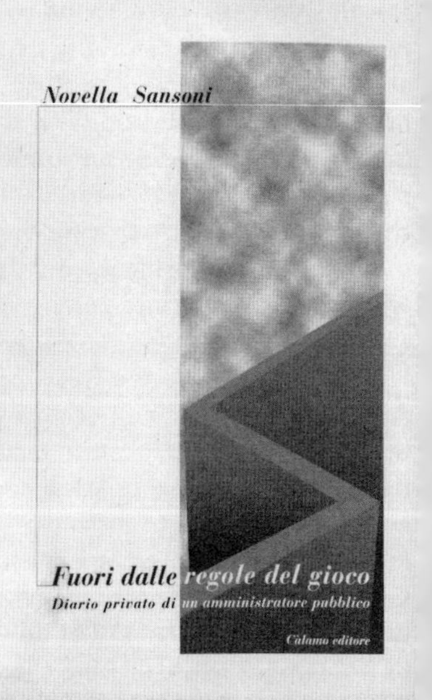

Cover of Novella Sansoni's memoir ***Fuori dalle Regole del Gioco***/ Omslag van Novella Sansoni's memoires *Fuori dalle Regole del Gioco*

tant than political strategies and normalised processes. Despite admitting to often being perceived as 'too on the left' by colleagues in the party and beyond, she often stresses the importance of the political opposition in discussing problems and working on solutions.[14] This suggests that Sansoni's ideology and commitment to improving living standards for all citizens extends beyond partisan practices and, instead, is based on connection, trust and common sense.

However, despite almost two decades of commitment in the province, Sansoni realised the limits of political activity, eventually fully returning to architectural practice. In her memoire, constraints and frustrations about her administrative role emerge:

> Maybe I'm wrong to devote so much of my life to a context that is not my own, that makes me feel like an alien, it feels quixotic. I would like to change the rules of the game, I do not agree with them, but I can't.[15]

Additionally, her return to architecture was hindered by her 20-year commitment to politics, which affected her professional ties and connections. Despite having had major influence on the discourse on school buildings in crucial times of cultural and social developments in Italian politics, this can be read as a bitter epilogue for Sansoni: she was not given the opportunity to bring her administrative task to fruition, and her full return to architecture suffered from the long-term priority she gave to her administrative role.

In conclusion, Novella Sansoni inhabited a unique position by being and acting in the periphery as an architect, a public administrator and a woman, which enabled her to 'play outside the rules'. Her interest in social change put her at odds with hierarchical structures, traditional practices and a career in politics. However, these dynamics enabled her to develop a politically grounded praxis from her expertise in both administrative context and architectural practice in the Collettivo, coupled with her communist militancy. Sansoni's approach to operating within the context permitted her to act as an organic intellectual and to introduce innovative discourses to issues such as schools and education, focusing on equality, accessibility and practicality. Her aim was to shift the paradigm of public involvement in administrative issues from passive recipients to active interlocutors. Thus, Sansoni's praxis exemplifies the potential of combining political action and architectural practice to effect tangible social change.

14 Sansoni, *Fuori dalle regole del gioco*, op. cit. (note 1), 11.

15 Ibid., 17.

werkwijze weerspiegelde haar opvatting dat individueel respect belangrijker is dan politieke strategieën en standaard processen. Hoewel ze toegaf dat ze door collega's in de partij en daarbuiten vaak als 'te links' werd gezien, benadrukte ze vaak het belang van politieke oppositie bij het bespreken van problemen en het werken aan oplossingen.[14] Dit suggereert dat Sansoni's ideologie en toewijding om de levensstandaard voor alle burgers te verbeteren, partijpolitieke praktijken oversteeg en gebaseerd was op verbinding, vertrouwen en gezond verstand. Ondanks bijna 20 jaar van betrokkenheid bij de provincie erkende Sansoni echter de grenzen van politieke activiteit en keerde ze uiteindelijk volledig terug naar de architectuur. In haar memoires onthult zij de beperkingen en frustraties van haar bestuurlijke rol:

> Misschien is het verkeerd om zoveel van mijn leven aan een omgeving te wijden die de mijne niet is, die me het gevoel geeft een vreemde te zijn, het voelt dwaas. Ik zou de regels van het spel willen veranderen, ik ben het er niet mee eens, maar ik kan het niet.[15]

14
Sansoni, *Fuori dalle regole del gioco*, op. cit. (noot 1), 29.

15
Ibid., 17.

Haar terugkeer naar de architectuur werd belemmerd doordat ze 20 jaar politiek actief was geweest, wat haar professionele relaties en connecties had geschaad. Ondanks het feit dat ze een grote invloed had op het discours over de bouw van scholen tijdens cruciale jaren van culturele en sociale ontwikkeling in de Italiaanse politiek, kan dit worden opgevat als een bittere epiloog voor Sansoni: ze kreeg niet de kans om haar bestuurstaken tot een goed einde te brengen en haar volledige terugkeer naar de architectuur had te lijden onder het feit dat ze haar bestuurlijke rol op de lange termijn voorrang had gegeven.

Concluderend kunnen we stellen dat Novella Sansoni een unieke positie innam doordat ze als architect, bestuurder en vrouw in de marge bestond en handelde, waardoor ze kon spelen 'buiten de regels van het spel'. Haar interesse in sociale verandering zorgde ervoor dat ze op gespannen voet kwam te staan met hiërarchische structuren, traditionele praktijken, en een politieke carrière. Toch stelde dit type dynamiek haar in staat om een politiek gefundeerde praktijk te ontwikkelen, op basis van haar deskundigheid in zowel de bestuurlijke context als de architectonische werkwijze van het Collettivo, samen met haar communistische strijdvaardigheid. Door Sansoni's manier om in context te opereren, kon zij als een 'organische intellectueel' optreden en vernieuwende discoursen introduceren over onderwerpen als de school en het onderwijs, en daarbij de nadruk leggen op gelijkheid, toegankelijkheid en praktisch nut. Het was haar bedoeling om het paradigma van publieke participatie in bestuurlijke zaken te veranderen en van passieve ontvangers actieve gesprekspartners te maken. Op deze manier illustreert Sansoni's praktijk de mogelijkheden die de combinatie van politiek activisme en architectuurpraktijk biedt om concrete sociale verandering teweeg te brengen.

Vertaling: InOtherWords, Maria van Tol

3. The Architect as Activist

In the activist position, the architect actively engages in protest against architectural, urban, social, political or economic issues and participates in the development of alternative views, approaches, projects and systems. The architect activist uses professional skills and architectural knowledge to address and examine the challenges at stake, and is able to consider the spatial and social impact of particular developments on society. In addition, architectural skills enable the architect to communicate issues to the public through clear and accessible means such as drawings, graphics and models. The activist position is characterised by resistance to oppressive forces and the aim of empowering the public in their struggle against these forces.

Once again, Margit Kennedy's position is exemplary. She was able to examine established paradigms and narratives of the economic system and capitalist worldview, which enabled her to develop alternative approaches and communicate with both experts and the wider public. In order to influence the structures of urban and architectural development, as well as to change mainstream building practices, Kennedy understood that she needed to gain knowledge of the dominant economic structures. Only by understanding the system would she be able to promote more ecologically sufficient alternatives.

3. De architect als activist

De architect als activist is actief betrokken bij protesten over architectonische, stedelijke, maatschappelijke, politieke of economische kwesties, en neemt deel aan de ontwikkeling van alternatieve visies, benaderingen, projecten en systemen. De architect als activist gebruikt professionele vaardigheden en architectonische kennis om urgente uitdagingen aan te pakken en te onderzoeken, en is in staat om de ruimtelijke en maatschappelijke invloed van bepaalde ontwikkelingen op de samenleving te adresseren. Bovendien beschikt de architect als activist over de architectonische vaardigheden om problemen met behulp van duidelijke en toegankelijke middelen, zoals tekeningen, grafieken en maquettes, onder de aandacht van het publiek te brengen. De activistische positie wordt gekenmerkt door verzet tegen onderdrukkende krachten en door het streven om het publiek in staat te stellen zich tegen deze krachten te verzetten.

Opnieuw is de positie van Margit Kennedy exemplarisch. Ze slaagde erin de gevestigde paradigma's en narratieven van het economische systeem en het kapitalistische wereldbeeld aan een onderzoek te onderwerpen, waardoor ze alternatieve benaderingen kon ontwikkelen en communiceren met zowel deskundigen als een breed publiek. Kennedy begreep dat ze kennis moest vergaren over de heersende economische denkbeelden, als ze zowel invloed wilde uitoefenen op de structuren aan de basis van stedelijke en architectonische ontwikkelingen als de reguliere bouwpraktijk veranderen. Alleen als ze het systeem begreep, zou ze in staat zijn om ecologisch verantwoorde alternatieven aan te dragen.

Margarete Schütte-Lihotsky

Serena Pappalardo and
Chiara Semenzin

Margarete Schütte-Lihotsky (1897-2000), an Austrian designer and architect, is best known for designing the Frankfurter Küche (1926). The kitchen is an example of her commitment to social housing and her ambition to improve the living conditions of working women and children. Her involvement in this issue began in Vienna in the early 1920s, when she became involved with the Siedlungsschule, an initiative of sociologist Otto Neurath. The school provided training for the construction of new settlements in response to the refugees who had settled in the suburbs and parks of Vienna.[1] At Neurath's request, Lihotsky offered courses in interior design and promoted home-made multifunctional furniture and participatory activities. Lihotsky was also socially engaged through design initiatives: she designed emergency shelters that could function as

Margarete Schütte-Lihotsky

Serena Pappalardo en
Chiara Semenzin

Margarete Schütte-Lihotsky (1897-2000), een Oostenrijkse ontwerper en architect, staat bekend om haar ontwerp van de Frankfurter Küche (1926). Deze keuken is een manifestatie van haar betrokkenheid bij de sociale woningbouw en haar ambitie om de leefomstandigheden van werkende vrouwen en kinderen te verbeteren.

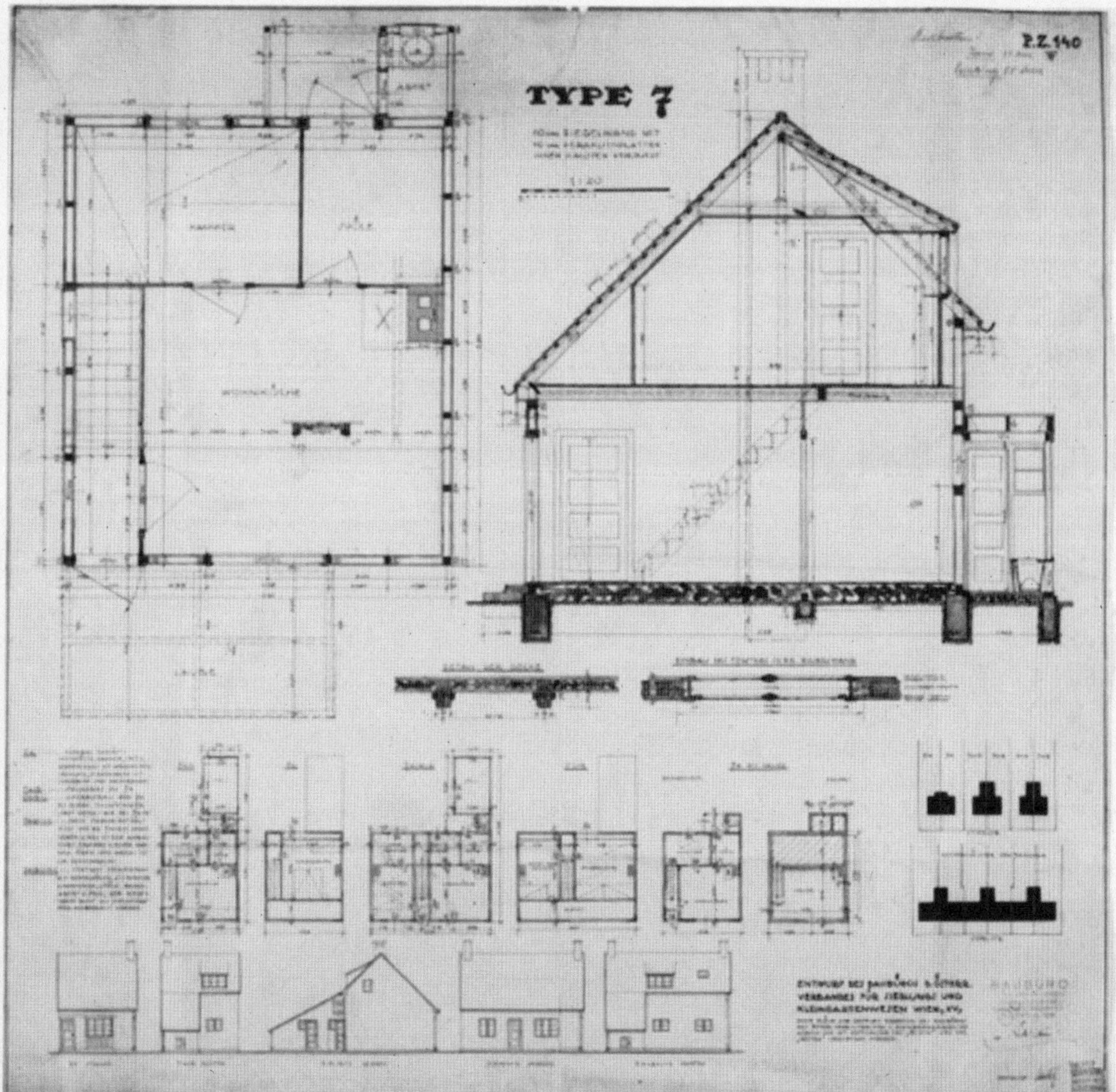

Margarete Schütte-Lihotsky, Kernhaus Type 7, 1923

Haar interesse in dit onderwerp begon in Wenen, begin jaren 1920, toen ze betrokken raakte bij de Siedlungsschule, een initiatief van de socioloog Otto Neurath. De school gaf trainingen ten behoeve van de bouw van nieuwe nederzettingen als antwoord op de grote hoeveelheid vluchtelingen die in de buitenwijken en parken van Wenen bivakkeerden.[1] Lihotsky bood op initiatief van Neurath cursussen interieurontwerp aan en stimuleerde mensen hun eigen multifunctionele meubels te maken en ook op andere manieren actief te participeren. Ze toonde haar sociale engagement ook door middel van ontwerpinitiatieven: ze ontwierp noodwoningen die als tijdelijke huisvesting konden dienen en later voor opslag konden worden gebruikt, en ze deed mee aan het Kernhausaktion-project, een idee voor minimale, maar uitbreidbare wooneenheden.

Lihotsky's voortdurende inspanningen voor de rechten van vrouwen en achtergestelde groepen, betekenden ook dat ze een voorstander was van een flexibele, inclusieve architectuur. Ze kan dus worden gekwalificeerd als een 'veelzijdig persoon: professioneel, politicus en burger tegelijk'.[2]

Meer lezen:
– Friedrich Achleitner, 'Costruire un mondo migliore', in: Lorenza Minoli (red.), *Dalla cucina alla città: Margarete Schütte Lihotsky* (Milaan: Franco Angeli, 1999)

1
Nader Vassoughian, *Otto Neurath: The Language of the Global Polis* (Rotterdam: NAi Publishers, 2008).

2
Friedrich Achleitner, 'Costruire un mondo migliore', in: L. Minoli (red.), *Dalla cucina alla città: Margarete Schütte Lihotsky* (Milaan: Franco Angeli, 1999).

temporary housing and later be reused as warehouses, and she also participated in the Kernhausaktion project, an initiative to provide minimal housing units that could be expanded.

Lihotsky's ongoing commitment to the rights of women and disadvantaged groups led her to promote flexible and inclusive architecture. So much so that she can be described as an 'all-round character: professional, politician and citizen at the same time'.[2]

Further Reading:
– Friedrich Achleitner, 'Costruire un mondo migliore', in: Lorenza Minoli (ed.), *Dalla cucina alla città: Margarete Schütte Lihotsky* (Milan: Franco Angeli, 1999)

1
Nader Vassoughian, *Otto Neurath: The Language of the Global Polis* (Rotterdam: NAi Publishers, 2008).

2
Friedrich Achleitner, 'Costruire un mondo migliore', in: L. Minoli (ed.), *Dalla cucina alla città: Margarete Schütte Lihotsky* (Milan: Franco Angeli, 1999).

Mualla Eyüboglu Anhegger

Melek Pinar Uz Baki

Mualla Eyüboğlu Anhegger (1919-2009) speelde een leidende rol bij de vergroting van sociale verantwoordelijkheid onder architecten in Turkije. Ze ontwierp en bouwde scholen voor de Köy Enstitüleri (zogenoemde 'dorpsinstituten'), door de staat gefinancierde initiatieven die in de vroege jaren van de republiek sociale, culturele en economische lokale ontwikkelingen mogelijk maakten door dorpen van onderwijs en financiële armslag te voorzien. Anhegger participeerde in de verschillende activiteiten van het instituut, zowel bij architectuur, bouw als onderwijs, die elk een aparte afdeling hadden. Als hoofd van de bouwafdeling van de Köy Enstitüleri was ze actief betrokken bij 13 bouw- en twee ontwerpprojecten. Bovendien droeg ze bij aan verschillende conserverings-, restauratie- en archeologische initiatieven voor het behoud van culturele waarden en geschiedenis. Als rondreizend bouwinstructeur deelde ze haar kennis van de principes van de architectuurpraktijk en -onderwijs, de ontwikkeling van de eigen leefomgeving en het voortbestaan van de lokale economie met lokale gemeenschappen. In haar onderwijs verwerkte ze niet alleen academische methoden, maar ook praktische opdrachten en individuele, toepassingsgerichte technieken, vooral met betrekking tot agrarische constructies en collectieve gebouwen. Verder gaf ze les in kunst- en algemene geschiedenis en organiseerde ze workshops over specifieke ambachten. Door middel van haar cursussen leerde ze de dorpelingen de verschillende aspecten van de architectuurpraktijk kennen, variërend van kennis over architectuur en agrarische constructies tot interieurinrichting en de geschiedenis van kunst en beschaving. Bovendien richtte ze haar onderwijs in met het vooruitzicht deelnemers tegelijkertijd te trainen als toekomstige onderwijzers en hen bij te brengen, hoe ze hun kennis konden overdragen ten behoeve van de verdere ontwikkeling van hun dorpen.

Mualla Eyüboglu Anhegger

Melek Pinar Uz Baki

Meer lezen:
– Tûba Çandar, *Hitit Günesi Mualla Eyuboglu Anhegger* (Istanbul: Dogan Kitap, 2003)
– Atilla Küçükkayıkcı, *Köy Enstitülerinin Kısa Tarihi* (Istanbul:Yayınevi, 2020)

Mualla Eyüboğlu Anhegger (1919-2009) was a leading figure in raising awareness of the social responsibility of architects in Türkiye. She designed and built educational facilities for the Köy Enstitüleri (so-called 'Village Institutes'), state-funded initiatives to enable social, cultural and economic local development in the early years of the Republic by providing educational and financial facilities to villages. Anhegger was involved in a wide range of activities in the fields of architecture, construction and education, each with its own specialisation. As head of the construction department of the Köy Enstitüleri, she actively participated in 13 realisations and two design projects. She has also contributed to several conservation and restoration projects and archaeological work to preserve cultural values and history. As a travelling building teacher, she shared her experience with local communities on the principles of architectural practice and education, building their own environment and sustaining the local economy. In her teaching, she used not only academic methods, but also practical assignments, one-on-one practical training, agricultural building, collective building, art and civilisation history, and workshops on specific crafts. Through her courses, she taught local villagers various aspects of architectural practice, ranging from architectural knowledge and agricultural construction to interior design and the history of art and civilisation. She also structured the courses with the foresight of training candidates to become future educators, so that they could pass on their knowledge for the development of these villages.

Further Reading:
– Tûba Çandar, *Hitit Günesi Mualla Eyuboglu Anhegger* (Istanbul: Dogan Kitap, 2003)
– Atilla Küçükkayıkcı, *Köy Enstitülerinin Kısa Tarihi* (Istanbul: Yayınevi, 2020)

Mualla Eyüboglu working with rural workers on the construction of Hasanoglan Village Institute, n.d./
Mualla Eyüboglu werkt met landarbeiders aan de bouw van het Hasanoglan Village Institute, z.d.

Khaleda Ekram

Hans Teerds

Khaleda Ekram (1950-2016) was architect in Dhaka en hoogleraar architectuur aan de Universiteit van Bangladesh voor Ingenieurswetenschappen en Techniek (BUET). Ze studeerde architectuur in Dhaka; een beurs stelde haar in staat om een vervolgopleiding in Stedelijke en Regionale Planning in Hawaï te volgen. Ze raakte er betrokken bij enkele projecten voor de opbouw van gemeenschappen en werkte bovendien als architect bij een plaatselijk ontwerpbureau. Na haar tijd op Hawaï keerde ze terug naar Dhaka om op de universiteit les te gaan geven over betaalbare woningbouw. Dit was niet alleen het onderwerp dat ze met haar studenten onderzocht en waarover ze schreef, maar waar ze ook actief aan bijdroeg vanuit haar positie als vrijwilliger voor de non-profit sociale welzijnsorganisatie Bibi Khadeja Kalyan Sangsth, waarvoor ze onbezoldigd advieswerk deed. In die rol adviseerde ze lokale gemeenschappen over betaalbare verbeteringen aan hun zelfgebouwde nederzettingen, met aandacht voor infrastructuur, bestrating, verbeteringen van de riolering, en de installatie van handpompen om drinkbaar water op te pompen. Daarnaast was ze was ook begaan met de ongelijkheid tussen de seksen. In de academische context van BUET, als decaan van de faculteit Architectuur en Planning, en in haar rol als vicekanselier (de eerste vrouw benoemd op die positie), stelde ze alles in het werk niet alleen om de barrières weg te nemen die vrouwen ervan weerhielden om een technische studie te beginnen, maar ook de moeilijkheden die vrouwelijke studenten ervoeren tijdens hun studie.

Meer lezen:

– Dan Berman, 'Life, Aspiration, Work and Contribution. Interview of Professor Khaleda Ekram', *Context. Design, Architecture, Culture*, 1 juni 2016, https://contextbd.com/life-aspiration-work-and-contribution-interview-of-professor-khaleda-ekram/

Khaleda Ekram

Hans Teerds

Khaleda Ekram (1950-2016) was architect in Dhaka and professor of architecture at the Bangladesh University of Engineering and Technology (BUET). She studied architecture in Dhaka and, allowed by a scholarship, Urban and Regional Planning in Hawaii. At the island, she was involved in a few community building projects, as well as worked for a while as an architect at a local practice. Back in Dhaka, she started to teach courses on affordable housing at BUET, a topic she not only examined with students, or addressed in her publications, but also engaged with as a volunteer at the non-profit social welfare organisation Bibi Khadeja Kalyan Sangsth. To this organisation, she was an honorary advisor, offering suggestions to local communities to low-cost improvements to self-built settlements, including road layouts and their pavement, the installation of

Khaleda Ekram in a jury session at BUET, n.d./ Khaleda Ekram in een jurysessie in BUET, z.d.

self-help sanitation improvements, and was involved in setting up of hand pumps for drinking water. In parallel, she engaged with the issue of gender inequality. Within the academic community of BUET, as dean of the Faculty of Architecture and Planning, as well as in her role of Vice Chancelor (being the first women to be appointed in that position), she aimed to remove all barriers preventing women from studying engineering, as well as the difficulties that female students experienced during their studies.

Further Reading:

– Dan Berman, 'Life, Aspiration, Work and Contribution. Interview of Professor Khaleda Ekram', ***Context. Design, Architecture, Culture*****, June 1, 2016, https://contextbd.com/life-aspiration-work-and-contribution-interview-of-professor-khaleda-ekram/**

Rural Studio

Hans Teerds

Rural Studio werd in 1993 opgericht door de Amerikaanse architect Samuel Mockbee (1944-2001). Omdat hij ontevreden was over de ontwikkeling van zijn eigen architectenbureau, waarmee hij overigens steeds welvarender klanten trok, maar tegelijkertijd moeite had om financiering te vinden voor de ontwikkeling van betaalbare woningbouw voor de arme bevolking van het Amerikaanse Zuiden, bedacht hij voor deze laatste uitdaging een aanpak in zijn ontwerpstudio in de architectuurschool van Auburn Universiteit in Alabama.
In de studio combineerde hij een ontwerp-en-bouwen pedagogiek met zijn sociale ambities om het arme platteland van Hale County, een van de armste regio's van Alabama, ondersteuning te bieden. Tweedejaars studenten, die een vol jaar in de studio participeerden, werkten met en tussen de lokale bevolking om kleine projecten voor collectieve woningbouw en openbare functies te ontwerpen en te bouwen, terwijl

Rural Studio

Hans Teerds

Rural Studio was established in 1993 by American architect Samuel Mockbee (1944-2001). Dissatisfied with the development of his own practice, which was attracting increasingly wealthy clients, and with the difficulty of finding funding for the development of affordable housing for poor residents of the American South, he began to address this second challenge in his studio at the School of Architecture at Auburn University in Alabama. The studio combined a design-and-build approach with social ambitions to address the impoverished landscape of Hale County, one of the poorest regions in Alabama. Second-year students, who spend a year in the studio, work with and among local residents to design and build small community housing and civic projects, while fifth-year students are assigned to more complex projects. As well as designing and building the pro-

Samuel Mockbee and students of Rural Studio in conversation with clients, 1995/
Samuel Mockbee met studenten van Rural Studio in gesprek met clienten, 1995

vijfdejaars studenten meer complexe opgaven voor hun rekening namen. Samen met de bevolking moesten de studenten niet alleen de projecten ontwerpen en bouwen, maar ook de middelen vinden om ze daadwerkelijk uit te kunnen voeren; de financiële hulp van de universiteit om de projecten te bouwen was minimaal. Daarom werden de projecten vaak opgetrokken uit goedkope en geschonken materialen, overblijfselen en afval van andere bouwprojecten, van strobalen tot autobanden. De directe relatie tussen voorbereiding, aanpassing en uitvoering van het project, als ook de afhankelijkheid van beschikbaar materiaal droeg bij aan de contextspecifieke en milieubewuste filosofie van de studio.

Meer lezen:

– Andrea Oppenheimer Dean en Timothy Hursley, *Rural Studio: Samuel Mockbee and Architecture of Decency* (New York: Princeton Architectural Press, 2002)
– Andrew Freear et al., *Rural Studio at Twenty* (New York: Princeton Architectural Press, 2014)

jects with the locals, they had to find ways of funding the construction as the financial support from the university was limited. As a result, projects are often built using cheap, donated, leftover or salvaged materials, from stray bales to car tyres. The direct relationship between the preparation and adaptation of the project, as well as the dependence on available materials, contributed to the contextual and ecological philosophy of the studio.

Further Reading:

– Andrea Oppenheimer Dean and Timothy Hursley, *Rural Studio: Samuel Mockbee and Architecture of Decency* (New York: Princeton Architectural Press, 2002)
– Andrew Freear et al., *Rural Studio at Twenty* (New York: Princeton Architectural Press, 2014)

From My Urban Living Room: Gae Aulenti, Architect, Designer and Public Intellectual

Francesca Giudetti and Léa-Catherine Szacka

'Do you consider yourself an intellectual?'
'Well, I think I do. You can't do architecture without knowing music, philosophy, art, and literature,' replied architect Gae Aulenti (1927-2012) to the journalist who interviewed her in July 1998 for the Italian newspaper *La Stampa*.[1]

The idea of the architect as public intellectual was a well-established concept in post-war Italy. One of the most prominent defenders of this position was Milanese architect and critic Ernesto Nathan Rogers. Rogers, who had been Aulenti's mentor when she worked for the magazine *Casabella-Continuità*, alongside other rising figures of architecture such as Aldo Rossi, Vittorio Gregotti, Giancarlo De Carlo, Giorgio Grassi and Guido Canella, firmly believed that being an architect meant being an intellectual first, and a professional second, 'neither a passive product nor a creator completely independent of his era'.[2] If Rogers was a classical intellectual, reading and always translating his knowledge into written works,[3] Aulenti's modus operandi differed from that of her mentor in that she synthesised knowledge and practice.[4] Indeed, in Aulenti's view, being an intellectual implied playing an important role in society: behaving as a responsible citizen, taking part in various community and cultural activities as well as battling for social causes.

An important public figure in a male dominated profession, Aulenti contributed to the general debate on architecture in the twentieth century at various levels and scales: not only designing projects, but also rethinking Italian cities and actively participating in social disputes as a citizen, committing herself politically to the point of founding a new party in 2002 (Libertà e Giustizia),[5] and, finally, assuming important roles within institutions and public magazines. Unlike other colleagues of her time, Aulenti was never forced to work silently, behind the scenes. Looking at the Italian architect's life and work through two different lenses and scales – the domestic scale of the house and the political scale of the street – this article argues that Aulenti was a true intellectual, albeit operating with tools and modes of expression that differed from those of her male colleagues.

The House as a Theatre

She brought everyone together, making room even for young hopefuls, as well as for the directors of the big newspapers and Paolo Grassi, who at that time was the head of the Italian theatre. . . . All of the

1
Interview with Gae Aulenti on 5 July 1998, *La Stampa*, alainelkanninterviews.com/gae-aulenti/ (accessed 10 May 2023).

2
Ernesto Nathan Rogers, 'The Drama of the Architect', text taken from the lecture 'El drama del arquitecto', delivered at the Faculty of Letters and Philosophy of the Universidad Mayor de San Marcos in Lima in 1948, see also: *Esperienza dell'architettura* (Milan: Skira, 1997),165-171.

3
Just think of his editorials in *Casabella Continuità* (1954-1965) and of his main published works: Ernesto Nathan Rogers, Josep Lluís Sert and Jaqueline Tyrwhitt, *Il Cuore problema umano della città* (Milan: Hoepli, 1954); *Esperienza dell'architettura* (Turin: Einaudi, 1958); Cesare De Seta (ed.), *Gli elementi del fenomeno architettonico* (Napels: Guida, 1981); 'Il senso della storia', in: Luciano Semerani (ed.), *Il senso della storia, continuità e discontinuità* (Milan: Unicopli, 1999); Franco Basaglia, *L'utopia della realtà* (Bari: Leonardo da Vinci, 1965); 'The Phenomenology of European Architecture', *Dedalus Journal of the American Academy of Arts and Science* (winter 1964). See also: Stephen Richards Graubard, *A New Europe?* (Boston: Beacon Press, 1967); Ernesto N. Rogers, *Editoriali di architettura* (Turin: Einaudi, 1968); Ernesto N. Rogers, *Lettere di Ernesto a Ernesto e viceversa* (Milan: Archinto, 2000); Serena Maffioletti (ed.), *Il pentagramma di Rogers: lezioni universitarie di Ernesto Nathan Rogers* (Padua: Il Poligrafo, 2009).

4
In this regard, we would like to quote the interview in: Maurizio Costanzo, 'Gae Aulenti', *Design+ Magazine* (2010), 103-104. Here, in fact, when asked about the importance of Rogers's teaching of the need to be intellectuals before architects, Aulenti cites not only Rogers but also Vitruvius. 'The architect is knowledgeable in the arts, skilled in drawing, erudite in geometry, familiar with many, many histories, a diligent listener of philosophers, knowledgeable in music, not ignorant of medicine, knowledgeable in jurisprudence, not unfamiliar with astrology and the laws of the heavens.'

5
Libertà e Giustizia was conceived as a party that talks about culture and politics; members include journalist Gianni Locatelli, architect Gae Aulenti, journalist Enzo Biagi, political scientist Giovanni Sartori, writers Umberto Eco and Claudio Magris, economist Innocenzo Cipolletta, professor Umberto Veronesi, physicist Giovanni Bachelet and lawyers Franzo Grande Stevens and Guido Rossi.

Vanuit mijn stadse woonkamer: Gae Aulenti, architect, ontwerper en publieke intellectueel

Francesca Giudetti en Léa-Catherine Szacka

'Beschouwt u zichzelf als een intellectueel?'
'Ja, dat denk ik wel. Je kunt geen architectuur bedrijven zonder kennis te hebben van muziek, filosofie, kunst en literatuur,' aldus architect Gae Aulenti (1927-2012) tegen de journalist die haar in juli 1998 interviewde voor de Italiaanse krant *La Stampa*.[1]

In het naoorlogse Italië was de notie van de architect als publieke intellectueel vanzelfsprekend. Een van de meest prominente verdedigers hiervan was de Milanese architect en criticus Ernesto Nathan Rogers. Rogers was Aulenti's leermeester geweest in de periode dat ze naast andere aanstormende talenten, zoals Aldo Rossi, Vittorio Gregotti, Giancarlo De Carlo, Giorgio Grassi en Guido Canella, voor het tijdschrift *Casabella-Continuità* werkte. Hij was er vast van overtuigd dat je als architect op de eerste plaats een intellectueel moest zijn en pas op de tweede plaats een professioneel: 'geen passieveling, maar ook geen schepper die volledig onafhankelijk van zijn tijdperk opereert'.[2] Rogers was de klassieke intellectueel; hij las veel en stelde zijn kennis altijd op schrift.[3] Aulenti's modus operandi verschilde in zoverre van die van haar leermeester, dat ze kennis en praktijk synthetiseerde.[4] Volgens Aulenti was je een intellectueel als je een belangrijke rol in de maatschappij had: je diende je gedragen als een verantwoordelijk burger, deel te nemen aan verschillende maatschappelijke en culturele activiteiten en je in te zetten voor sociale doelen.

Als belangrijke publieke figuur in een door mannen gedomineerd beroep droeg Aulenti op verschillende niveaus bij aan het generieke architectuurdebat van de twintigste eeuw. Ze ontwierp niet alleen projecten, maar dacht ook na over Italiaanse steden en koos als burger actief partij in maatschappelijke disputen. Ze was op politiek vlak zelfs zo geëngageerd dat ze in 2002 een nieuwe partij oprichtte (Libertà e Giustizia). Ten slotte bekleedde ze een aantal belangrijke posities bij instellingen en openbare tijdschriften.[5] In tegenstelling tot sommige collega's uit die tijd hoefde Aulenti nooit in stilte, achter de schermen, te werken. Door het leven en werk van de Italiaanse architect door twee verschillende brillen en op twee niveaus te bekijken – het huiselijke domein van de woning en het politieke domein van de straat – wordt in dit artikel beargumenteerd dat Aulenti een echte intellectueel was, hoewel ze andere middelen en uitdrukkingsvormen gebruikte dan haar mannelijke collega's.

De woning als theater

Ze bracht iedereen bij elkaar, maakte ruimte voor aanstormend talent, maar ook voor de directeuren van de grote kranten en voor Paolo Grassi, die op

1
Interview met Gae Aulenti op 5 juli 1998 in *La Stampa*, alainelkanninterviews.com/gae-aulenti/ (laatst bezocht op 10 mei 2023).

2
Ernesto Nathan Rogers, 'The Drama of the Architect', tekst uit de lezing 'El drama del arquitecto', gegeven aan de faculteit der Letteren en Wijsbegeerte van de Universidad Nacional Mayor de San Marcos in Lima in 1948, zie ook: *Esperienza dell'architettura* (Milaan: Skira, 1997), 165-171.

3
Denk bijvoorbeeld aan zijn redactionele artikelen in *Casabella Continuità* (1954-1965) en zijn belangrijkste publicaties: Ernesto Nathan Rogers, Josep Lluís Sert en Jaqueline Tyrwhitt, *Il Cuore problema umano della città* (Milaan: Hoepli, 1954); *Esperienza dell'architettura* (Turijn: Einaudi, 1958); Cesare De Seta (red.), *Gli elementi del fenomeno architettonico* (Napels: Guida, 1981); 'Il senso della storia', in: Luciano Semerani (red.), *Il senso della storia, continuità e discontinuità* (Milaan: Unicopli, 1999); Franco Basaglia, *L'utopia della realtà* (Bari: Leonardo da Vinci, 1965); 'The Phenomenology of European Architecture', *Dedalus Journal of the American Academy of Arts and Science* (winter 1964). Zie verder: Stephen Richards Graubard, *A New Europe?* (Boston: Beacon Press, 1967); Ernesto N. Rogers, *Editoriali di architettura* (Turijn: Einaudi, 1968); Ernesto N. Rogers, *Lettere di Ernesto a Ernesto e viceversa* (Milaan: Archinto, 2000); Serena Maffioletti (red.), *Il pentagramma di Rogers: lezioni universitarie di Ernesto Nathan Rogers* (Padua: Il Poligrafo, 2009).

4
In dit verband wordt geciteerd uit een interview dat is te vinden in: Maurizio Costanzo, 'Gae Aulenti', *Design+ Magazine* (2010), 103-104. Als Aulenti wordt gevraagd naar het belang van Rogers' opvatting dat men als architect op de eerste plaats een intellectueel dient te zijn, citeert Aulenti niet alleen Rogers, maar ook Vitruvius: 'De ontwerper is op de hoogte van de kunsten, beheerst het tekenen, heeft kennis van geometrie, kent heel veel geschiedenissen, luistert nauwgezet naar filosofen, is op de hoogte van muziek, weet iets over de heelkunde, weet af van jurisprudentie, en weet ook het een en ander over astrologie en de wetten van het uitspansel.'

5
Libertà e Giustizia werd gezien als een partij die zich bezighield met cultuur en politiek; leden waren onder andere de journalist Gianni Locatelli, architect Gae Aulenti, journalist Enzo Biagi, politicoloog Giovanni Sartori, schrijvers Umberto Eco en Claudio Magris, econoom Innocenzo Cipolletta, professor Umberto Veronesi, natuurkundige Giovanni Bachelet en juristen Franzo Grande Stevens en Guido Rossi.

Gae Aulenti walking in Milan n.d/ Gae Aulenti wandelend in Milaan, z.d.

dat moment aan de top stond in het Italiaanse theater. (...) Alle intellectuelen verzamelden zich in die woning in het historische centrum van Milaan.[6]

Gae Aulenti was niet alleen maar architect. Sinds 1955 was ze ook moeder. Ze opereerde in een bevoorrecht Milanees milieu – haar vader was een econoom uit Apulië, de zoon van een magistraat, en haar moeder was de dochter van een Calabrische arts die in Napels had gewerkt en aan de Universiteit van Palermo had gedoceerd. Aulenti begon in 1954 haar eigen bureau in Milaan; in datzelfde jaar trouwde ze met Francesco Buzzi Ceriani, een architect die na de Tweede Wereldoorlog actief was in de Italiaanse wereld van de architectuur en betrokken was bij het Italiaanse architectuurdebat. Een jaar later werd Giovanna geboren, Gae Aulenti's enige dochter.[7] Het stel scheidde niettemin vrijwel onmiddellijk; de twee architecten gingen verder als co-ouders en voedden hun dochter op in een niet-traditionele gezinseenheid. Dit bracht Aulenti ertoe om haar woning van een werkruimte te voorzien, zodat ze haar werk aan haar tekeningen en netwerk kon voortzetten zonder haar moederrol te verwaarlozen.

Voor Aulenti konden werken en moederen, het publieke en het private, met elkaar worden geconfronteerd in specifieke huiselijke ruimten. In 1965 huurde ze een huis in de Via dell'Annunciata 7 en verbouwde ze de kelder tot kantoor- en atelierruimte. De plek, die is gefotografeerd door Aldo Ballo, lijkt intiem en comfortabel, met een groot aantal in een cirkel opgestelde banken, kunstwerken en een woonkamer die rondom werd gekenmerkt door duizenden boeken.[8] Het was een leefomgeving die, net als haar volgende huis, in de Via Fiori Oscuri in Brera, zowel rijk gedecoreerd als intiem was.[9] Haar woningen waren symptomatisch, zou je kunnen zeggen, voor vrouwelijke gevoeligheid en voor Aulenti's filosofie over huiselijke bewoning, dit gecombineerd met de vertrouwde accenten van persoonlijke bezittingen. Aulenti heeft haar leven lang gereisd, vaak alleen en over de hele wereld, bijvoorbeeld om deel te nemen aan belangrijke conferenties (zoals die in Aspen in 1973). Het was echter de transformatie van haar woning in een theater, waar regelmatige bijeenkomsten plaatsvonden van een hechte groep intellectuelen – onder wie Vittorio Gregotti, Umberto Riva, Franco Quadri, Umberto Eco, Maurizio Pollini, Liliana Segre, Lina Sotis en Rosellina Archinto – die het ware sociale aspect van haar leven weerspiegelde en die essentieel was voor Aulenti's modus operandi. Ondanks haar werk en moederschap waren deze, met de regelmaat van de klok voorkomende ontmoetingen met oude vrienden, van essentieel belang voor het opbouwen van hechte relaties en het aanzwengelen van discussies.[10]

Aulenti's woning-annex-kantoor in de Via Fiori Oscuri – nu de thuisbasis van de Aulenti-stichting en Aulenti-archief – was een bourgeois salon, een soort stadse woonkamer die de ruggengraat van haar netwerk lijkt te zijn geweest. 'Het lag in haar aard om haar tijd door te brengen met discussies over kunst, architectuur, film en politiek.'[11] Aulenti had de uitnodigende woning waar zoveel dinertjes met vrienden en feestjes plaatsvonden, zelf ontworpen. Het huis deed denken aan een tekening van Escher, met schuin oplopende metalen hellingbanen en verspringende vloeren met hallen en terrassen die uitzicht boden op

6
Lina Sotis, 'F.A.G. (Famosa Affettuosa Gae)', *Capital* (2009), 44.

7
Francesco Buzzi realiseerde een groot aantal projecten in Italië en ontwierp enkele voorwerpen. Hij publiceerde ook in tijdschriften als *Casabella Continuità* en *Comunità*.

8
Ciro Marco Musella, 'Archivio Gae Aulenti', in: Claudio Palvarini en Lodovico Gualzetti (red.), *Milano la Città che disegna* (Sesto San Giovanni: Sémina, 2020), 24.

9
Aulenti verhuisde in 1974 naar Brera en bleef daar tot het einde van haar leven. In het huis is nu het Gae Aulenti-archief ondergebracht.

10
In sommige dagboeken in het Gae Aulenti-archief staan bijvoorbeeld schetsen van tafelschikkingen.

11
Gianni Biondillo, 'Gae Aulenti', *Storie Milanesi* (2015), 1-2.

intellectuals were gathered in that house in Milan's historical centre.[6] Gae Aulenti was not just an architect. Since 1955, she was also a mother. Operating in a privileged Milanese milieu – her father was an Apulian economist, son of a magistrate and her mother was the daughter of a Calabrian doctor who had practiced in Naples and taught at the University of Palermo – Aulenti started her own practice in Milan in 1954. The same year, she married Francesco Buzzi Ceriani, an architect involved in the Italian architectural practice and debate after the Second World War and, a year later, Giovanna, Gae's only daughter, was born.[7] The couple separated almost immediately, however, and the two architects went on co-parenting and raising their daughter in the form of a non-traditional family unit, prompting Gae to arrange her house with a study area so that she could work on drawings and hold her networking activities without neglecting her role as mother.

For Aulenti, work and motherhood, the public and the private sphere, always collided in very peculiar forms of domestic spaces. In 1965, she rented the house at Via dell'Annunciata 7 and converted the basement into an office/studio. Photographed by Aldo Ballo, the place appears as intimate and comfortable, with many sofas disposed in a circle, works of art, and a living room perimeter defined by thousands of books.[8] Both this house and her next house, located in via Fiori Oscuri, Brera, were richly decorated and intimate.[9] You could say they were symptomatic of a female sensitivity and of Aulenti's domestic philosophy, with the familiar touch of personal belongings. Throughout her life, Aulenti travelled, often alone, around the world, participating in important conferences (like the one in Aspen in 1973). But it was making her home the theatre of regular meetings for a close group of intellectuals – such as Vittorio Gregotti, Umberto Riva, Franco Quadri, Umberto Eco, Maurizio Pollini, Liliana Segre, Lina Sotis and Rosellina Archinto – that remained the true social aspect of her life, and essential to Aulenti's modus operandi. Despite her work and role as a mother, regular cyclical get-togethers with old friends were essential to create close connections and instigate a debate.[10]

Aulenti's house/office in via Fiori Oscuri – now the home of the Aulenti foundation and archive of the architect – was a bourgeois salon and a form of urban living room that seems to have organised her network: 'It was in her nature to lounge, discuss art, architecture, film, politics.'[11] The friendly house where many dinners with friends and parties took place had been designed by Aulenti: akin to a drawing by Escher, it included sloping metal ramps and staggered floors with hallways and terraces overlooking the Piazza San Marco, and it contained works of art by the most prominent artists of her time, from Michelangelo Pistoletto to Alighiero Boetti, and from Christo to Mario Schifano, Emilio Vedova, Cartier Bresson, Andy Warhol and Roy Lichtenstein.[12] The living area was a large space without doors or walls where various functions were defined only by different floor levels and the bookcases that served as room dividers.[13] Furthermore, the architect 'was very careful not to establish dependencies between objects and pieces

6
Lina Sotis, 'F.A.G. (Famosa Affettuosa Gae)', *Capital* (2009), 44.

7
Francesco Buzzi built many projects in Italy and designed some objects. He also published in magazines such as *Casabella-Continuità* and *Comunità*.

8
Ciro Marco Musella, 'Archivio Gae Aulenti', in: Claudio Palvarini and Lodovico Gualzetti (eds.), *Milano la Città che disegna* (Sesto San Giovanni: Sémina, 2020), 24.

9
Aulenti moved into the Brera House in 1974 and stayed there until the end of her life. The house now hosts the Gae Aulenti archive.

10
In some of the diaries stored in the Gae Aulenti archive there are, for example, sketches showing the positioning of the guests at the table.

11
Gianni Biondillo, 'Gae Aulenti', *Storie Milanesi* (2015), 1-2.

12
Ibid., 2.

13
Joseph Rykwert, 'Gae Aulenti's Milan: Design Passages for the Celebrated Architect', *Architectural Digest* (January 1990), 93.

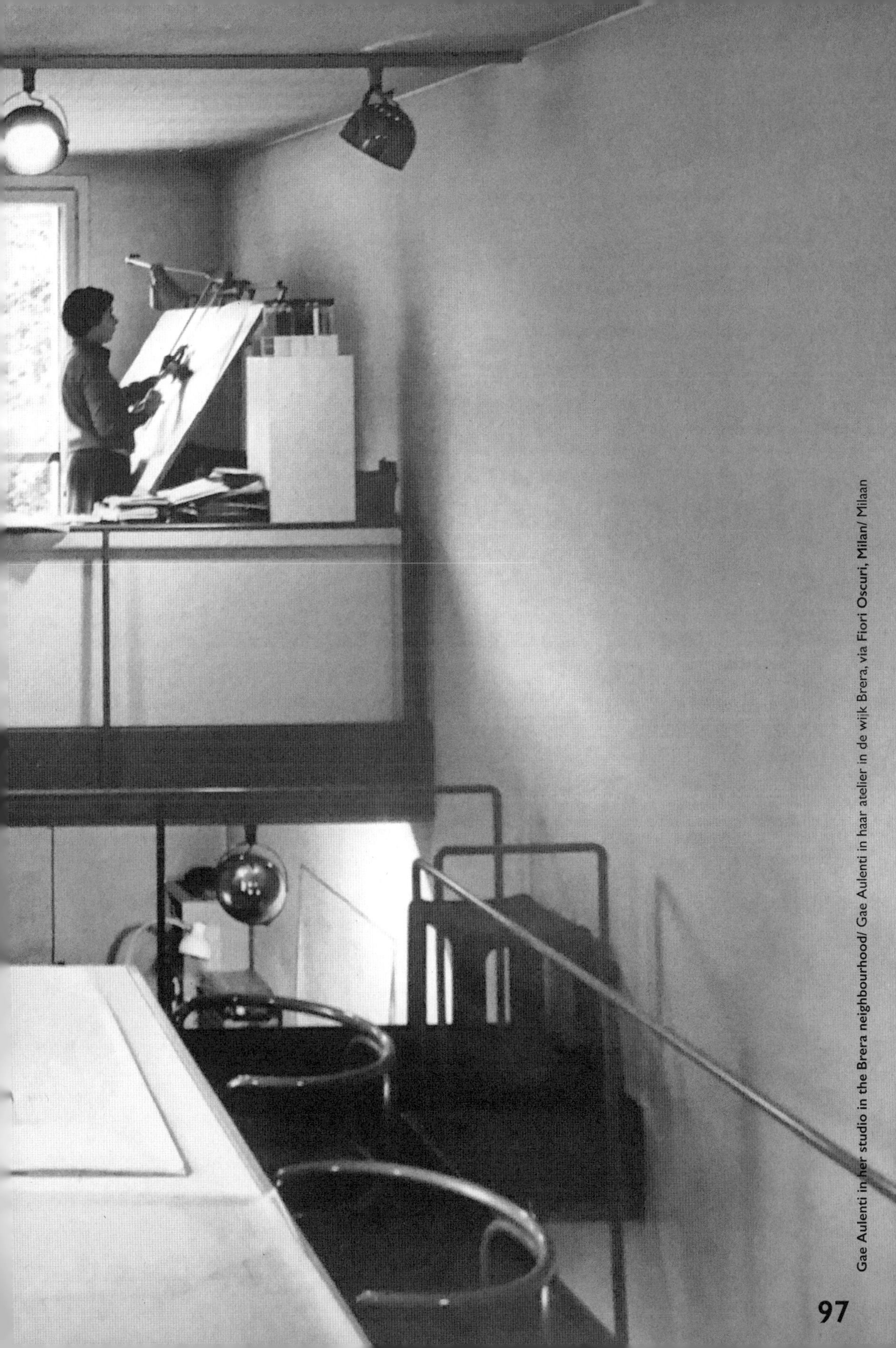

Gae Aulenti in her studio in the Brera neighbourhood/ Gae Aulenti in haar atelier in de wijk Brera, via Fiori Oscuri, Milan/ Milaan

het San Marcoplein, en het bevatte kunstwerken van de prominentste kunstenaars van haar tijd, van Michelangelo Pistoletto tot Alighiero Boetti en van Christo tot Mario Schifano, Emilio Vedova, Cartier Bresson, Andy Warhol en Roy Lichtenstein.[12] Het woongedeelte was één grote ruimte, zonder deuren of wanden, waar de verschillende functies slechts werden gedefinieerd door de verschillende vloerniveaus en boekenkasten die de ruimte verdeelden.[13] Bovendien was de architect 'heel voorzichtig om geen onderlinge afhankelijkheid te creëren tussen voorwerpen en meubelstukken, of tussen deze en ruimte, zodat indien nodig alles in de container kon worden verplaatst. Ze streefde er vanaf het begin naar een plek te ontwerpen die dienstbaar zou zijn aan de bewoners, in plaats van speciale zorg of specifiek gebruik nodig te hebben.'[14] Maar hoewel het een sociale plek was, leek de precieze en punctuele indeling van Aulenti's interieur ook haar moederschap te reflecteren.

In het Italië van de jaren 1950 werd taal gebruikt als een middel om het land weer op te bouwen. Geschreven en gesproken woorden, en een zeker gevoel van saamhorigheid, droegen bij aan de verwezenlijking van 'het onbedwingbare verlangen om de weg terug te vinden, de weg die op tragische wijze was onderbroken door de Tweede Wereldoorlog. (…) Iedereen wilde bijdragen aan de wedergeboorte van het land en er was een enthousiasme dat aanzette tot studie, maar ook tot contact

12
Ibid., 2.

13
Joseph Rykwert, 'Gae Aulenti's Milan: Design Passages for the Celebrated Architect', *Architectural Digest* (januari 1990), 93.

14
Anatxu Zabalbeascoa, *The House of the Architect* (Barcelona: Editorial Gustavo Gili, 1995), 18.

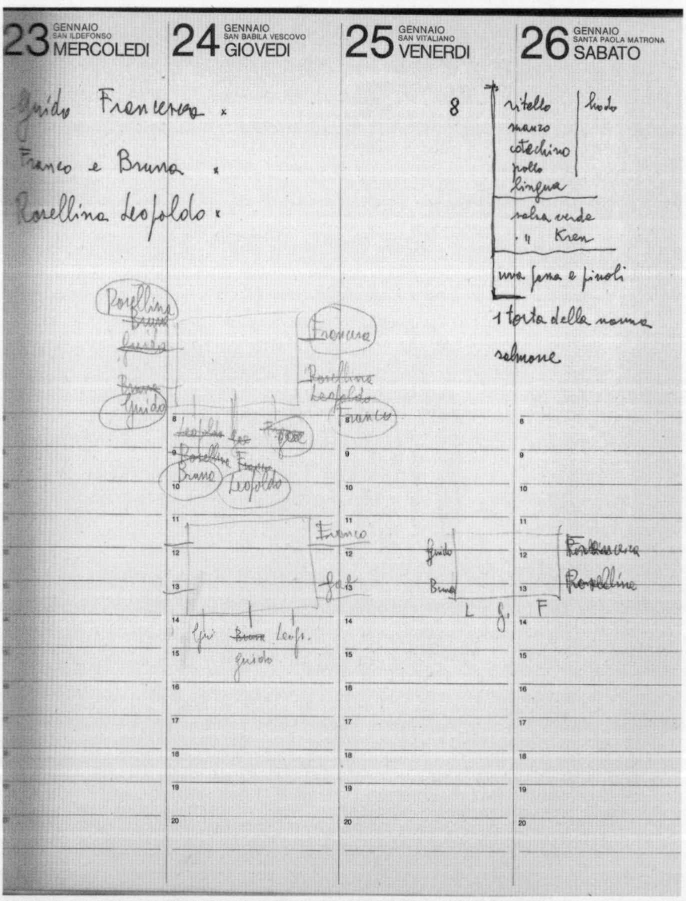

Black 1974 agenda with sketches showing the positioning of the guests at Gae's table/
Zwarte agenda uit het jaar 1974 met schetsen van Gae's tafelschikkingen

of furniture, nor between these and the space, so that everything inside the container could be moved as needed. From the beginning, she aimed to design a place that would serve its inhabitants rather than requiring special care and specific usage.'[14] But, while being a social place, in its precise and punctual division of spaces, Aulenti's interior also seems to reflect her being a mother.

In 1950s Italy, words were used as tools for the country's reconstruction: written words but also oracy and a certain sense of belonging contributed to 'the irrepressible desire to find one's way again, the way that had been tragically interrupted by the Second World War. . . . Everyone wanted to participate in the rebirth of the country, there was an enthusiasm that encouraged study, but also contact among us and with international circles,' recalls Aulenti who, from her living room played the role of the networker.[15] Topics of discussion were varied and disparate, ranging from Milan's public transport system to political matters, and from ongoing cultural events and exhibitions to forthcoming trips, or the tragic destruction of the Fenice theatre in Venice and important contemporary architectural projects.[16] The purpose of these meetings, therefore, was to discuss the society's state of the art, in all its micro and macro components.

Aulenti's taste for 'staging' intellectual gatherings were not

14
Anatxu Zabalbeascoa, *The House of the Architect* (Barcelona: Editorial Gustavo Gili, 1995), 18.

15
Printed text contained in the folder '3.3.ua.06 Quaderni di appunti'. It looks like a text for an interview, but this is not specified.

16
While it was not easy to reconstruct with precision the arguments discussed during the gatherings at Aulenti's home, we have deduced some of the topics that may have been discussed using notes in diaries found in Aulenti's home archive in Milan. For example, The 1998 Agenda Rimbaud includes reflections on the Fenice ('3.3.ua.04 Agende e agendine varie').

Gae Aulenti's home office, now the Aulenti Archive, via Fiori Oscuri, Milan/ Gae Aulenti's kantoor-aan-huis, nu het Aulenti Archive, via Fiori Oscuri, Milaan

met elkaar en met internationale kringen,' herinnerde Aulenti zich, al netwerkend vanuit haar salon.[15] De gespreksonderwerpen waren gevarieerd en ongelijksoortig, variërend van het openbaar vervoer in Milaan tot politieke kwesties, en van lopende culturele evenementen en tentoonstellingen tot aanstaande reizen, of de tragische verwoesting van het Fenice-theater in Venetië en belangrijke eigentijdse architectuurprojecten.[16] Het doel van deze bijeenkomsten was dan ook om de stand van zaken in de maatschappij te bespreken, op zowel micro- als macroniveau.

Aulenti's voorliefde voor het 'ensceneren' van intellectuele bijeenkomsten stond niet los van haar professionele activiteiten. De potentiële voordelen waren niet alleen de grotere zichtbaarheid en de spraakmakende opdrachten, maar de bijeenkomsten dienden ook om haar werk vooruit te stuwen. Ze was een veelzijdig ontwerper en creëerde architectuur, objecten, interieurs en stedenbouw. Sinds de jaren 1970 stond ze ook bekend om haar sterke band met de theaterwereld – ze werkte regelmatig als scenograaf, vooral met Luca Ronconi en het Laboratorio Teatrale in Prato. Aulenti's werk zou daarom jarenlang schommelen tussen de vergankelijke en de permanente eigenschappen van architectuur. Ze zei bijvoorbeeld: 'Theater is vergankelijk en manifesteert zich door de botsing met eerdere sedimentatie, terwijl architectuur blijvende modificatie is en zich manifesteert door

15
Gedrukte tekst, te vinden in de map '3.3.ua.06 Quaderni di appunti'. Het lijkt een interviewtekst, maar dat is niet nader gespecificeerd.

16
Hoewel het niet eenvoudig was om de argumenten die tijdens de bijeenkomsten bij Aulenti thuis aan de orde kwamen, nauwkeurig te reconstrueren, hebben we enkele onderwerpen die mogelijk werden besproken afgeleid uit aantekeningen in dagboeken die zijn gevonden in Aulenti's thuisarchief in Milaan. In haar Agenda Rimbaud uit 1998 staan bijvoorbeeld opmerkingen over het Fenice ('3.3.ua.04 Agende e agendine varie').

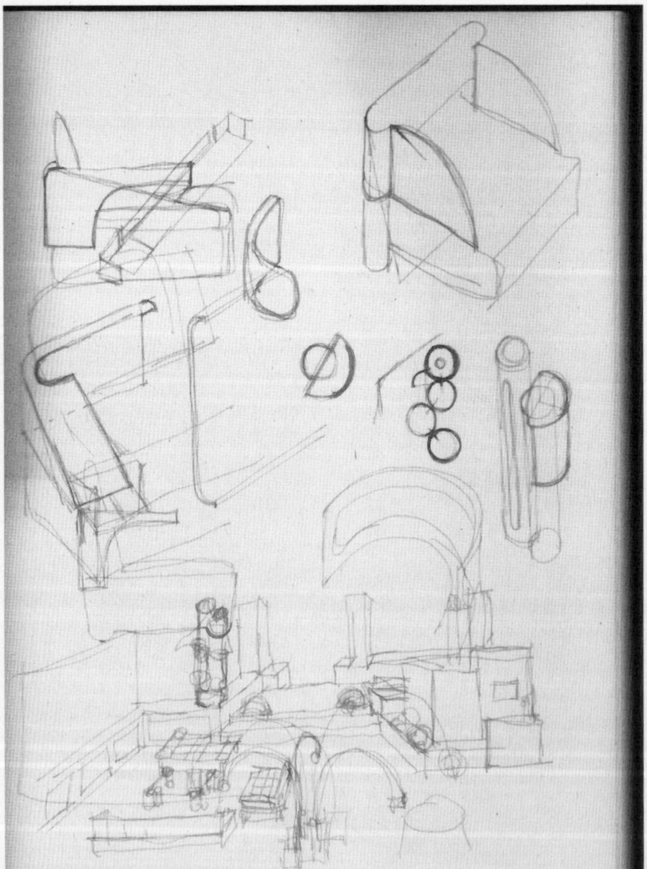

Sketch/ schets **by**/ door **Gae Aulenti n.d.**/ z.d.

without a link to her professional activities. With potential returns in the form of greater visibility and high-profile commissions, these get-togethers also served to propel her work. A multifaceted designer, she created architecture, objects, interiors and urban plans, but, since the 1970s she was also known for her strong relationship with the world of theatre – working regularly as a scenographer, especially with Luca Ronconi and the Prato laboratory. Therefore, for years, Aulenti's work would oscillate between the ephemeral and the permanent dimensions of architecture. As she noted: 'Theatre is transitory and manifests itself through the clash with previous sedimentation, whereas architecture is lasting modification and manifests itself through anamorphosis.'[17] This oscillation between the permanent and the ephemeral, as well as many other topics, were part of the public debates that Aulenti orchestrated from the intimacy of her domestic sphere, rather than from the more public and still very male-dominated public sphere.

The Street as a Link Between Civil Society and Politics

If Aulenti's house was a centre for private and social life, it was from the street that the architect stepped onto the political stage. Siding with the Italian left, Aulenti always maintained a strong

17
These reflections are part of the folder '6.01 Texts' (dated until the year 1975).

L'Italia degli abusi

LE IPOTESI IN ESAME

LE NORME IN DISCUSSIONE

Per la prima volta nella lunga e controversa storia dei condoni edilizi, saranno il presidente del Consiglio ed il ministro del Tesoro, e non il responsabile dell'Ambiente, a firmare a nome di tutto il governo il decreto legge che per la terza volta in diciotto anni dovrebbe perdonare gli abusi e gli scempi immobiliari commessi dagli italiani a partire dal 1994. E a legalizzare mattone selvaggio, con entrate per lo Stato stimate tra i 2 e i 3 miliardi di euro, potrebbero essere non meno di 360.000 famiglie o imprese che hanno edificato o ampliato senza autorizzazione in aree comunali o demaniali. Il provvedimento in discussione, attraverso il pagamento di sanzioni ed oblazioni (circa 100 euro per ogni metro quadrato in più da legalizzare), consentirebbe agli italiani di sanare tutti gli abusi edilizi commessi fino al 30 marzo di quest'anno.

IL RIFERIMENTO
SI RIAPRIREBBERO I TERMINI DEL CONDONO 1994 [1° GOVERNO BERLUSCONI]

CHI POTREBBE AVVALERSENE
1 CHI HA ILLEGALMENTE EDIFICATO, AMPLIATO O RISTRUTTURATO IMMOBILI IN ASSENZA DI AUTORIZZAZIONI O CONCESSIONI
2 CHI HA AMPLIATO IMMOBILI O ARENILI UTILIZZATI A FINI COMMERCIALI RIENTRANTI IN TERRITORI DEMANIALI [SPIAGGE, LAGHI, FIUMI]

CHI NON POTREBBE AVVALERSENE
CHI HA EDIFICATO O AMPLIATO COSTRUZIONI GIA' DICHIARATE ABUSIVE IN ZONE PROTETTE O SOTTOPOSTE A VINCOLI URBANISTICI O PAESAGGISTICI

COSA SI POTREBBE SANARE
TUTTI GLI ABUSI COMMESSI PRIMA E DOPO IL 1994 CHE HANNO COMPORTATO UN AUMENTO DELLA CUBATURA FINO A UN MASSIMO DI 750 METRI CUBI OVVERO 250 METRI QUADRATI

QUANTO SI PAGHEREBBE
COSTO FISSO PER TUTTI PARI A 500 EURO. GRADUAZIONE DEI VERSAMENTI IN BASE ALLA GRAVITA' DELL'ABUSO CON UNA MEDIA DI 100 EURO A METRO QUADRATO

COME SI PAGHEREBBE
OLTRE AL COSTO FISSO INIZIALE RATEIZZAZIONE IN TRE ANNI

ENTRATE PREVISTE
DA 2 A 3 MILIARDI DI EURO

TEMPISTICA DEGLI ABUSI
FORSE SI POTRANNO SANARE GLI ABUSI COMMESSI FINO AL 30/03/2003

SUBITO UN MANIFESTO CONTRO GLI SCEMPI

GAE AULENTI

(segue dalla prima pagina)

LA PRATICA del condono — abitudine tutta italiana, che all'estero si stenta a comprendere — è doppiamente da condannare: primo, perché incoraggia comportamenti illeciti; secondo, perché penalizza i comportamenti corretti, offendendo i cittadini che rispettano le regole. Il condono perdona ai furbi e dà uno schiaffo agli onesti. Inoltre, ferisce profondamente coloro che da anni — magari in solitudine, nel silenzio — si battono e consumano energie per difendere le nostre coste, l'aria, il paesaggio.

Quanto all'ambiente intorno a noi, sarà un altro colpo durissimo. Lungo le coste italiane tutti abbiamo visto case di un piano con pilastri sul tetto, con i tondini di ferro che escono di un metro già pronti ad accogliere i pilastri per il piano superiore. Quindi, case più alte (ma anche più lunghe, perché accostare una stanza a un'altra è facilissimo). Gli ecomostri stanno lì ad aspettare sereni: anche per loro, chissà, alla fine ci sarà qualche bugia o salterà fuori un sotterfugio legale.

Lo scempio, lungo le nostre coste, è cosa fatta. Nelle città, i tetti dei palazzi mostrano già una quantità rilevante di abbaini: quest'attività continuerà, con una crescita degli abitanti che renderà ancora più caotico e ingestibile il tessuto cittadino, aumenterà i volumi di traffico e i veleni nell'aria. Le periferie sornione, anche loro fremono di innumerevoli attività edilizie che confermeranno ancora di più il loro disastro originale. Mentre si cerca di sgombrare le falde del Vesuvio per creare vie di fuga in caso di eruzione si fa un bel condono, lasciando quasi tutti fatalisticamente tranquilli. E le zone archeologiche accerchiate da veri paesi abusivi assenti di opere di urbanizzazione? E i parchi nazionali, vere zone di equilibrio ambientale, penetrati da costruzioni improvvise e patologiche?

Pagherà la collettività. Gli esperti hanno già fatto i calcoli economici di quanto perderanno i cittadini — attraverso le tasse comunali — per le demolizioni; ma poi si sa che la parola demolizione non è così consueta in Italia né l'abbattimento del costruito è un'esperienza così diffusa. I Comuni dovranno pensare a portare fogne, strade, servizi nei quartieri sorti senza regole e oggi avviati a beneficiare di questo magnanimo perdono. Ancora una volta, le spese per demolizioni e urbanizzazione saranno equamente ripartite: gli onesti pagheranno tante tasse quante ne pagheranno — a meno di evasione fiscale — coloro che hanno compiuto gli illeciti.

C'è un'altra questione da affrontare. Quali saranno i criteri di questa ennesima sanatoria: quali e quante case, cioè, saranno legalizzate? Bisognerà capire quale sarà la superficie massima "illegale" che potrà essere sanata: cento metri quadrati? Duecentocinquanta?

Dicono, per giustificarsi, che sarà un condono "leggero". Allora, con leggerezza, si perdoneranno con il timbro dello Stato mille piccole mostruosità, balconi e gazebo spuntati dal nulla, sopraelevazioni e cantine adattate a "taverne"; ma è il momento di domandarsi se, invece, non assisteremo a un autentico scempio ambientale, magari grazie alle tante aree provvidenzialmente rese libere dal fuoco in estate.

Domandiamoci: che cosa è la "buona politica"? Io penso a Barcellona, al modo in cui l'amministrazione di questa città, negli ultimi anni, si è condotta: perseguendo un obiettivo di bellezza, dove bellezza significa anche rigore, funzionalità, efficienza. Per l'Italia, solo un sogno. Ma per impedire che anche questa sanatoria abbia corso bisogna intervenire. Un "manifesto anticondono" — promosso da urbanisti, architetti e intellettuali — mi vedrebbe come prima firmataria.

La "sanatoria" potrebbe interessare oltre 360 mila famiglie che hanno ampliato o costruito fino a 250 metri quadrati. E' la terza in 18 anni

Legalizzare "mattone selvaggio" permetterà allo Stato di incassare tra i 2 e i 3 miliardi di euro. Sanzione prevista 100 euro al metro quadrato

Gae Aulenti, 'L'Italia degli abusi' (Italy of abuses/ Het Italië van de misstanden). **Article published in *La Repubblica* on 21 September 2003**/ Artikel gepubliceerd in *La Repubblica* op 21 september 2003

anamorfose'.[17] Dit schommelen tussen permanent en vergankelijk was, samen met vele andere thema's, onderwerp van de publieke debatten die Aulenti orkestreerde vanuit de intimiteit van haar huiskamer, in plaats van vanuit de openbare, nog steeds meestal door mannen gedomineerde publieke sfeer.

17 Deze opmerkingen zijn te vinden in de map '6.01 Texts' (gedateerd tot 1975).

De straat als schakel tussen de burgersamenleving en de politiek

De woning van Aulenti mocht dan een centrum zijn van persoonlijk en maatschappelijk leven, maar de architect betrad de politieke arena vanaf de straat. Aulenti stond aan de kant van Italiaans links en was altijd al sterk betrokken bij de politiek. In 1949, toen ze nog een derdejaars architectuurstudent was, was ze een van de tien meest vooraanstaande leden van het Collettivo di Architettura, een samenwerkingsverband van studenten en pas afgestudeerden dat als doel had architectuur en maatschappij samen te laten smelten met politiek. Samen met Fredi Drugman, Vincenzo Montaldo, Giorgio Morpurgo, Giuliano Rizzi, Achille Sacconi, Novella Sansoni, Mario Silvani, Marialuisa Sormani en Alessandro Tutino richtte Aulenti zich op de wederopbouw van het land. Alle groepsleden beschouwden de architect als iemand die zich onderdompelde in de politieke praktijk:

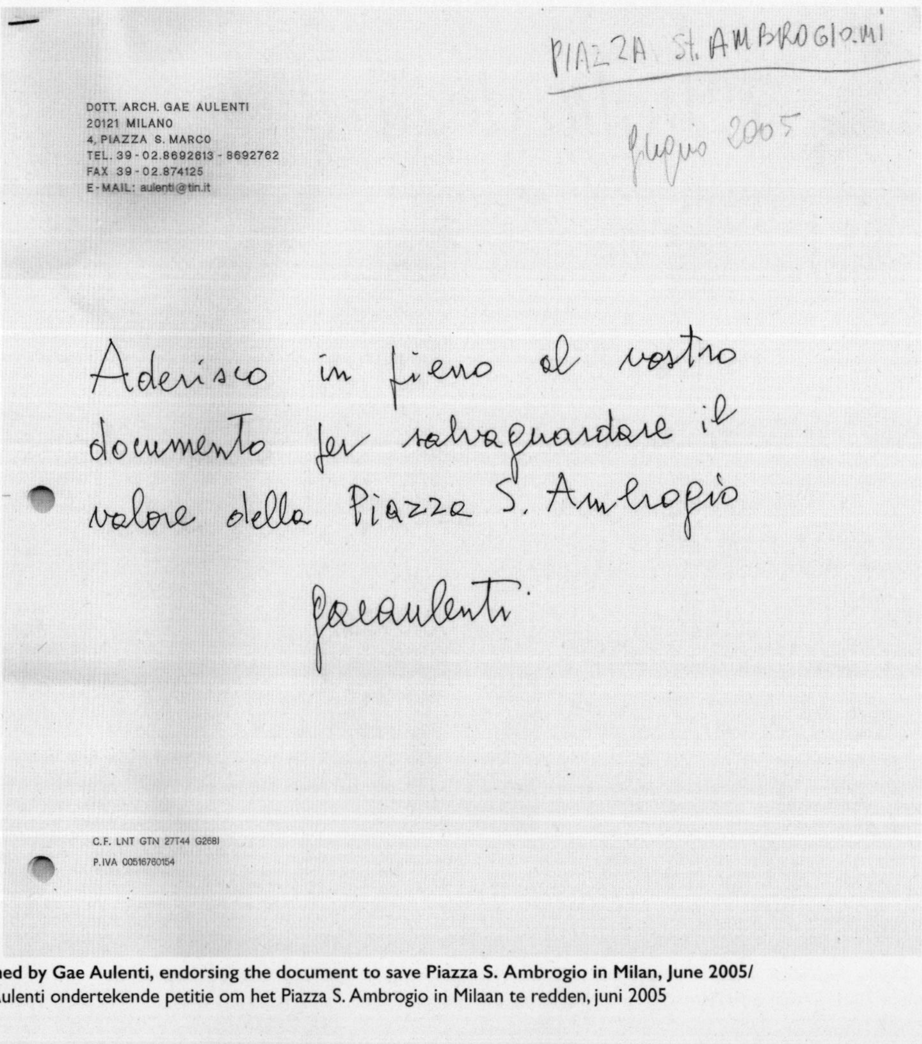
PIAZZA St. AMBROGIO.MI

DOTT. ARCH. GAE AULENTI
20121 MILANO
4, PIAZZA S. MARCO
TEL. 39-02.8692813-8692762
FAX 39-02.874125
E-MAIL: aulenti@tin.it

Giugno 2005

Aderisco in pieno al vostro documento per salvaguardare il valore della Piazza S. Ambrogio

gaeaulenti

C.F. LNT GTN 27T44 G268I
P.IVA 00516760154

Petition signed by Gae Aulenti, endorsing the document to save Piazza S. Ambrogio in Milan, June 2005/
Door Gae Aulenti ondertekende petitie om het Piazza S. Ambrogio in Milaan te redden, juni 2005

involvement with politics. In 1949, when she was still a third-year architecture student, she figured as one of the top ten members of the Collettivo di Architettura, a collaborative group of students and new graduates whose aim was to merge architecture and society with politics. Together with Fredi Drugman, Vincenzo Montaldo, Giorgio Morpurgo, Giuliano Rizzi, Achille Sacconi, Novella Sansoni, Mario Silvani, Marialuisa Sormani and Alessandro Tutino, Aulenti's object was to rebuild the country: all of the members of the group, in fact, understood the architect as someone immersed in political practice:

> We felt that we could combine our future activity as architects with political struggle, thus proposing to make a qualitative leap in the professional activity then heavily engaged in fulfilling the immense tasks of post-war reconstruction. Reconstruction that, we believed, had to be not only material but widely cultural and social.[18]

Political militancy was, therefore, the *conditio sine qua none* of the Collettivo di Architettura.

During those early years of her youth, however, Aulenti realized that she did not want to tie her way of designing to purely political issues. Therefore, after three years, she left the collective, which for her 'was a parenthesis that took away what instinct took her to the project'.[19] Between architecture and politics, Aulenti chose architecture. Yet, in reality, politics would always remain a constant interest in her life: 'I have always continued to be involved in politics because it is obviously a way of reading society,' Aulenti argued in 2009.[20]

In 1955, the architect decided to take part in the debate on reconstruction by joining the Movimento Studi per l'Architettura (MSA), founded a decade earlier by architect Franco Albini.[21] Here, Aulenti had the chance to befriend architects of the previous generation such as Giancarlo De Carlo, Ignazio Gardella and Vico Magistretti. Not long after that, the 1960s saw Aulenti's advocacy for the Italian Socialist Party (PSI). She famously frequented the socialist circles, but was also romantically involved with the party's secretary, Carlo Ripa di Meana.[22] Significant was the fact that, in 1968, Aulenti was asked to renovate the Milan apartment of Bettino Craxi, the future leader of the PSI.[23]

From the 1990s onwards, Aulenti behaved as a responsible citizen and designer, always understanding the city as a living organism, in need of constant care and attention. She started to participate in debates on Milan and its future developments, with the desire to change and transform neutral spaces. Aulenti's way of being direct also translated into giving interviews in which the architect maligned bad administrations, bad urban management and paralysing architectural choices. In the last decade of her life, after achieving worldwide fame thanks to her projects for some of the most important museums in the world, she started being characterized as being disillusioned.[24] 'Great proclamations, great controversy and then everything will remain as before.'[25]

18
Mario Silvani, 'Il treno rosso, ricordi e riflessioni di un uomo qualunque' (Milan: personal document, 2001), 67.

19
The mentioned interview was granted by G. Aulenti on 15 December 2009. See: Manuele Salvetti, *Il Collettivo di Architettura 1949-1973* (Master Thesis, July 2010), 174-178.

20
Ibid., 176.

21
The Movimento Studi per l'Architettura (MSA), founded in 1945 by F. Albini, held debates on reconstruction after the war and continued the discourse begun before the war by rationalist architects in Milan. See: Matilde Baffa et al., *Il Movimento di studi per l'architettura: 1945-1961* (Rome/Bari: Laterza, 1995); Roberto Dulio and Augusto Rossari, 'Tra cultura architettonica e crescita edilizia: Milano 1945-1961', in: Patrizia Bonifazio and Elena Cogato Lanza, *Les experts de la réconstruction: Figures et stratégies de l'élite technique dans l'Europe d'après 1945* (Geneva/Paris: MetisPresses, 2009).

22
In those years, she joined a circle of intellectuals that included architects like Vittorio Gregotti, Vico Magistretti and Marco Zanuso, but also sociologists, political scientists and philosopher Alessandro Pizzorno, Theater impresario Paolo Grassi, writer and semiologist Umberto Eco, environmentalist Giulia Maria Crespi, economist Franco Momigliano, writer and editor Camilla Cederna, classicist Eva Cantarella, as well as journalists Guido Vergani, Giorgio Bocca and Lina Sotis.

23
Bettino Craxi was an important Italian politician in the 1980s. He was the secretary of the Italian Socialist Party (1976-1993) and the president of the council of ministers (1983-1987). The Gae Aulenti archive contains transparencies of the project for Craxi's apartment (1968). From the late 1970s, however, Aulenti distanced herself from the PSI; she became famous for her dissociation from what she called 'deleterius Craxism'.

24
Some examples are the Musée d'Orsay and the National Museum of Modern Art at the Centre Georges Pompidou in Paris, the MNAC Museum in Barcelona, the restoration of Palazzo Grassi in Venice, and the Asian Art Museum in San Francisco.

25
Gaetana Aulenti in: Luciano Moia, 'Milano, brutta e triste, perché ha perduto la coerenza urbanistica', *Il Giornale*, 12 February 1992, 4.

> We hadden het gevoel dat we onze toekomstige activiteiten als architecten konden combineren met de politieke strijd en waren van plan om een kwaliteitssprong te maken in de professionele discipline die indertijd druk bezig was met het vervullen van de immense taken van de naoorlogse wederopbouw. Deze wederopbouw, zo geloofden wij, moest niet alleen materieel zijn, maar ook cultureel en sociaal, in de ruimste zin.[18]

Politieke strijdbaarheid was daarom de *conditio sine qua non* van het Collettivo di Architettura.

Tijdens haar jonge jaren realiseerde Aulenti zich echter dat ze haar manier van ontwerpen niet uitsluitend aan politieke kwesties wilde verbinden. Daarom verliet ze na drie jaar het collectief, dat voor haar 'een parenthese was die haar het instinct ontnam dat haar naar het project had geleid'.[19] Toen ze gedwongen werd te kiezen tussen architectuur en politiek, koos Aulenti voor de architectuur. Maar in feite zou ze altijd geïnteresseerd blijven in politiek: 'Ik ben altijd betrokken gebleven bij de politiek, omdat het duidelijk een manier is om de maatschappij te lezen,' zei ze in 2009.[20]

In 1955 besloot Aulenti deel te gaan nemen aan het wederopbouwdebat door zich aan te sluiten bij de Movimento Studi per l'Architettura (MSA), die tien jaar eerder was opgericht door architect Franco Albini.[21] Hier was ze in de gelegenheid om vrienden te maken onder architecten van de vorige generatie, zoals Giancarlo De Carlo, Ignazio Gardella en Vico Magistretti. Niet lang daarna, in de jaren 1960, schaarde Aulenti zich achter de Partito Socialista Italiano (PSI). Ze bevond zich niet alleen regelmatig in socialistische kringen, maar had ook een romantische relatie met de secretaris van de partij, Carlo Ripa di Meana.[22] Het feit dat Aulenti in 1968 werd gevraagd om het Milanese appartement van Bettino Craxi, de toekomstige leider van de PSI, te renoveren is in deze context veelzeggend.[23]

Vanaf de jaren 1990 stelde Aulenti zich op als een verantwoordelijk burger en ontwerper, die de stad zag als een levend organisme dat constante zorg en aandacht nodig had. Ze begon deel te nemen aan debatten over Milaan en de toekomstige ontwikkeling van de stad; het was haar wens, neutrale ruimten te veranderen en transformeren. Aulenti's directheid bleek ook uit de interviews die ze gaf en waarin ze geen goed woord overhad voor zwakke bestuurders, falend stadsbestuur en verlammende architectonische keuzes. In het laatste decennium van haar leven, nadat ze wereldwijde faam had verworven dankzij haar projecten voor enkele van de belangrijkste musea ter wereld, werd ze steeds vaker gekarakteriseerd als iemand die in wezen gedesillusioneerd was.[24] 'Grote woorden, grote controverses en vervolgens blijft alles bij het oude'.[25]

Het landschap vormde samen met het gebouwde en architectonische erfgoed de belangrijkste focus van Aulenti's politieke engagement. Vooral haar reizen stelden haar in staat haar horizon te verbreden, vergelijkingen te trekken met andere realiteiten en het politieke discours van nieuwe inbreng te voorzien. Aulenti wilde niets liever dan de 'onverschilligheid tegenover architectuur en stedenbouw (allemaal Italiaans)' overwinnen.[26] Ook daarom liet ze zich niet inperken door een bepaald taalgebruik als ze over architectuur of politiek sprak.

18
Mario Silvani, 'Il treno rosso, ricordi e riflessioni di un uomo qualunque' (Milaan: persoonlijk document, 2001), 67.

19
G. Aulenti gaf het genoemde interview op 15 december 2009. Het is te vinden in: Manuele Salvetti, *Il Collettivo di Architettura 1949-1973* (masterscriptie, juli 2010), 174-178.

20
Ibid., 176.

21
De Movimento Studi per l'Architettura (MSA), in 1945 opgericht door F. Albini, hield na de oorlog debatten over de wederopbouw en zette het discours voort dat vóór de oorlog was begonnen door de rationalistische architecten in Milaan. Zie: Matilde Baffa et al., *Il Movimento di studi per l'architettura: 1945-1961* (Rome/Bari: Laterza, 1995); Roberto Dulio en Augusto Rossari, 'Tra cultura architettonica e crescita edilizia: Milano 1945-1961', in: Patrizia Bonifazio en Elena Cogato Lanza, *Les experts de la réconstruction: Figures et stratégies de l'élite technique dans l'Europe d'après 1945* (Genève/Parijs: MetisPresses, 2009).

22
In die jaren trad ze toe tot een kring van intellectuelen, onder wie architecten als Vittorio Gregotti, Vico Magistretti en Marco Zanuso, maar ook sociologen en politicologen en de filosoof Alessandro Pizzorno, theaterimpresario Paolo Grassi, schrijver en semioticus Umberto Eco, milieudeskundige Giulia Maria Crespi, econoom Franco Momigliano, schrijver en redacteur Camilla Cederna, classicist Eva Cantarella, en de journalisten Guido Vergani, Giorgio Bocca en Lina Sotis.

23
Bettino Craxi was in de jaren 1980 een belangrijk Italiaans politicus. Hij was secretaris van de PSI (1976-1993) en voorzitter van de ministerraad (1983-1987). In de archieven van Gae Aulenti bevinden zich calques van het project voor de bouw van Craxi's appartement (1968). Vanaf het einde van de jaren 1970 distantieerde Aulenti zich echter van de PSI; toen zij afstand nam van wat ze 'schadelijk Craxisme' noemde, kreeg dat veel ruchtbaarheid.

24
Enkele voorbeelden zijn het Musée d'Orsay en het Centre national d'art et de culture Georges-Pompidou in Parijs, het Museu Nacional d'Art de Catalunya in Barcelona, de restauratie van het Palazzo Grassi in Venetië en het Asian Art Museum in San Francisco.

25
Gaetana Aulenti in: Luciano Moia, 'Milano, brutta e triste, perché ha perduto la coerenza urbanistica', *Il Giornale*, 12 februari 1992, 4.

26
Gaetana Aulenti in: Renato Romanelli, 'Gae Aulenti, la vita è una scoperta continua', *Illustrato FIAT/ Percorsi* 41 (juli 2003), 11.

Gae Aulenti at the Musée d'Orsay/ Gae Aulenti in het Musée d'Orsay

Daarnaast nam ze deel aan demonstraties en was ze een van de eersten in Italië die zich uitsprak tegen corrupte stedenbouw.[27] De beginregels van het manifest dat Aulenti schreef, spreken voor zich:

> Ons landschap is onze geschiedenis, onze identiteit, onze diepste ziel. Elke wond die ons grondgebied of onze steden oploopt, is een wond die wij onszelf aandoen, ons collectieve geheugen aandoen, iets onschatbaars aandoen dat we in de loop der tijd hebben gecreëerd en waarmee we van generatie op generatie, door de eeuwen heen, hebben samengeleefd. Het verwonden van dit kwetsbare en kostbare erfgoed is niet alleen een culturele schoffering, maar ook in economisch opzicht kortzichtig en onverstandig.[28]

Het is dan ook niet toevallig dat Aulenti zich jarenlang heeft ingespannen voor het behoud van Italiaans erfgoed en de architectuurprojecten van het Fondo Ambiente Italiano (FAI).[29] Een ander voorbeeld van haar maatschappelijke passie en toewijding is het feit dat ze politici regelmatig verzoeken stuurde om openbare monumenten en pleinen (zoals het Piazza S. Ambrogio) te redden, dit in de hoop dat ze zouden worden ingewilligd.

Anderzijds leek ze via haar politieke organisatie Libertà e Giustizia erin te slagen om acties te plannen: door een aantal thematische bijeenkomsten, studiedagen en discussies tussen hoogleraren, openbaar

27
Uit archiefdocumenten blijkt dat Gae Aulenti de eerste ondertekenaar was van het manifest tegen de bouwamnestie (*condono*). Om haar standpunt kenbaar te maken, schreef ze politieke verhandelingen en liet ze zich interviewen.

28
De oorspronkelijke titel van Aulenti's manifest over de bouwamnestie voor Libertà e Giustizia is 'Le ragioni dell'economia non sono opposte a quelle della cultura e della tutela ambientale' (De uitgangspunten van de economie zijn niet onverenigbaar met die van cultuur en milieubescherming). De volledige oproep is te vinden in het archief, sectie 4.ua.28.

29
Haar conserveringsprojecten in Italië betroffen onder andere het Park Hotel Obelisco di Opicina (Triëst), Palazzo Grassi (Venetië), Palazzo Pubblico a San Marino (San Marino), de voormalige stallen van Palazzo del Quirinale (Rome) en het Palazzo Branciforte a Palermo (Palermo).

Gae Aulenti with Jack Lang (Former Minister of Culture of France) visiting the Musée d'Orsay in Paris, 1984/
Gae Aulenti en Jack Lang (voormalig minister van Cultuur van Frankrijk) op bezoek in het Musée d'Orsay in Parijs, 1984

Landscape, together with the built and architectural heritage, constituted the main focus of Aulenti's political engagement. Travelling, in particular, allowed her to broaden her horizons, to draw comparisons with other realities and to bring new input to political discourses. Aulenti always wanted to overcome that 'indifference to architecture and town planning (all Italian)'.[26] For this reason, too, she had no fixed vocabulary to apply to architecture or politics.

She also took part in demonstrations, and was among the first to condemn corrupt urbanism in Italy.[27] The beginning of the manifesto written by Aulenti speaks for itself:

> Our landscape is our history, our identity, our deep soul. Every wound to our territory and our cities is a wound inflicted on ourselves, on our collective memory, on something inestimable that we have created over time and with which we have coexisted from generation to generation, across the centuries. Wounding this delicate and precious heritage to death is not only a cultural grievance, but also a short-sighted and unwise economic calculation.[28]

It is not by chance, in fact, that Aulenti worked for many years on the preservation of Italian heritage and the architectural projects of the Fondo Ambiente Italiano (FAI).[29] Another example of her civil passion and commitment is the fact that she regularly sent politicians requests for the salvage of public monuments and piazzas (such as Piazza S. Ambrogio), hoping they would be granted.

On the other hand, through her political organization Libertà e Giustizia, she seemed to succeed in planning actions: organizing themed seminars, study days and discussions among professors, magistrates, lawyers and politicians, or writing in newspapers, they managed to win a series of political battles. In her last years of life, Aulenti promoted, together with architects Massimiliano Fuksas and Vittorio Gregotti, an appeal against Berlusconi's housing plan, which promised economic revival through unrestrained building construction. Championing civil commitment, Aulenti relentlessly criticized the government's malpractices, the Italian bureaucracy, wrong projects for specific urban contexts, and the dynamics and consolidated practices in public competitions.

The political party or organisation was for Aulenti a way to organise action. Despite her disappointment in the lack of progressive political culture in Italy, Aulenti continued to take part in Milanese civil life: always present, but never entirely on the front line. On 12 February 2002, together with others, she founded Libertà e Giustizia, a cultural and political association that aimed to pursue an ongoing dialogue with its members through conferences, seminars, surveys, and Internet forums.[30] Politics through dialogue was part of Aulenti's life. Financial market regulation, scientific research, immigration and the role of young people were just some of the topics covered by Aulenti's circle and party, which aspired to 'become the missing link between civil society and politics'.[31] Caught in a form of ambiguity, Aulenti refrained from

26
Gaetana Aulenti in: Renato Romanelli, 'Gae Aulenti, la vita è una scoperta continua', *Illustrato FIAT/ Percorsi* 41 (July 2003), 11.

27
Archival documents prove that Gae Aulenti was the first petitioner of the manifesto appeal against the building amnesty (*condono*). She wrote political discourses and participated in interviews to express her position.

28
The original title of Aulenti's manifesto for Libertà e Giustizia on building amnesty is 'Le ragioni dell'economia non sono opposte a quelle della cultura e della tutela ambientale' (The reasons of economics are not opposed to those of culture and environmental protection) and the whole appeal is contained in the archive, section 4.ua.28.

29
Her preservation projects in Italy included Park Hotel Obelisco di Opicina (Trieste), Palazzo Grassi (Venice), Palazzo Pubblico a San Marino (San Marino), the former stables of Palazzo del Quirinale (Rome) and Palazzo Branciforte a Palermo (Palermo).

30
Aulenti was one of the founders and members of the committee of trustees; Gianni Locatelli was the association's president. Among the 14 members were engineers Gandolfi and Peverelli, journalist Enzo Biagi, physician Giovanni Bachelet, professor Umberto Veronesi, economist Innocenzo Cipolletta, writer and semiotician Umberto Eco, public administrator Alessandro Galante Garrone, lawyers Franzo Grande Stevens and Guido Rossi, writer Claudio Magris and political scientist Giovanni Sartori.

31
Paolo Forcellini, 'Arrivano gli L&G', *L'espresso*, 21 November 2022, 63.

bestuurders, advocaten en politici te organiseren en verschillende krantenartikelen te publiceren, slaagde men erin om een reeks politieke gevechten te winnen. In haar laatste levensjaren onderschreef Aulenti, samen met de architecten Massimiliano Fuksas en Vittorio Gregotti, een oproep tegen Berlusconi's woningbouwplannen, die economische groei beloofden via ongebreideld bouwen. Als voorvechter van burgerparticipatie uitte Aulenti onophoudelijk kritiek op de wanpraktijken van de overheid, de Italiaanse bureaucratie, projecten die niet geschikt waren voor een specifieke stedelijke context, en op de dynamiek en vastgeroeste praktijk van openbare prijsvragen.

Aulenti beschouwde politieke partijen en organisaties als middelen om actie te voeren. Ondanks haar teleurstelling over het ontbreken van een progressieve politieke cultuur in Italië, bleef Aulenti deelnemen aan het maatschappelijke leven in Milaan: altijd aanwezig, maar nooit echt volledig in de frontlinie. Op 12 februari 2002 richtte ze samen met anderen Libertà e Giustizia op, een culturele en politieke vereniging die via congressen, bijeenkomsten, enquêtes en internetfora een permanente dialoog met haar leden nastreefde.[30] Politiek bedrijven door middel van de dialoog maakte deel uit van Aulenti's leven. Regulering van de financiële markten, wetenschappelijk onderzoek, immigratie en de rol van jongeren: het waren slechts enkele van de onderwerpen die aan de orde kwamen in Aulenti's kring en partij, die ernaar streefden 'de ontbrekende schakel te worden tussen het maatschappelijk middenveld en de politiek'.[31] Aulenti, gevangen in een vorm van ambiguïteit, onthield zich van al te veel direct politiek engagement. Als ze al politiek actief was, dan was dat vooral in het belang van erfgoed- en stadsvernieuwingskwesties. Ze hield zich met andere woorden niet bezig met de politiek als politicus, maar via haar beroep, dus als architect.

Conclusie

In 1987, slechts een jaar na de openingsplechtigheid van het monumentale Musée d'Orsay-project, wijdde *The New York Times Magazine* een uitgebreid portret aan Gae Aulenti. Het was getiteld 'The Aulenti Uproar: Europe's Controversial Architect' en citeerde de architect aldus: 'In Italië gaan theorie en praktijk hand in hand. We leren over alle facetten van design – maar ook over filosofie, geschiedenis, kunst en muziek.'[32] Als architect-intellectueel had Aulenti echter haar eigen, misschien feministische kijk op de rol: ze wijdde zich niet aan het schrijven, zoals Rogers en haar andere mannelijke collega's, maar geloofde desalniettemin altijd in een bredere visie op het vak waarin het persoonlijke en het professionele, het intieme van de woning en het openbare van de straat, het private en het politieke samenkwamen in een zeer complete wereld, de wereld van Gae Aulenti.

Vertaling: InOtherWords, Maria van Tol

30
Aulenti was een van de oprichters en lid van het bestuur van *trustees*; Gianni Locatelli was voorzitter van de vereniging. Onder de 14 leden waren de ingenieurs Gandolfi en Peverelli, journalist Enzo Biagi, arts Giovanni Bachelet, professor Umberto Veronesi, econoom Innocenzo Cipolletta, schrijver en semioticus Umberto Eco, openbaar bestuurder Alessandro Galante Garrone, juristen Franzo Grande Stevens en Guido Rossi, schrijver Claudio Magris en politicoloog Giovanni Sartori.

31
Paolo Forcellini, 'Arrivano gli L&G', *L'espresso*, 21 november 2022, 63.

32
Carol Vogel, 'The Aulenti Uproar: Europe's Controversial Architect', *The New York Times Magazine*, 22 november 1987, 32.

too much direct political engagement. Yet, she returned to politics via questions of heritage and urban renewal. In other words, she engaged with politics, not as a politician, but through her profession, that is as an architect.

Conclusion

In 1987, just a year after the inauguration of the monumental project for the Musée d'Orsay, *The New York Times Magazine* published an extensive portrait of Gae Aulenti. Entitled 'The Aulenti Uproar: Europe's Controversial Architect', the piece quoted the Italian architect who said: 'In Italy, theory and practice go hand-in-hand. We are taught to learn about all facets of design – as well as philosophy, history, art and music.'[32] As an architect-intellectual, however, Aulenti had her own, perhaps feminist take on the role: she did not devote herself to writing like Rogers and her other male colleagues, but nevertheless always believed in a broader vision of the profession in which the personal and the professional, the intimate of the home and the public of the street, the private and the political converged into a very complete world, the world of Gae Aulenti.

32
Carol Vogel, 'The Aulenti Uproar: Europe's Controversial Architect', *The New York Times Magazine*, 22 November 1987, 32.

4. De architect als facilitator

De positie van de architect als facilitator is gebaseerd op de erkenning van de vele gezichtspunten van deelnemers aan het publieke debat, en zet zich in om deze gezichtspunten voor het voetlicht en met elkaar in verband te brengen. De architect als facilitator creëert podia, hetzij om participatie in bouwprojecten mogelijk te maken, hetzij om de uitwisseling van perspectieven mogelijk te maken. Het eerste type podium stelt het publiek in staat om actief betrokken te zijn bij het proces van stedelijke en architectonische ontwikkeling en bij de toekomst van zijn eigen leefomgeving. De architect als facilitator gebruikt specifieke methoden om het publiek te laten kennismaken met de kern-vragen van projecten, of om het te helpen de kwaliteiten en mogelijkheden van hun eigen buurt te begrijpen. Er worden nieuwe technieken ontwikkeld om het publiek te helpen toegang te krijgen tot en inzicht te verwerven in de ambities van bepaalde projecten. Het tweede type podium faciliteert de uitwisseling van ideeën en is bedoeld om discussies over bepaalde onderwerpen op gang te brengen. Deze platforms nodigen verschillende deelnemers uit om bij te dragen, bijvoorbeeld aan een tijdschrift, zoals in het geval van Ruth Riviera Marín, of letterlijk, tijdens een rondetafelgesprek, zoals in het geval van Gae Aulenti, die haar woonkamer in een *salon* veranderde. Zulke podia worden vaak, maar niet altijd, opgezet vanwege een gevoel van urgentie, omdat men de noodzaak tot verandering erkent, en hebben als doel de reikwijdte van plannings- en ontwerppraktijken te vergroten.

4. The Architect as Facilitator

The facilitator's position is based on the recognition of the plurality of the public. It not only recognises the plurality of perspectives inhabited by participants in the public sphere, but also seeks to engage with the deep and lived expertise found in the public itself. The facilitator creates platforms either to enable participation or to enable the exchange of perspectives. The first type of facilitating platform enables the public to be actively involved in the process of urban and architectural development and the future of their own environment. The architect-facilitator uses specific methods to introduce the public to the core issues of the project or to help people understand the specific qualities and potentials of their own neighbourhood. New techniques are being developed to help the public access and understand the ambition of particular projects. The second form of facilitating platforms aims to support the exchange of ideas and to initiate discourses on specific topics. These platforms invite different participants to contribute, for example to a magazine, as in the case of Ruth Riviera Marín, or literally around the table, as in the case of Gae Aulenti, who transformed her living room into a salon. The platforms are often, but not only, initiated due to a sense of urgency, a recognition of the need for change, and aim to broaden the scope of planning and design practices.

4. De architect als facilitator

Lin Huiyin

Elsbeth Ronner

Lin Huiyin (1904-1955) groeide op in Hangzhou. Als telg uit een bevoorrechte familie kon ze echter in Amerika studeren. Als eerste vrouwelijke student Fine Arts aan de University of Pennsylvania wist ze een voet tussen de deur te krijgen bij de tot dan toe voor vrouwen gesloten opleiding architectuur. Ze volgde architectuuronderwijs en was achtereenvolgens assistent bij de architectuurafdeling en docent architectonisch ontwerp. Bij terugkomst in China in 1928 richtte ze de architectuurafdeling op van de Northeastern University in Shenyang. Ook schreef ze, samen met haar man Liang Sicheng, het boek *A Pictural History of Chinese Architecture*, op basis van het veldwerk waarbij ze traditionele Chinese architectuur documenteerde. Niet alleen was ze opgeleid als architect, ze was ook een dichter en schrijver van korte verhalen en stukken voor theater. Deze talenten bracht ze samen in de bijeenkomsten die ze wekelijks organiseerde in haar huis in Beijing. In haar *madam's salon* ontving ze Chinese en westerse gasten: filosofen, schrijvers, journalisten, economen, enzovoort. In haar werk, ook op politieke posities, probeerde ze Chinese traditionele en moderne waarden met elkaar te verbinden.

Meer lezen:

– Lian Ssu-ch'eng, met Wilma Fairbank (red., voorwoord), *A Pictural History of Chinese Architecture: A Study of the Development of Its Structural System and the Evolution of Its Types* (Cambridge, MA: MIT Press, 1984)

– Wilma Fairbank, *Liang and Lin: Partners in Exploring China's Architectural Past* (Philadelphia: University of Pennsylvania Press, 1994)

Lin Huiyin

Elsbeth Ronner

Lin Huiyin (1904-1955) was brought up in Hangzhou. As a member of a privileged family, she was able to study in America. She became the first woman to study fine arts at the University of Pennsylvania and managed to get her foot in the door of the architecture programme, which had previously been closed to women. She took classes in architecture and was successively an assistant in the architecture department and a lecturer in architectural design. On her return to China in 1928, she founded the Department of Architecture at Northeastern University in Shenyang. With her husband, Liang Sicheng, she also

< **Lin Huiyin with her husband Liang Sicheng at the Temple of Heaven, Beijing, n.d./** Lin Huiyin met haar man Liang Sicheng bij de Temple of Heaven, Beijing, z.d.

> **Carmen Portinho, n.d., location unknown/** z.d., locatie onbekend

wrote *A Pictorial History of Chinese Architecture*, which documented traditional Chinese architecture based on field research. As well as being a trained architect, she was also a poet and writer of short stories and plays. She brought these talents together in the weekly gatherings she organised in her Beijing home. Her 'Madam's Salon' welcomed Chinese and Western guests: philosophers, writers, journalists, economists and so on. In her work, including political positions, she tried to combine traditional Chinese values with modern ones.

Further Reading

– Lian Ssu-ch'eng, met Wima Fairbank (ed., foreword), *A Pictural History of Chinese Architecture: A Study of the Development of Its Structural System and the Evolution of Its Types* (Cambridge MA: MIT Press, 1984)
– Wilma Fairbank, *Liang and Lin: Partners in Exploring China's Architectural Past* (Philadelphia: University of Pennsylvania Press, 1994)

Carmen Portinho

Hans Teerds

Carmen Portinho (1903-2001) was een Braziliaanse stedenbouwkundige en ingenieur die een belangrijke rol speelde in de artistieke en architectonische cultuur in Brazilië. Ze was een van de oprichters van de Braziliaanse Vereniging van Architecten en Ingenieurs. Ze gaf bovendien in 1963 leiding aan de bouw van het Museum voor Moderne Kunst in Rio de Janeiro, een ontwerp van de hand van haar man Affonso Eduardo Reido. Nadat het gebouw was opgeleverd, werd ze directeur van het museum en gebruikte het als platform om kunst- en architectuurtentoonstellingen te organiseren, die als nationale en internationale springplank dienden voor Braziliaanse kunstenaars en architecten als Ivan Serpa, Arthur Luiz Piza, Oscar Niemeyer en Jorge Moreira. Portinho verdedigde bovendien vrouwenrechten in Brazilië. Niet alleen moedigde ze (andere) vrouwen aan om in het veld van de bouw, architectuur en stedenbouw te participeren, als publieke opdrachtgever voor woningbouw had ze ook oog voor de ruimtelijke en sociale opzet van woningen en woongebou-

Carmen Portinho

Hans Teerds

Carmen Portinho (1903-2001) was a Brazilian urban planner and civil engineer, who played an important role in the development of artistic and architectural culture in Brazil. She was a founding member of the Brazilian Association of Architects and Engineers, but also oversaw the construction of the Museum of Modern Art in Rio de Janeiro in 1963, which was designed by her husband Affonso Eduardo Reidy. After completion, she took on the role of director of the museum, and used it as a platform for organising art and architecture exhibitions, promoting important Brazilian artists and architects like Ivan Serpa, Arthur Luiz Piza, Oscar Niemeyer and Jorge Moreira both nationally and internationally. Portinho was also a champion of women's rights in Brazil. Not only did she encourage (other) women to enter the professions of engineering, architecture and urban design, but as a public housing commissioner, she also had an eye for the spatial and social arrangement

wen, en de invloed daarvan op het leven van de vrouwelijke bewoners. Geïnspireerd door Le Corbusier's gebouwcomplexen introduceerde ze het concept 'Populaire Woningbouw' in Brazilië. Een goed voorbeeld daarvan was het Pedregulho-complex, dat eveneens werd ontworpen door haar man. Het concept omvatte sociale voorzieningen zoals kinderdagverblijven, kleuterscholen, professionele schoonmaakdiensten en een collectieve wasserij, waardoor de vrouwelijke bewoners hun tijd aan andere zaken konden besteden dan het huishouden en het zorgen voor de kinderen.

Meer lezen:

– Carmen Portinho, *Por toda a minha vida* (Rio de Janeiro: EDUERJ, 1999)

– Silvana Rubino, 'A Capital before Brasilia: The Modern City of Carmen Portinho', in: Helena Seražin, Caterina Franchini en Emilia Garda (red.), *Women's Creativity since the Modern Movement (1918-2018): Toward a New Perception and Reception* (Ljubljana: ZRC Publishing House, 2018)

of building complexes and their impact on the lives of female residents. Inspired by Le Corbusier's complexes, she introduced the concept of 'Popular Housing' in Brazil, exemplified by the Pedregulho complex, which was also designed by her husband. Portinho's concept of Popular Housing included social services such as crèches, kindergartens, professional cleaning services and collective laundry systems, which allowed female residents to devote their time to matters other than housekeeping and caring for their children.

Further Reading

– Carmen Portinho, *Por toda a minha vida* (Rio de Janeiro: EDUERJ, 1999)

– Silvana Rubino, 'A Capital before Brasilia: The Modern City of Carmen Portinho', in: Helena Seražin, Caterina Franchini and Emilia Garda (eds.), *Women's Creativity since the Modern Movement (1918-2018): Toward a New Perception and Reception* (Ljubljana: ZRC Publishing House, 2018)

Atelier de Recherche et d'Action Urbaines

Hans Teerds

Atelier de Recherche et d'Action Urbaines (ARAU) is een associatie die in 1969 is opgericht in Brussel door architect en stedenbouwkundige Maurice Culot, theoloog Jacques Van der Biest, socioloog René Schoonbrodt en jurist Philippe De Keyser. Het doel van de associatie was allereerst om het 'recht op de stad' voor allen te garanderen. Ze schreven niet alleen over hun ontevredenheid over de functionele, modernistische en kapitalistische ontwikkeling van Brussel, maar probeerden ook het publiek erbij te betrekken, bijvoorbeeld door het werk van studenten te presenteren als een serie alternatieve voorstellen voor de Brusselse plannenmakerij. Deze alternatieve projecten van het Atelier kregen meer en meer een populaire, historiserende architectuurtaal die de aandacht trok van het publiek, waarmee ze niet alleen een openbaar debat over de toekomst van de stad startten, maar er ook voor zorgden dat een behoorlijk aantal projecten niet werd uitgevoerd. Om het publiek nog sterker te betrekken bij de toekomstplannen voor de eigen omgeving, zette het Atelier ook andere middelen in. Het organiseerde bijeenkomsten en workshops, en begon daarnaast met het aanbieden van stadswandelingen, waarbij de bij het atelier betrokken mensen hun expertise konden inzetten als stadsgids. Deze activiteiten hadden een duidelijk pedagogisch doel: de stad begrijpen is de stad verdedigen, stelde het Atelier.

Meer lezen:

– Isabel Doucet, 'Aesthetics between Provocation and Production: Counter-Projects', in: Tom Avermaete, Christophe Van Gerrewey en Véronique Patteeuw (red.), *Actie en Reactie in Architectuur, OASE* 91 (2016)

– Isabel Doucet (met Maurice Culot), '1968 and Beyond: The Urban Struggle on Trial?', in: Moritz Ege en Johannes Moser (red.), *Urban Ethics: Conflicts over the Good and Proper Life in Cities* (Londen: Routledge, 2020)

Atelier de Recherche et d'Action Urbaines

Hans Teerds

Atelier de Recherche et d'Action Urbaines (ARAU) is an association that was founded in Brussels in 1969 by architect and urban planner Maurice Culot, theologian Jacques Van der Biest, sociologist René Schoonbrodt and jurist Philippe de Keyser. The first aim of the association was to ensure 'the right to the city' for all. Dissatisfied by the development on the functional, capitalist and modernist development of Brussels, they not only made their critique public through their writings, but also aimed to engage the public through the use of student work as a series of counterprojects to the plans of the city. The counterprojects developed by the atelier, which gradually turned to a populist historicist architectural language, gained public attention, initiated discourses on the future of the city and prevented planned projects from being implemented. To invite inhabitants to actively engage with their own environment, the Atelier moreover developed other means and events like conferences, workshops and guided tours. These activities aimed to educate the public – to understand the city is to defend the city, the Atelier argued.

Further Reading:

- Isabel Doucet, 'Aesthetics between Provocation and Production: Counter-Projects', in: Tom Avermaete, Christophe Van Gerrewey, and Véronique Patteeuw (eds.), *Action and Reaction in Architecture*, *OASE* 91 (2016)
- Isabel Doucet (with Maurice Culot), '1968 and Beyond: The Urban Struggle on Trial?', in: Moritz Ege and Johannes Moser (eds.), *Urban Ethics: Conflicts over the Good and Proper Life in Cities* (London: Routledge, 2020)

Atelier de Recherche et d'Actions Urbaines, brochure Bruxelles vu par ses habitants, 1982

Walter Segal

Hans Teerds

De bekende doe-het-zelf houtskeletbouwmethode van Walter Segal (1907-1985), de 'Segal Methode', was bedoeld om eenvoudig genoeg te zijn voor mensen om hun eigen huis te bouwen. Hij ontwikkelde het systeem oorspronkelijk voor zichzelf en zijn gezin, als tijdelijk onderkomen in de tuin van zijn huis in Londen. Vanwege de tijdelijkheid moest het systeem zowel goedkoop zijn als licht, en bovendien eenvoudig in

elkaar te zetten en ook weer uit elkaar te halen. Segal koos voor een houtconstructie, zodat hij gebruik kon maken van standaard gereedschap als een hamer, zaag en schaaf. Tijdens de bouw realiseerde Segal zich hoezeer het systeem ook bruikbaar was voor anderen met de ambitie een eigen huis te maken. Hij ontwikkelde het systeem zo dat het eenvoudig was in de verwerking en weinig onderhoud vergde. Stabiliteit werd geleverd door de geometrie van de constructie, zodat ook de fundering minimaal kon worden gehouden. In de jaren 1970 kreeg Segal de kans om zijn methode in te zetten op een aantal locaties in Lewisham, Londen, die te klein waren om commercieel ontwikkeld te worden, en dus beschikbaar werden gesteld aan een aantal zelfbouwers. Segal voorzag elke zelfbouwer van een set tekeningen van de basisprincipes, een basisplattegrond en doorsnede, voorbeeldberekeningen en bouwinstructies, en zorgde er daarmee voor dat de toekomstige bewoners volledig zelf aan de slag konden.

Walter Segal

Hans Teerds

Walter Segal's (1907-1985) well-known do-it-yourself timber-frame construction method, the 'Segal Method', was devised to be simple enough for people to build their own homes. He originally developed the system for himself and his family, to create a temporary shelter in the garden of his London home. Because of the temporary nature of the structure, the components had to be cheap, lightweight and easy to assemble and disassemble. Segal chose wood for the construction, so that he could use standard tools such as a hammer, saw and planer. During the construction, Segal realised how useful the system would be for others who wanted to build their own homes. He developed a system that was easy to work with and required little maintenance. The geometry of the structure provided the neces-

Meer lezen:

- Walter Segal, *Home and Environment* (Londen: Leonard Hill, 1948)
- Alice Grahame en John McKean, *Walter Segal, Self Built Architect* (Londen: Lund Humphries, 2021)

Drawing of the 'Segal Method'/ Tekening van de 'Segal methode'

sary stability, which meant that the foundation could be kept to a minimum. In the 1970s, Segal had the opportunity to apply his method to a number of sites in Lewisham, London, which were too small to be developed commercially and were therefore made available to a number of self-builders. Segal provided each self-builder with a set of drawings of the basic principles, a basic floor plan and cross section, sample calculations and building instructions, making it easy for the future residents to work entirely on their own.

Further Reading:

– Walter Segal, *Home and Environment* (London: Leonard Hill, 1948)
– Alice Grahame and John McKean, *Walter Segal, Self Built Architect* (London: Lund Humphries, 2021)

Ontwerper en pleitbezorger: Blanche Lemco en de inheemse soevereiniteit in Noord-Canada

Elisa Dainese

In juni 1967 nam Blanche Lemco van Ginkel (1923-2022), architect, planner, onderwijzer en lid van Team Ten, contact op met de Canadese National Film Board (NFB) met een voorstel om met een film deel te nemen aan zijn programma over het activeren van gemeenschappen.[1] Lemco ging daarover in gesprek met John Kemeny, producent bij het Poverty Program van de NFB, en legde hem een haalbaarheidsstudie over de inheemse South Indian Lake-gemeenschap in Manitoba (1966-1968) voor. Ze had die gemaakt als partner in Van Ginkel Associates Ltd, het architectenbureau dat ze in 1957 samen met haar man Daniel van Ginkel had opgericht.[2] Tijdens de bijeenkomst bepleitte Lemco bij de NFB het maken van een documentaire over de radicale veranderingen in het leven van deze gemeenschap. Om de invloed van de omleiding van de Churchill River op de plaatselijke bevolking te documenteren, wilde ze de gevolgen filmen van de herhuisvesting van de 480 mensen die onder dwang zouden moeten vertrekken uit South Indian Lake, op dat moment de op één na grootste nederzetting van de Nisichawayasihk Cree.

De herhuisvesting was een gevolg van het Nelson River Hydroelectric Project, dat tot doel had een reeks dammen en waterkrachtcentrales te bouwen en Lake Winnipeg om te vormen tot een hydro-elektrisch reservoir. De door de regering van Manitoba geplande dammen zouden ervoor zorgen dat gronden en huizen die van oudsher aan de lokale gemeenschappen toebehoorden, onder water kwamen te staan en visactiviteiten en jachtroutines verstoren. Het leven zoals de gemeenschap dat eeuwenlang had gekend, stond op het punt volledig te veranderen. De Van Ginkels, die werden gefinancierd door de Manitoba Development Authority (een overheidsinstelling), begonnen het onderzoek, dat zou resulteren in een haalbaarheidsrapport over de gemeenschap van South Indian Lake en een reeks aanbevelingen voor de omleiding van de rivier de Churchill, een tijdlijn voor de herhuisvesting van de gemeenschap in hoger gelegen gebied en een voorstel voor een transitiecentrum en een school /gemeenschapscentrum. Lemco vond het noodzakelijk om ruchtbaarheid te geven aan het herhuisvestingsprogramma, zodat de inheemse gemeenschap van South Indian Lake zowel als mensen die zich elders in gelijksoortige situaties bevonden, zich zouden realiseren 'dat er mensen zijn die zich op een positieve en veelbelovende manier met herhuisvestingsvraagstukken bezighouden'.[3] Hoewel het NFB Poverty Program al eerder soortgelijke projecten had ontwikkeld om het publieke bewustzijn te vergroten, was het leven van de inheemse gemeenschappen in Noord-Canada nog nooit eerder gedocumenteerd.[4] Hoewel de NFB zeker belangstelling had voor de inheemse zaak, ontbrak het de organisatie aan fondsen om het initiatief van Lemco uit te voeren, en werd de documentaire nooit gemaakt.[5]

1
Blanche Lemco, brief aan John Kemeny (en Ron Bashford), 11 juli 1967. South Indian Lake, Manitoba (1966-68), Van Ginkel Associates Fonds, AP027.S1.D33, archief CCA, Montréal.

2
De haalbaarheidsstudie verscheen onder de titel 'Van Ginkel Associates, with Hedlin, Menzies & Associates Ltd., Transition in the North: The Churchill River Diversion and the People of South Indian Lake', 2 delen (Winnipeg, 1967), South Indian Lake, Manitoba (1966-1968), Van Ginkel Associates Fonds, AP027.S1.D33, archief CCA, Montréal. Zie over dit project ook: Elisa Dainese, 'The Relocation of the Indigenous Community of South Indian Lake (1966-68): For an Alternative and Shared Inhabitation of Modern Architectural History', *Thresholds* 48 (2020), 90-105. Hoewel Lemco en haar tijdgenoten niet altijd gebruik maken van de term 'inheems', wordt hij in dit artikel steeds gebruikt om First Nations (met en zonder status), Métis en Inuit aan te duiden die al duizenden jaren voor de komst van Europese kolonisten in het huidige Canada woonden. De term 'inheems' wordt ook gebruikt in de internationale context, bijvoorbeeld in de United Nations Declaration on the Rights of Indigenous Peoples die in 2007 werd aangenomen. Zie voor meer informatie over dit onderwerp bijvoorbeeld: Charles Leslie Glenn, *American Indian / First Nations Schooling: From the Colonial Period to the Present* (New York: Palgrave Macmillan, 2011), x; Rebecca Kiddle et al., *Our Voices: Indigeneity and Architecture* (Novato, CA: ORO Editions, 2018), 10-13.

3
Lemco, brief aan John Kemeny.

4
Andere projecten waren onder meer: Rex Tasker, *Halifax Neighbourhood Center Project* (NFB: 1967, 33 min), waarin werd onderzocht welke invloed armoede en ontoereikende huisvesting op de stad Halifax hadden en James Carney, *The World of One in Five* (NFB: 1967, 46 min), over het leven van Canadezen (20 procent van de totale bevolking) die op het bestaansminimum leefden.

5
John Kemeny, brief aan Blanche Lemco van Ginkel, 14 juli 1967. South Indian Lake, Manitoba (1966-68), Van Ginkel Associates Fonds, AP027.S1.D33, archief CCA, Montréal.

The Designer-Advocate: Blanche Lemco and Indigenous Sovereignty in the Canadian North

Elisa Dainese

In June 1967 Blanche Lemco van Ginkel (1923-2022), architect, planner, educator and member of Team Ten, contacted the Canadian National Film Board (NFB) with a proposal to participate in its community action programme with a film.[1] In discussion with John Kemeny, producer of the NFB Poverty Program, Lemco introduced a feasibility study of the Indigenous community of South Indian Lake in Manitoba (1966-1968) that she had developed as a partner in Van Ginkel Associates Ltd, the architecture firm she had established with her husband Daniel van Ginkel in 1957.[2] At the meeting, Lemco pleaded with the NFB to produce a documentary about the radical changes in the lives of this community. Wishing to record the effects of the diversion of the Churchill River on local inhabitants, her plan was to film the consequences of the relocation of the 480 people who would be forced to move from South Indian Lake, the second largest community of the Nisichawayasihk Cree Nation at the time.

The relocation was the outcome of the Nelson River Hydroelectric Project, the objective of which was to construct a series of dams and hydroelectric power plants and transform Lake Winnipeg into a hydroelectric reservoir. The dams foreseen by the Manitoba government would flood the traditional land and houses of local communities, disrupt their fishing activities and interfere with trap lines. Life as the community had known for centuries would completely change. Funded by the Manitoba Development Authority (a government agency), the Van Ginkels embarked on the research that resulted in a feasibility report focused on the community of South Indian Lake and a set of recommendations on the diversion of the Churchill River, a timeline for relocating the community to higher ground, and the proposal of a transition unit and school/community centre. Lemco considered it imperative to publicise the relocation programme so that the Indigenous community at South Indian Lake and those in similar situations elsewhere would recognise 'that other people [were] taking an interest [in relocation issues] in a positive and hopeful way'.[3] Although the NFB Poverty Program had already developed similar projects to stimulate public awareness, it had never documented the life of Indigenous communities in Northern Canada.[4] Despite its interest in the Indigenous topic, the board lacked the funds to implement Lemco's initiative, and the documentary never materialised.[5]

This article focuses on the research by Lemco, which she centred on community involvement to formulate and guide the

1
Blanche Lemco, letter to John Kemeny (and Ron Bashford), 11 July 1967. South Indian Lake, Manitoba (1966-68), Van Ginkel Associates Fonds, AP027.S1.D33, CCA Archives, Montreal.

2
The feasibility study was published under the title, Van Ginkel Associates, with Hedlin, Menzies and Associates Ltd., *Transition in the North: The Churchill River Diversion and the People of South Indian Lake*, 2 vols. (Winnipeg, 1967), South Indian Lake, Manitoba (1966-68), Van Ginkel Associates Fonds, AP027.S1.D33, CCA Archives, Montreal. On the project see also: Elisa Dainese, 'The Relocation of the Indigenous Community of South Indian Lake (1966-68): For an Alternative and Shared Inhabitation of Modern Architectural History', *Thresholds* 48 (2020), 90-105. While it was not always employed by Lemco and her contemporaries, the term 'Indigenous' is used in this article to define First Nations (status and non-status), Métis and Inuit groups who have been living in what is now Canada for millennia before the arrival of European settlers. 'Indigenous' is also the term used in international contexts, such as the 'United Nations Declaration on the Rights of Indigenous Peoples' adopted in 2007. For more on this topic see, for example: Charles Leslie Glenn, *American Indian/First Nations Schooling: From the Colonial Period to the Present* (New York: Palgrave Macmillan, 2011), x; and Rebecca Kiddle et al., *Our Voices: Indigeneity and Architecture* (Novato, CA: ORO Editions, 2018), 10-13.

3
Lemco, letter to John Kemeny.

4
Other projects included: Rex Tasker, *Halifax Neighbourhood Center Project* (NFB: 1967, 33 min), which investigated how poverty and inadequate housing affected the city of Halifax; and James Carney, *The World of One in Five* (NFB: 1967, 46 min), on the lives of those Canadians (20 per cent of the total population) who lived at the subsistence level.

5
John Kemeny, letter to Blanche Lemco van Ginkel, 14 July 1967. South Indian Lake, Manitoba (1966-68), Van Ginkel Associates Fonds, AP027.S1.D33, CCA Archives, Montreal.

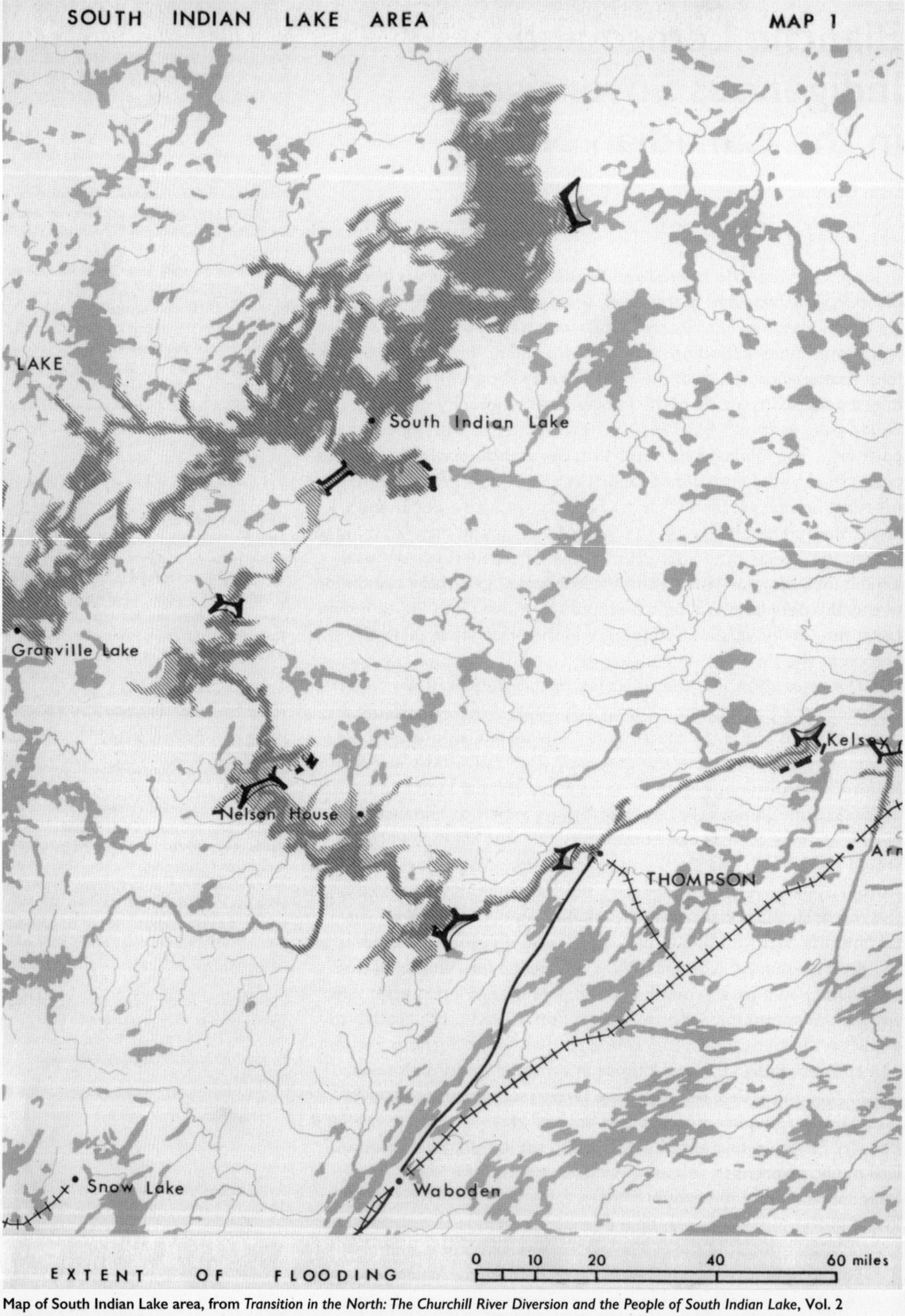

Map of South Indian Lake area, from *Transition in the North: The Churchill River Diversion and the People of South Indian Lake*, Vol. 2 (Winnipeg, May 1967)/ Kaart van South Indian Lake uit: *Transition in the North: The Churchill River Diversion and the People of South Indian Lake*, deel 2 **(Winnipeg, mei 1967)**

relocation programme and which she developed in the mid-1960s, a period in which, not by coincidence, cruel government Indigenous policy and colonisation coincided. The 1950s and 1960s saw many infrastructural and Indigenous relocation projects in the Canadian North. In the post-Second World War era, national plans for the region, including those in Manitoba, involved modernist state initiatives, economic and social planning, and policies for transforming Indigenous communities. Often advised by design professionals like Van Ginkel Associates, the government built airports and military outposts in Northern Canada, while planning infrastructure, community relocations and new towns. The chief problem with these designs lay in the uneven distribution of the benefits and costs of the projects, which favoured the economy of the non-Indigenous inhabitants of Southern Canada's cities, but kept the Indigenous population in a state of dependency.

For years, architects served as passive instruments helping governmental clients modernise and exploit the North. In the late 1960s, however, public intellectuals in Canada, among them Lemco, responded to the emergence of the American Indian Movement, the desegregation of Black students in the United States, and the rise of Second Wave Feminism by questioning the status quo. The first to organise, confront and expose government practices and demand a change were Indigenous activists. Signalling a significant shift, books like *The Unjust Society,* published in 1969 by the Cree leader and Indigenous rights activist Harold Cardinal, revealed the mechanics of the nation's systemic racism to non-Indigenous Canadians.[6] Highlighting the right to Indigenous self-determination, Norval Morrisseau and Carl Ray's Expo '67 mural connected societal with design issues, revealing how assimilationist policies in Canada had visibly erased Indigenous understandings from public life.[7]

Similarly interested in Indigenous autonomy, but still from a position of privilege due to her European origins and position of leadership within the Canadian academic and professional world, Lemco used projects like the one at South Indian Lake to organise a public campaign to document the lack of Indigenous representation and advocate for Indigenous participation in the design of Northern Canada. Initially focused on infrastructural projects via Van Ginkel Associates, she soon developed a more personal research on the design of inclusive communities.[8] As noted, she worked with the Canadian NFB on a documentary on Indigenous relocation. She also got involved in public debate, writing magazine articles and reports that encouraged Indigenous people to hold on to their cultural patterns while addressing the broader public, and even contacted foundations to request funding to further explore participatory strategies and community action. Connecting design and societal issues, she proposed and took up the pioneering role of the designer as public intellectual and exposed the ambiguous ambitions of the Canadian government, which strongly opposed the desires and expectations of the Indigenous communities of the North.

6
Harold Cardinal, *The Unjust Society: The Tragedy of Canada's Indians* (Edmonton: M. G. Hurtig, 1969).

7
The original concept for the Expo mural was censored by Indian Affairs as being too explicit for the intended audience. Morrisseau left his assistant, Carl Ray, to complete the mural as a protest against the government.

8
Projects included a study on the economy and development of the Yukon Territory (1966-1967) and on the impact of the proposed Mackenzie Valley pipeline on Indigenous communities in the Northwest Territories (1976).

Dit artikel spitst zich toe op het onderzoek van Lemco, dat was gericht op participatie bij het formuleren en begeleiden van het herhuisvestingprogramma en dat ze halverwege de jaren 1960 ontwikkelde. In deze periode was er, niet toevallig, sprake van een wreed overheidsbeleid en kolonialisme tegenover de inheemse bevolking. In de jaren 1950 en 1960 werden er in Noord-Canada veel infrastructurele en inheemse herhuisvestingsprojecten uitgevoerd. In de periode na de Tweede Wereldoorlog stonden nationale plannen voor de regio, ook die voor Manitoba, bol van moderne overheidsinitiatieven, economische en sociale, en beleid rond de transformatie van inheemse gemeenschappen. De overheid, die vaak werd geadviseerd door ontwerpprofessionals zoals Van Ginkel Associates, bouwde in Noord-Canada enerzijds vliegvelden en militaire buitenposten, en plande er anderzijds infrastructurele projecten, herhuisvestingsoperaties en nieuwe steden. Het grootste nadeel van deze plannen lag in de ongelijke verdeling van de kosten en baten van de projecten. Deze pakten goed uit voor de economie van de niet-inheemse inwoners van de Zuid-Canadese steden, maar hielden de inheemse bevolking in een staat van afhankelijkheid.

Jarenlang lieten architecten zich gebruiken als passieve instrumenten om overheidsopdrachtgevers te adviseren bij de modernisering en exploitatie van Noord-Canada. Aan het einde van de jaren 1960 begonnen Canadese publieke intellectuelen, onder wie Lemco, te reageren op de opkomst van de American Indian Movement, de desegregatie van studenten van kleur in de VS en de opkomst van de tweede feministische golf, en vraagtekens te plaatsen bij de status quo. De eersten die zich organiseerden, de confrontatie aangingen, overheidspraktijken aan de kaak stelden en verandering eisten, waren inheemse activisten. Boeken als *The Unjust Society,* dat in 1969 werd gepubliceerd door Cree-voorman en voorvechter van rechten voor de inheemse bevolking Harold Cardinal, veroorzaakten een belangrijke verschuiving en brachten de mechanismen van Canada's systematisch racisme onder de aandacht van niet-inheemse Canadezen.[6] Voor de Expo '67 maakten Norval Morrisseau en Carl Ray een muurschildering die het recht op inheemse zelfbeschikking benadrukte, sociale kwesties met ontwerpkwesties verbond – en liet zien hoe het Canadese assimilatiebeleid de opvattingen van de inheemse bevolking overduidelijk had weggevaagd uit het openbare leven.[7]

Lemco was dus zeer geïnteresseerd in inheemse autonomie, maar nog wel vanuit een bevoorrechte positie, dit vanwege haar Europese afkomst en haar toppositie in Canadese academische en professionele kringen. Ze greep projecten zoals dat bij South Indian Lake aan om een publieke campagne te organiseren om het gebrek aan inheemse vertegenwoordiging te documenteren en te pleiten voor inheemse participatie bij de ontwikkeling van Noord-Canada. Aanvankelijk richtte ze zich via Van Ginkel Associates op infrastructurele projecten, maar ze ontwikkelde al snel een meer persoonlijk onderzoek naar de organisatie van inclusieve gemeenschappen.[8] Zoals gezegd werkte ze samen met de Canadese NFB aan een documentaire over de herhuisvesting van inheemse inwoners. Ze mengde zich ook in het publieke debat en schreef tijdschriftartikelen en rapporten waarin ze de inheemse bevolking aanmoedigde om vast te houden aan haar culturele patronen. Tegelijkertijd zocht ze contact met het grote publiek; zo benaderde ze stichtingen met het

6
Harold Cardinal, *The Unjust Society: The Tragedy of Canada's Indians* (Edmonton: M. G. Hurtig, 1969).

7
Het oorspronkelijke concept voor de Expo-muurschildering werd gecensureerd door Indian Affairs, omdat die te expliciet zou zijn voor het beoogde publiek. Morrisseau liet zijn assistent, Carl Ray, de muurschildering voltooien als protest tegen de overheid.

8
Tot deze projecten behoorden een onderzoek naar de economie en ontwikkeling van het Yukon Territory (1966-1967) en naar het effect van de geplande Mackenzie Valley-pijpleiding op inheemse gemeenschappen in de Northwest Territories (1976).

The Debate on Educating Northern Canada

The Van Ginkels' most significant departure from the contested national gospels of economic and social development lay in their examination and consideration of local customs and Indigenous practices. After receiving the relevant materials from the Manitoba government and Manitoba Hydro, the company supervising the infrastructural project, they investigated 'the people's habits, their way of life, their livelihood and social institutions'.[9] Assuming a novel approach, the firm relied extensively on interviews with Indigenous stakeholders conducted by Isaac Beaulieu, the project assistant who visited South Indian Lake to meet with families and groups.[10]

Particularly interested in this material, Lemco drew information on daily routines and everyday experiences from the interviews to develop the proposal's new programming. In them, she discovered practices of Indigenous knowledge exchange and the ways in which the local community received, preserved and transmitted knowledge orally, through cultural sharing as well as by organising communal, intergenerational activities and storytelling.[11] Endorsing this in her proposal for the new programme developed by Van Ginkel Associates, she included a school-annex-community centre – The School Centre of Communal Life – in whose activities all members of South Indian Lake could participate.

The emphasis on the inclusiveness and communal dimension of the proposal were of particular importance to South Indian Lake, where for years children had been forced to attend the infamous Indian Residential Schools (IRS) outside their community.[12] The new model resisted and opposed the sociocultural disruption perpetuated by the IRS system, whose programmes forced children to adopt the values and sentiments of Canadian modernisation through discipline and the suppression of family and community ties. Lemco recommended that in the new school, the typical programming, schedule and calendar be changed and adapted to Indigenous life and made to accommodate local, seasonal activities.[13] In this way, children could follow their families without abandoning their education and travel to fishing camps outside the community as dictated by season. This was a significant change; the IRS system had traditionally withheld children from their families during the greater part of the year with the aim of severing community ties. The new school, by contrast, encouraged children to spend their life within the group and thus strengthen kin ties.

Actively engaging in the debate on education models for Indigenous communities, Lemco investigated different pedagogical methods for the new school at South Indian Lake and opted for the Montessori system, one that emphasised strong relationships to real life, while advocating a child-centred approach to self-guided activity.[14] Along with other members of Team Ten, like Aldo Van Eyck and Herman Hertzberger, Lemco believed in the social significance of school design and the validity of Montessori pedagogy for young children.[15] According to several intellectuals, the model was particularly appropriate for Indigenous communi-

9
Van Ginkel Associates, *Transition in the North*, vol. 1, op. cit. (note 2), 5.

10
Isaac Beaulieu, Letter to Merrill W. Menzies, South Indian Lake (16 to 24 January 1967), South Indian Lake, Manitoba (1966-68), Van Ginkel Associates Fonds, AP027. S1.D33 (27.A33.03), CCA Archives, Montreal. Beaulieu's interviews did not name Indigenous stakeholders (as we could expect in more contemporary architectural ethnography). This was common practice in state development projects in Northern Canada in the 1960s. The (unexplained) absence could demonstrate a desire to protect Indigenous stakeholders against state retaliation or a partial lack of recognition of Indigenous sovereignty.

11
Van Ginkel Associates, *Transition in the North*, vol.1, op. cit. (note 2), 3.

12
On the Indian Residential Schools attended by the children of South Indian Lake, see: ibid.

13
Ibid., 2.

14
On Maria Montessori's philosophy of education, see: *Il metodo della pedagogia scientifica applicato all'educazione infantile nelle case dei bambini* (Lapi: Città di Castello, 1909).

15
For example, in 1954 Lemco's husband, Daniel van Ginkel, and the Dutch architect Aldo van Eyck worked together on the project for a school in Nagele, the Netherlands. In 1960-1966 Herman Hertzberger designed the Montessori Primary School in Delft, the Netherlands. See also: Herman Hertzberger, *Space and Learning* (Rotterdam: 010 Publishers, 2008).

verzoek, nader onderzoek naar participatieve strategieën en acties van gemeenschappen te financieren. Door een brug te slaan tussen vormgeving en sociale vraagstukken, introduceerde en omarmde ze de baanbrekende rol van de ontwerper als publieke intellectueel. Daarnaast legde ze de dubbelzinnige ambities van de Canadese regering bloot, die sterk gekant waren tegen de wensen en verwachtingen van de inheemse gemeenschappen in Noord-Canada.

Het debat over scholing in Noord-Canada

Het belangrijkste verschil tussen de opvattingen van de Van Ginkels en de omstreden nationale visie op economische en maatschappelijke ontwikkeling kwam tot uitdrukking in hun onderzoek naar, en aandacht voor lokale gebruiken en inheemse praktijken. Nadat de regering van Manitoba en Manitoba Hydro, het bedrijf dat toezicht hield op het infrastructuurproject, hen de relevante gegevens hadden toegezonden, begonnen de Van Ginkels 'de gewoonten van de mensen, hun manier van leven, hun middelen van bestaan en hun maatschappelijke instellingen' te onderzoeken.[9] Het architectenbureau introduceerde een nieuwe aanpak en

9 Van Ginkel Associates, *Transition in the North*, deel 1, op. cit. (noot 2), 5.

Image of the 'Indians of Canada' pavilion. *Earth Mother and Her Children* by Carl Ray, 'Indians of Canada' pavilion, Expo '67 (Montreal, 1967). The mural, painted directly on the vertical cedar boards of the building, depicts the Earth Mother with long, white hair, a head covering and exposed breasts, along with a child with long black hair, and a white and yellow bear cub. A series of circular forms linked with black lines connects the figures to the ground plane/ Afbeelding van het 'Indians of Canada'-paviljoen. *Earth Mother and Her Children* door Carl Ray, 'Indians of Canada'-paviljoen, Expo '67 (Montréal, 1967). De muurschildering, die rechtstreeks op de verticale cederhouten planken van het gebouw was aangebracht, stelt een Moeder Aarde met lang wit haar, een hoofdtooi en blote borsten voor, samen met een kind met lang zwart haar en een wit en geel berenjong. Een reeks cirkelvormen verbonden door zwarte lijnen verbindt de figuren met de achtergrond

ties as it aimed to equip children with the intellectual principles of autonomy and creativity, which enabled them to take on independent positions.

Thus, on the one hand, Lemco's adoption of the Montessori system was aligned with the strong opposition to the IRS system and its idea that education could be paired with political indoctrination. On the other, however, it still supported nation-state ideologies through its endorsement of a Western (as opposed to an Indigenous) pedagogical model. Indeed, the Montessori system would continue to train a workforce that would impose a model of urbanised modernisation on the North.

Participation and Self-Determination

As noted above, Lemco relied heavily on the interviews with local stakeholders in her proposal for South Indian Lake. Had her ideas been implemented during the different phases of the project (the feasibility study, the design and construction of the school), community-focused activities could have sparked the beginning of important participatory processes. The developments at South Indian Lake, however, never fully embraced Indigenous involvement as provincial and state policies neither sought nor supported input from the community.[16]

Opposing governmental resistance to community engagement, Lemco developed several non-conventional strategies to get the community to participate in the design of South Indian Lake. Her declared need for cooperative action sprung from the widespread concern about the lack of knowledge on relocation projects at the professional, community and public level. Indigenous communities in the North only rarely experienced a uniform political vision. Even more exceptional – due to their isolation – they shared their concerns with the urban citizens of Southern Canada. To draw attention to the problem, Lemco organised a timeline and programme of visual presentations to be held at South Indian Lake, in Winnipeg, and in other locations in Canada through which the local community and the general public could provide feedback on the project in direct dialogue with designers. Together with collaborators, Lemco organised carefully designed panels to gather non-professional feedback. Using non-specialised language, they explained regional pressures and the project's major objectives and referred to feedback received during site visits and topics grounded in the everyday life of the Indigenous community. Broadening the traditional spectrum of tools used by designers, Lemco developed eye-catching diagrams for programmatic analysis whose aim was to spur reactions from community members and foster their engagement in discussions on the group's future. Public events, outreach activities in newspapers, magazines and books, as well as in broadcast media, television and radio would further promote discussion and public participation.

Such strategies had been used in the 1960s, albeit rarely, to support the development of marginalised community neighbourhoods in Canadian cities. They were even more innovative and

16
The Churchill River Diversion project was approved in 1970 and completed in 1976. It redirected the Churchill River to Split Lake and then to the lower Nelson River. Eventually, relocation occurred with minimal consultation and concertation. The province entirely discarded Lemco's ideas.

baseerde zich in hoge mate op interviews met inheemse belanghebbenden, die werden afgenomen door de project-assistent Isaac Beaulieu, die South Indian Lake bezocht om er families en groepen te ontmoeten.[10]

Lemco was erg geïnteresseerd in deze gegevens; ze destilleerde informatie over dagelijkse routines en ervaringen uit de interviews en gebruikte die om de nieuwe programmering van het voorstel uit te werken. In de gegevens trof ze niet alleen de inheemse manier om kennis uit te wisselen aan, maar ook de manier waarop de lokale gemeenschap kennis mondeling ontving, bewaarde – en overdroeg door ze op een culturele manier te delen en door gemeenschappelijke, intergenerationele activiteiten en het vertellen van verhalen.[11] Ze legde de nadruk op deze manier van leven in haar voorstel voor het nieuwe programma dat Van Ginkel Associates had ontwikkeld door er een school-annex-gemeenschapscentrum in op te nemen. In The School Centre of Communal Life zouden activiteiten plaatsvinden waaraan alle inwoners van South Indian Lake konden deelnemen.

De nadruk op inclusiviteit en gemeenschappelijkheid in het voorstel was van bijzonder belang voor South Indian Lake, waar kinderen jarenlang gedwongen waren om hun gemeenschappen achter zich te laten om de beruchte Indian Residential Schools (IRS) te bezoeken.[12] Het nieuwe model representeerde het verzet tegen de socioculturele ontwrichting die het IRS-stelsel teweegbracht. De IRS-programma's werden gebruikt om kinderen door middel van disciplinering en de verwerping van familie- en gemeenschapsbanden te dwingen om de normen en waarden van het moderne Canada over te nemen. Lemco stelde voor om de nieuwe school anders te organiseren en om de gebruikelijke programmering, planning en roosters aan te passen aan het inheemse leven en ruimte te scheppen voor lokale, seizoensgebonden bezigheden.[13] Op die manier zouden de kinderen met hun families kunnen meegaan zonder hun opleiding te onderbreken en in het seizoen naar de visserskampen buiten het dorp kunnen reizen. Dit was een ingrijpende verandering; onder het IRS-stelsel was het juist gebruikelijk de kinderen het grootste deel van het jaar bij hun familie weg te houden om zo de gemeenschapsbanden te verbreken. De nieuwe school moedigde kinderen daarentegen aan om hun leven binnen de groep te leven en zo de familiebanden te versterken.

Lemco mengde zich actief in het debat over onderwijsmodellen voor inheemse gemeenschappen en onderzocht verschillende pedagogische methoden voor de nieuwe school in South Indian Lake. Ze koos voor het Montessori-systeem, met zijn nadruk op sterke banden met het echte leven en een kindgerichte benadering op basis van zelfgestuurde activiteit.[14] Lemco geloofde, net als andere leden van Team Ten, zoals Aldo van Eyck en Herman Hertzberger, in het maatschappelijke belang van het schoolontwerp en de geschiktheid van de Montessori-pedagogiek voor jonge kinderen.[15] Volgens verschillende intellectuelen was juist dit model bijzonder geschikt voor inheemse gemeenschappen, omdat het erop gericht was kinderen de intellectuele principes van autonomie en creativiteit bij te brengen, die hen in staat zouden stellen onafhankelijk positie te kiezen.

Enerzijds sloot Lemco's keuze voor het Montessori-systeem dus aan bij de sterke oppositie tegen het IRS-stelsel en de notie dat het

10
Isaac Beaulieu, brief aan Merrill W. Menzies, South Indian Lake (16 tot 24 januari 1967), South Indian Lake, Manitoba (1966-68), Van Ginkel Associates Fonds, AP027.S1.D33 (27. A33.03), archief CCA, Montréal. In Beaulieu's interviews werden de inheemse belanghebbenden niet genoemd (wat men zou verwachten in een eigentijdsere architectonische etnografie). Dit was gebruikelijk binnen overheidsontwikkelingsprojecten in Noord-Canada in de jaren 1960. Deze (onverklaarde) afwezigheid kan wijzen op de wens om inheemse belanghebbenden te beschermen tegen represailles van de staat, of op een zeker gebrek aan erkenning van de inheemse soevereiniteit.

11
Van Ginkel Associates, *Transition in the North*, deel 1, op. cit. (noot 2), 3.

12
Zie over de Indian Residential Schools waar de kinderen van South Indian Lake naartoe gingen: ibid.

13
Ibid., 2.

14
Zie over de opvoedingsfilosofie van Maria Montessori: *Il metodo della pedagogia scientifica applicato all'educazione infantile nelle case dei bambini* (Lapi: Città di Castello, 1909).

15
In 1954 werkten Lemco's echtgenoot, Daniel van Ginkel, en de Nederlandse architect Aldo van Eyck bijvoorbeeld samen aan een project voor een school in Nagele in Nederland. Tussen 1960 en 1966 bouwde Herman Hertzberger een Montessori-basisschool in Delft. Zie ook: Herman Hertzberger, *Space and Learning* (Rotterdam: Uitgeverij 010, 2008).

cutting-edge in the design of Northern Canada as the state – the main client in this endeavour – still considered profiting from the region and its resources more effective than 'generating participation' among Indigenous communities.[17] Focused on resource extraction and modernisation, infrastructural developments in the North neither foresaw political and practical self-determination for First Nations, nor made the provision of high standards of life for Indigenous communities a top priority.

Proposing alternative models that supported participatory strategies, Lemco questioned governmental practices of exclusion from the design process and challenged the privileged claims to competency made by architects and planners who mobilised themselves as licensed professionals. Doing so she indirectly scrutinised the hierarchical approach to design decision making that distinguished projects initiated by governmental clients at the time. Like other 1960s architecture firms, Van Ginkel Associates still positioned itself as uniquely capable of conducting the task of relocation by 'determining' (participatory) design processes and regulating how to fold historically marginalised perspectives into the process. In her work and writings on the North, however, Lemco opened the role of the designer to new interpretations.[18] While Indigenous groups had the right to decide where to settle – in established towns, new communities, the natural environment or near places of employment – architects and planners were responsible for guiding resettlement in new communities. Uniquely competent to mediate between governmental requests and community needs, designers became 'interpreters' of both groups' desires, which they then helped translate into spatial change.

As for the decision to adopt Western pedagogical models, among them the Montessori system, Lemco's vision on the role of the architect in the North raises important questions about Indigenous sovereignty. On the one hand, Lemco took a stand and worked on publicly exposing governmental strategies, thereby demonstrating her interest in Indigenous self-determination; on the other, her proposals still exhibited asymmetrical power relations and Eurocentric approaches to design thinking. When it came to relocation design, for example, she did not question the lack of Indigenous designers on the design team or challenge the absence of Indigenous representatives in projects concerning their life in the North.[19]

The Designer as Public Intellectual

Lemco's work at South Indian Lake was far from contemporary conversations on Indigeneity and Indigenous self-determination.[20] Lemco did not propose nor did she adopt Indigenous-centric approaches to design; her research was ultimately incapable of filling the gaps in the rights between Indigenous and non-Indigenous communities. However, her suggestions for a dialogue had the potential to inspire more equitable and inclusive design solutions. By working on design techniques that engaged Indigenous groups in the design process, Lemco expanded conventional conceptions

17
On resource exploitation and extraction in Canada, see, among others: John Whalley, *Canada's Resource Industries* (Toronto/Buffalo: University of Toronto Press, 1986); and Donat LeBourdais, *Metals and Men: The Story of Canadian Mining* (Toronto: McClelland & Stewart, 1957).

18
See, for example: Blanche Lemco, 'New Towns in the North', *Contact* 8/3 (1976), 298-308.

19
See, for example: *Notes: South Indian Lake meeting*, 10 February 1967, South Indian Lake, Manitoba (1966-68), Van Ginkel Associates Fonds, AP027.S1.D33, CCA Archives, Montreal.

20
On recent discussions on Indigeneity and architecture, see, for example: Kelema Lee Moses, 'Indigeneity, Contingency, and Cognitive Shifts', *Ardeth* 6 (2020), journals.openedition.org/ardeth/1171; Hirini Matunga, 'A Discourse on the Nature of Indigenous Architecture', in: Elizabeth Grant et al. (eds.), *The Handbook of Contemporary Indigenous Architecture* (Singapore: Springer, 2018), 303-330; Kiddle, *Our Voices*, op. cit. (note 2); Evelyn J. Peters and Chris Andersen, *Indigenous in the City: Contemporary Identities and Cultural Innovation* (Vancouver: UBC Press, 2013).

koppelen van onderwijs en politieke indoctrinatie een goed idee was. Anderzijds ondersteunde haar keuze echter nog steeds de ideologie van de natiestaat, omdat ze immers haar goedkeuring verleende aan een westers (in tegenstelling tot een inheems) pedagogisch model. Ook het Montessori-systeem zou de beroepsbevolking zodanig gaan opleiden dat er in feite aan Noord-Canada een model van verstedelijkte modernisering werd opgelegd.

Participatie en zelfbeschikking

Zoals gezegd, was Lemco's voorstel voor South Indian Lake sterk gebaseerd op interviews met lokale belanghebbenden. Als haar ideeën in de verschillende fasen van het project (de haalbaarheidsstudie, het ontwerp en bouw van de school) waren uitgevoerd, dan hadden de collectieve activiteiten van de gemeenschap het begin kunnen zijn van belangrijke participatieprocessen. De inheemse bevolking werd echter nooit volledig bij de ontwikkelingen in South Indian Lake betrokken: provinciaal en nationaal beleid streefde niet naar inbreng van de gemeenschap en ondersteunde deze ook niet.[16]

Vanuit haar verzet tegen de onwil van de overheid om de gemeenschap te laten participeren, ontwikkelde Lemco verschillende onconventionele strategieën om de gemeenschap wél te laten bijdragen aan de plannen voor South Indian Lake. Haar openlijke behoefte aan samenwerking kwam voort uit een wijdverspreide bezorgdheid over het gebrek aan kennis van herhuisvestingsprojecten op professioneel, gemeenschaps- en publiek niveau. Inheemse gemeenschappen in Noord-Canada hadden maar zelden een eensluidende politieke visie. Het was – door hun isolement – nog uitzonderlijker dat ze hun zorgen deelden met stedelingen uit Zuid-Canada. Om aandacht voor het vraagstuk te krijgen, organiseerde Lemco een tijdlijn en een programma van visuele presentaties die zouden worden gehouden in South Indian Lake, in Winnipeg en op andere Canadese locaties. De lokale gemeenschap en het grote publiek konden hier in directe dialoog met ontwerpers over het project geïnformeerd worden. Samen met haar medewerkers zorgde Lemco voor zorgvuldig samengestelde panelen om de reacties van leken te kunnen verzamelen. Ze wisten de regionale problemen en de belangrijkste doelstellingen van het project in begrijpelijke taal uit te leggen en verwezen naar reacties die ze hadden ontvangen tijdens bezoeken ter plaatse en naar dingen die een rol speelden in het dagelijkse leven van de inheemse gemeenschap. Lemco breidde daarvoor het traditionele instrumentarium van ontwerpers uit en ontwikkelde opvallende diagrammen voor programmatische analyse, om reacties van leden van de gemeenschap uit te lokken en hun betrokkenheid bij discussies over de toekomst van de groep te bevorderen. Daarnaast werden er openbare evenementen georganiseerd en werd contact gezocht met het publiek via kranten, tijdschriften en boeken. Radio en tv werden gebruikt om de discussie en de deelname van het publiek verder aan te moedigen.

Dergelijke strategieën waren in de jaren 1960 al in gebruik, hoewel zelden toegepast, bij de ondersteuning van achterstandswijken in Canadese steden. In de context van de ontwikkeling van Noord-Canada kwamen ze echter nog vernieuwender en geavanceerder over, omdat

16
Het Churchill River Diversion-project werd in 1970 goedgekeurd en in 1976 voltooid. Het leidde de rivier de Churchill om naar Split Lake en vervolgens naar de lager gelegen rivier de Nelson. Uiteindelijk werd de herhuisvesting voltrokken, terwijl er nauwelijks overleg of samenwerking had plaatsgevonden. De provincie gooide de ideeën van Lemco volledig overboord.

There are many unique aspects of unique people evident in the answers that must not be overlooked in a summary such as this. Some of these are as expressed by individuals:

- "...and also you meet a lot of people at the store and when the plane lands."
- "but this place (his home with a visiting family living there) is more like a camp"
- prized possession "a factory-made table"
- "I bring in a moose once in a while, but we share it with everyone"
- people sleep "every possible place in the summer" (13 people in one room.
- Aspiration "I would like 12 mattresses and blankets"
- "Besides the regular social activities, we work a lot with one another in such things as fixing equipment and machines like Bombadiers, Skidoos, building, and curring wood - some of these activities are combined as visits"
- "Band council - they are elected by the people. I think the H.B.C. are influential. Blackburn has a lot to say in this community"
- "I do the major government administration work in the community - gov't officials and local residents come to me for most of their problems"
- "One room for bedroom, dining, living room, parlor, kitchen, ballroom, den and guest room"
- "Cooking is done on the heater - I visit my brother when I want a good meal"
- home made chair
- "Wife comes to the camp with me in summertime.
- prized possession: "The violin and the old lady"

Notes for South Indian Lake, Manitoba (February 1967)/ Aantekeningen over South Indian Lake, **Manitoba (februari 1967)**

TRANSITION IN THE NORTH.

A C T I O N: Information
Discussion
Decision
Training
Building
Working

The people of South Indian Lake must decide their own future.

But they do not have enough information to make a wise decison.

They must know what will happen at South Indian Lake, they must know what will happen in the region,

before they can decide where to go

whether they will fish and trap
whether they will do other work
what they will do
how they will live.

Presentation panel for/ presentatiepaneel voor **South Indian Lake, Manitoba**

de staat – de belangrijkste opdrachtgever in de hele onderneming – nog steeds van mening was dat het zinvoller was om van de regio en haar rijkdommen te profiteren dan om 'participatie' onder de inheemse gemeenschappen te genereren.[17] De infrastructurele ontwikkeling in het Noorden was gericht op de winning van grondstoffen en modernisering, en voorzag niet in politieke en praktische zelfbeschikking voor de First Nations; verbetering van de levensstandaard van de inheemse gemeenschappen was evenmin een topprioriteit.

Lemco ontwikkelde alternatieve modellen, waar plaats was voor participatieve strategieën. Ze zette vraagtekens bij de praktijken van een overheid die mensen uitsloot van het ontwerpproces en betwistte de bevoorrechte claims op competentie van architecten en planners die zichzelf opwierpen als de enige echte professionals. Daarmee wierp ze indirect een scherpe blik op de hiërarchische benadering rond ontwerp en besluitvorming die destijds kenmerkend was voor door de overheid geïnitieerde projecten. Net als andere architectenbureaus uit de jaren 1960 was ook Van Ginkel Associates van mening dat het uniek gekwalificeerd was om de herhuisvestingstaak uit te voeren, door participatieve ontwerpprocessen 'te bepalen' en te regelen hoe historisch gemarginaliseerde perspectieven een rol konden spelen in het proces. Dankzij Lemco's werk en geschreven stukken over Noord-Canada ontstond er echter ook ruimte om de rol van ontwerper opnieuw te interpreteren.[18] Hoewel inheemse groepen het recht hadden zelf te beslissen, waar ze zich vestigden – in bestaande steden, nieuwe nederzettingen, de natuurlijke omgeving of in de buurt van hun werk – waren de architecten en planners verantwoordelijk voor het begeleiden van de herhuisvesting in nieuwe nederzettingen. Ontwerpers, die als geen ander in staat waren om tussen de eisen van de overheid en de behoeften van de gemeenschap te bemiddelen, vertolkten de verlangens van beide groepen en hielpen hen, deze te vertalen in ruimtelijke veranderingen.

Waar het gaat om de beslissing om een westers pedagogisch model zoals het Montessori-systeem in te voeren, roept Lemco's visie op de rol van de architect in Noord-Canada belangrijke vragen op over inheemse soevereiniteit. Enerzijds nam Lemco stelling en werkte ze mee aan de publiekelijke ontmaskering van bepaalde overheidsstrategieën, waarmee ze haar interesse in inheemse zelfbeschikking toonde; anderzijds waren haar voorstellen nog steeds gebaseerd op asymmetrische machtsverhoudingen en een eurocentrische manier van denken.
Bij de opgave van de herhuisvesting stelde ze het gebrek aan inheemse ontwerpers in het ontwerpteam bijvoorbeeld niet ter discussie, noch betwistte ze de afwezigheid van inheemse vertegenwoordigers in projecten die betrekking hadden op hun leven in Noord-Canada.[19]

De ontwerper als publieke intellectueel

Lemco hield zich tijdens haar werk in South Indian Lake verre van eigentijdse verhalen over inheemsheid en inheemse zelfbeschikking.[20] Ze stelde geen inheemse ontwerpbenaderingen voor en nam die ook niet over; haar onderzoek was uiteindelijk niet in staat om de leemten tussen de rechten van inheemse en niet-inheemse gemeenschappen te dichten. Haar suggesties voor een dialoog hadden echter wel de potentie om meer rechtvaardige en inclusieve ontwerpoplossingen

17
Zie over de exploitatie en winning van grondstoffen in Canada onder andere: John Whalley, *Canada's Resource Industries* (Toronto/Buffalo: University of Toronto Press, 1986); Donat LeBourdais, *Metals and Men: The Story of Canadian Mining* (Toronto: McClelland & Stewart, 1957).

18
Zie bijvoorbeeld: Blanche Lemco, 'New Towns in the North,' *Contact* 8/3 (1976), 298-308.

19
Zie bijvoorbeeld: *Notes: South Indian Lake meeting*, 10 februari 1967, South Indian Lake, Manitoba (1966-68), Van Ginkel Associates Fonds, AP027.S1.D33, archief CCA, Montréal.

20
Zie voor recente discussies over inheemsheid en architectuur bijvoorbeeld: Kelema Lee Moses, 'Indigeneity, Contingency, and Cognitive Shifts', *Ardeth* 6 (2020), journals.openedition.org/ardeth/1171; Hirini Matunga, 'A Discourse on the Nature of Indigenous Architecture', in: Elizabeth Grant et al. (red.), *The Handbook of Contemporary Indigenous Architecture* (Singapore: Springer, 2018), 303-330; Kiddle, *Our Voices*, op. cit. (noot 2); Evelyn J. Peters en Chris Andersen, *Indigenous in the City: Contemporary Identities and Cultural Innovation* (Vancouver: UBC Press, 2013).

of architecture that embraced a more collaborative practice and questioned the role of architects and planners in the North. The cutting-edge role that she proposed transformed designers into public figures. In publications, broadcasted media and public events the designer-advocate recognised, organised, exposed and ultimately campaigned for diverse perspectives in design. Backed by more recent interests in situated knowledges, this openness to multiple voices eventually translated into profound ontological shifts that have attributed knowledge to partiality, dynamism, destabilisation and the socially contingent nature of design.[21]

Under the influence of Team Ten, other architects felt an urge to follow more open methodologies when working with and for Indigenous communities in Northern Canada. The discussion involved not only Canadian territories, but also Alaska and Northern Europe. Lemco's research and writings contributed to this transnational discourse and profoundly impacted the public and architectural debate on the design of the North at the time. Publishing in the Canadian magazine *Contact*, Lemco connected Canadian to North European examples by examining the work of British architect Ralph Erskine in Svappavaara, Sweden, and Resolute Bay, Canada, with a particular focus on inclusive design and climatic protection.[22] Continuing this research well into the 1980s, with Anupam Banerji she co-edited an issue of *Environments* in which Ralph Erskine and Boris Culjat discussed climate-responsive design for socially oriented architecture in Scandinavia,[23] and Finnish architect and member of Team Ten Reima Pietilä investigated the relationship between local identity and design in Finland.[24]

Albeit from a position of privilege – but also thanks to her role of public intellectual with authority – Lemco's research impacted the discourse on design in Northern Canada to include a dialogue on social, ethical and political issues, and is thus still recognised for expanding the content and context of modernist practices.[25] Her main contribution to the intellectual debate on the North lies in her exposure of the complexity of the phenomenon of relocation within systemic, uneven power relations. By developing new tools, models and strategies for public discussion, Lemco challenged the role played by architects and planners in projects involving Indigenous communities. Doing so she questioned designers' responsibilities to go beyond those traditionally examined at the design table and invited them to become advocates and agents of change.

21
On the idea of situated knowledge, see: Donna Haraway, 'Situated Knowledges: The Science Question in Feminism and the Privilege of Partial Perspective', *Feminist Studies* 14/3 (1988), 575-599. On the relationship between Western and Indigenous ontological systems, see: Sarah Hunt, 'Ontologies of Indigeneity: The Politics of Embodying a Concept', *Cultural Geographies* 21/1 (2014), 27-32.

22
Lemco, 'New Towns in the North', op. cit. (note 18), 298-308.

23
Boris Culjat and Ralph Erskine, 'Climate-Responsive Social Space: A Scandinavian Perspective', *Environments* 15/2 (1983), 13-22.

24
Reima Pietilä, 'A Search for Local Identity in Finland', *Environments* 15/2 (1983), 53-64.

25
See, for example: Lola Sheppard et al., *Many Norths: Spatial Practice in a Polar Territory* (New York/Barcelona: Actar Publishers, 2017), 6.

te inspireren. Door te werken aan ontwerptechnieken die inheemse groepen bij het ontwerpproces betrokken, verruimde Lemco de conventionele opvatting van de architectuur tot een sterker op samenwerking gebaseerde werkwijze en plaatste ze vraagtekens bij de rol die architecten en planners in Noord-Canada speelden. De pioniersrol die ze voor ontwerpers in gedachten had, zou hen tot publieke figuren maken. Via haar publicaties, uitzendingen en openbare bijeenkomsten onderkende, organiseerde, belichtte en streed deze ontwerper/pleitbezorger uiteindelijk voor een diversiteit aan ontwerpperspectieven. Onder invloed van de meer recente belangstelling voor gesitueerde kennis, vertaalde deze open houding tegenover verschillende stemmen zich uiteindelijk in diepgaande ontologische verschuivingen waarbij kennis wordt toegeschreven aan partijdigheid, dynamiek, destabilisatie en de sociaal onvoorspelbare aard van ontwerp.[21]

Ook andere architecten voelden zich onder invloed van Team Ten geroepen om meer open methoden toe te passen bij het werken met en voor inheemse gemeenschappen in Noord-Canada. De discussie ging niet meer alleen over Canada, maar ook over Alaska en Noord-Europa. Lemco's onderzoek en geschreven stukken droegen bij aan dit transnationale discours en hadden een grote invloed op het publieke en architectuur debat over de ontwikkeling van Noord-Canada in die periode. In een publicatie in het Canadese tijdschrift *Contact* verbond Lemco Canadese met Noord-Europese voorbeelden op basis van onderzoek naar het werk van de Britse architect Ralph Erskine in Svappavaara in Zweden en Resolute Bay in Canada. De nadruk lag daarbij op inclusief ontwerp en klimaatbescherming.[22] Ze zette dit onderzoek voort tot ver in de jaren 1980 en was samen met Anupam Banerji redacteur van het nummer van *Environments* waarin Ralph Erskine en Boris Culjat het klimaatgerichte ontwerp voor sociaal georiënteerde architectuur in Scandinavië bespraken,[23] en de Finse architect en Team Ten-lid Reima Pietilä de relatie tussen lokale identiteit en ontwerp in Finland onderzocht.[24]

Hoewel ze een bevoorrechte positie bekleedde – maar ook dankzij haar rol als publieke intellectueel met autoriteit – beïnvloedde Lemco's onderzoek het discours over het ontwerp voor Noord-Canada. Er ontstond een dialoog over sociale, ethische en politieke kwesties en Lemco wordt nog steeds gewaardeerd vanwege haar uitbreiding van de inhoud en context van de modernistische praktijk.[25] Haar belangrijkste bijdrage aan het intellectuele debat over Noord-Canada was haar openbaring van de complexiteit van het fenomeen van de herhuisvesting, gegeven de systemisch ongelijke machtsverhoudingen. Door nieuwe instrumenten, modellen en strategieën voor publieke discussie te ontwikkelen, trok Lemco de rol in twijfel die architecten en planners speelden in projecten waarbij inheemse gemeenschappen betrokken waren. Daarmee stelde ze vragen bij de verantwoordelijkheid van ontwerpers om de instrumenten, modellen en strategieën die gewoonlijk aan de ontwerptafel aan de orde kwamen te overstijgen en nodigde ze hen uit om voorvechters en aanjagers van verandering te worden.

Vertaling: InOtherWords, Maria van Tol

21
Zie over de notie van gesitueerde kennis: Donna Haraway, 'Situated Knowledges: The Science Question in Feminism and the Privilege of Partial Perspective', *Feminist Studies* 14/3 (1988), 575-599. Zie over de relatie tussen westerse en inheemse ontologische systemen: Sarah Hunt, 'Ontologies of Indigeneity: The Politics of Embodying a Concept', *Cultural Geographies* 21/1 (2014), 27-32.

22
Lemco, 'New Towns in the North', op. cit. (noot 18), 298-308.

23
Boris Culjat en Ralph Erskine, 'Climate-Responsive Social Space: A Scandinavian Perspective', *Environments* 15/2, (1983), 13-22

24
Reima Pietilä, 'A Search for Local Identity in Finland', *Environments* 15/2, (1983), 53-64.

25
Zie bijvoorbeeld: Lola Sheppard et al., *Many Norths: Spatial Practice in a Polar Territory* (New York/Barcelona: Actar Publishers, 2017), 6.

5. The Architect as Politician

The architect as politician assumes a role in the public sphere that transcends regular architectural practice. The architect as politician actively engages with the common world, holds him/herself responsible for it and literally leaves the studio to run for election, govern municipalities and establish better education or cultural venues to strengthen particular communities. Both Halina Skibniewska and Novella Sansoni left the practice of architecture at some point in their careers to take seats in government or local municipal assemblies. The architect as politician deploys skills from architecture and insights into the spatial planning of the built environment and its structural, social and economic organisation schemes to initiate multidisciplinary collaboration, tackle urban planning issues and address the domains of culture, politics and education.

5. De architect als politicus

De architect als politicus neemt een rol in de publieke sfeer op zich die de reguliere architectenpraktijk overstijgt. De architect als politicus houdt zich actief bezig met de gemeenschappelijke wereld, stelt zich daarvoor verantwoordelijk en verlaat letterlijk het atelier om zich verkiesbaar te stellen, gemeenten te besturen en beter onderwijs of culturele podia op te zetten om bepaalde gemeenschappen te versterken. Zowel Halina Skibniewska als Novella Sansoni liet op een bepaald moment in haar carrière de architectuurpraktijk achter zich om zitting te nemen in de regering of in lokale gemeentelijke verbanden. De architect als politicus zet vaardigheden vanuit de architectuur en inzichten in de ruimtelijke ordening van de gebouwde omgeving en haar structurele, sociale en economische organisatieschema's in om multidisciplinaire samenwerking te initiëren, stedenbouwkundige kwesties aan te pakken en de domeinen van cultuur, politiek en onderwijs te adresseren.

5. The Architect as Politician

Erica Mann

Hans Teerds

Erica Mann-Schoenbaum (1917-2007) was born in Vienna, grew up in Romania, and studied Architecture at the Académie des beaux-arts in Paris. At the outbreak of the Second World War, she was initially forced to return to Romania, but it soon became unsafe for her and her husband Igor Mann there, too, because of their Jewish background. They fled Europe in 1940 and settled in Rhodesia and later Kenya. Shortly after they settled in Nairobi, the colonial administration set up an urban design department, the Kenya Land Department. Mann joined the department as an architect and urban designer, working for the Kenyan government on master plans for Nairobi and Mombasa, among other things. After Kenya gained independence from Great Britain in 1963, she was one of the few Europeans to continue working for the Kenyan government. In addition to her work for the government, Mann sought and found various ways to develop and exchange ideas and to transfer knowledge to the wider public. Their home in Nairobi was known for its 'open afternoon', a salon to which they invited politicians, artists and scholars. Mann also founded two magazines: *Build Kenya* and *Plan East Africa*. After her retirement, she founded the NGO CHEK (Council of Human Ecology Kenya), a foundation dedicated to improving living conditions in Kenya's arid rural areas. Through the foundation, she focused on helping women in rural communities by teaching them self-sufficiency, beekeeping and brick making.

Further reading:
– Rachel Lee, 'Erica Mann and an Intimate Source: Some Notes on Kenny Mann's 2014 documentary *Beautiful Tree, Severed Roots*', *ABE Journal* 4 (2013)

Erica Mann

Hans Teerds

Erica Mann-Schoenbaum (1917-2007) werd geboren in Wenen, groeide op in Roemenië, en studeerde architectuur aan de Académie des beaux-arts in Parijs. Bij het uitbreken van de Tweede Wereldoorlog werd ze eerst gedwongen terug te keren naar Roemenië, maar al snel werd het ook daar onveilig voor haarzelf en haar man Igor Mann, vanwege hun joodse achtergrond. Ze ontvluchtten Europa in 1940 en vestigden zich in Rhodesië en later Kenia. Niet lang nadat ze zich in Nairobi hadden gevestigd, richtte de Britse koloniale administratie een stedenbouwkundige dienst op, de Kenya Land Department. Mann trad er in dienst en werkte er als architect en stedenbouwkundige aan de masterplannen voor onder andere Nairobi en Mombasa. Nadat Kenia in 1963 onafhankelijk was geworden bleef ze, als een van de weinige Europeanen, werken voor de Keniaanse overheid. Naast haar werk voor de overheid heeft Mann verschillende manieren gezocht en gevonden om ideeën te ontwikkelen, ze uit te wisselen en kennis over te dragen aan het bredere publiek. Het huis van de Manns in Nairobi stond bekend om de 'open middagen', een *salon* waarvoor ze politici, kunstenaars en wetenschappers uitnodigden. Daarnaast richtte ze twee tijdschriften op: *Build Kenia* en *Plan East Africa*. Na haar pensionering richtte ze de ngo CHEK (Council of Human Ecology Kenia) op, een stichting die zich inzette voor de verbetering van de leefomstandigheden op het droge, agrarische platteland van Kenia. Met de stichting ondersteunde ze vooral vrouwen op het platteland, bijvoorbeeld door hen te leren om zelfvoorzienend te worden, bijen te houden en baksteen te fabriceren.

Meer lezen:
– Rachel Lee, 'Erica Mann and an Intimate Source. Some notes on Kenny Mann's 2014 Documentary *Beautiful Tree, Severed Roots*', *ABE Journal* 4 (2013)

Cover of the magazines/ Omslag van de tijdschriften Build Kenya, **1963 and/** en **Plan East Africa, 1975, founded by/** opgericht door **Erica Mann**

Edo Spier

Hans Teerds

Edo Spier (1926-2022) studeerde pas op latere leeftijd architectuur aan de Kunstnijverheidsschool, wat nu de Rietveld Academie is in Amsterdam. Eerst studeerde hij politicologie, waarna hij betrokken raakte bij het Amsterdamse dagblad *Het Parool*. Zijn interesse in architectuur werd gewekt door enkele ontmoetingen met Gerrit Rietveld, die hem stimuleerde de journalistiek vaarwel te zeggen, en zich te richten op de architectuur. Als architect zette Spier zich in voor de restauratie en herbestemming van in verval geraakte panden in de Amsterdamse binnenstad, en (ver)bouwde hij enkele synagogen. Spier bleef, naast zijn ontwerpwerk, ook schrijven, niet alleen voor *Het Parool*, maar ook als hoofdredacteur van het tijdschrift *Goed Wonen*. In de jaren 1960 raakte hij betrokken bij de oprichting van een nieuwe liberale politieke partij, D'66. Voor deze partij was hij in de jaren 1990 lid van de Eerste Kamer, waar hij zich toelegde op het dossier volkshuisvesting.

Meer lezen:

– Anna Ietswaard en Noud de Vreeze, *Goed wonen: Geschiedenis van een keurmerk* (Bussum: Toth Uitgeverij, 2014)
– Coen Brummer en Simon Otjes (red.), *Tussen bestormen en besturen: 55 jaar D66 in de Nederlandse politiek* (Amsterdam: Uitgeverij Boom, 2021).

Edo Spier

Hans Teerds

Edo Spier (1926-2022) studied architecture at the Kunstnijverheidsschool, which is now the Rietveld Academy in Amsterdam, only later in life. He initially studied political science before becoming involved with the Amsterdam newspaper *Het Parool*. His interest in architecture was sparked by several meetings with Gerrit Rietveld, who encouraged him to leave journalism and focus on architecture. As an architect, Spier devoted himself to the restoration and conversion of dilapidated buildings in Amsterdam's city centre and he (re)built several synagogues. In addition to designing, Spier continued to write, not only for *Het Parool*, but also as editor-in-chief of the magazine *Goed Wonen*. In the 1960s, he was involved in the founding of

Mayor of Amsterdam Ed van Thijn is shown around the Synagogue on Lekstraat renovated by Edo Spier (on the right)/
Burgemeester van Amsterdam Ed van Thijn wordt rondgeleid in de door Edo Spier (rechts op de foto) gerenoveerde synagoge in de Lekstraat, 1984

a new liberal political party, D'66. For this party, he was a member of the Dutch Senate in the 1990s, where he worked on the social housing dossier.

Further Reading:

– **Anna Ietswaard and Noud de Vreeze,** ***Goed wonen: Geschiedenis van een keurmerk*** **(Bussum: Toth Uitgeverij, 2014)**

– **Coen Brummer and Simon Otjes (eds.),** ***Tussen bestormen en besturen: 55 jaar D66 in de Nederlandse politiek*** **(Amsterdam: Uitgeverij Boom, 2021)**

Vittoria Calzolari

Serafina Amoroso

Vittoria Calzolari (1924-2017) was een Italiaanse architect, stedenbouwkundige, landschapsarchitect, burgeractivist, universitair docent en onderzoeker die met recht een pionier kan worden genoemd. Ze verbreedde de reikwijdte van het vak dankzij haar profetische intuïtie over het belang van een meerschalige, gelaagde en multidisciplinaire benadering van transformaties in de stad en op het land. Ze was actief in de politiek, werd twee keer benoemd tot gemeenteraadslid en was als zodanig verantwoordelijk voor het historische centrum van Rome. Als gemeenteraadslid prioriteerde ze de eisen van buurtverenigingen, droeg ze stedelijke ruimten over aan de buurtbewoners en streefde ze de belangen van lokale gemeenschappen na om zo sociale rechtvaardigheid te bevorderen. Ze was haar

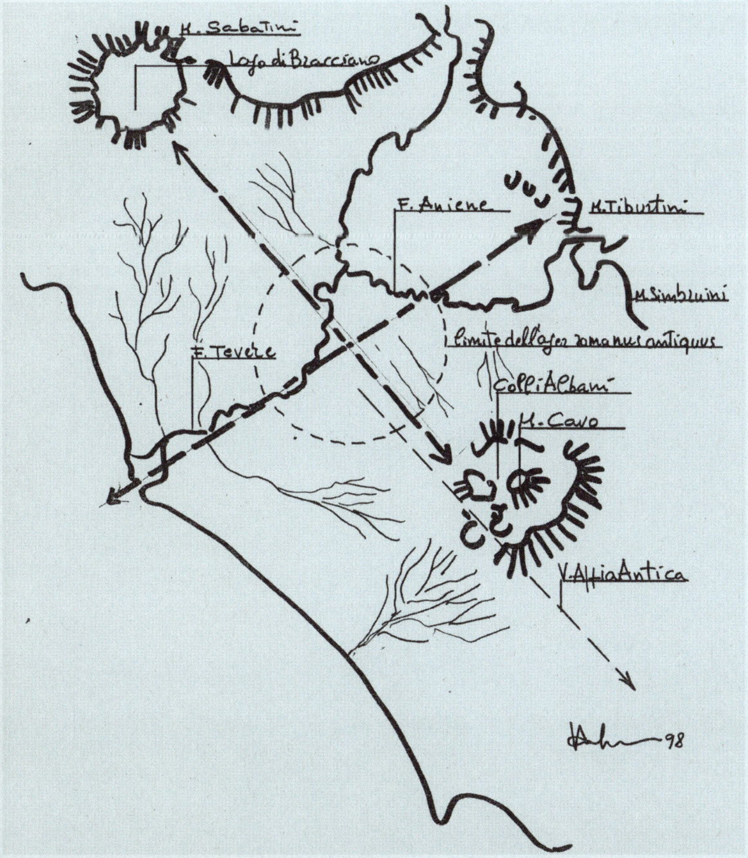

Sketch by Vittoria Calzolari about the main elements of the plan for the Park of Appia Antica/ Schets van Vittoria Calzolari over de belangrijkste elementen van het plan voor het Park van Appia Antica, **1998**

Vittoria Calzolari

Serafina Amoroso

Vittoria Calzolari (1924-2017) was an Italian architect, urban planner, landscape designer, civic activist, university teacher and researcher who can be described as a 'pioneer'. She broadened the scope of the profession through her prophetic intuition about a multi-scale, multilayered and multidisciplinary approach to landscape and urban transformation. Politically active, she was twice appointed city councillor and as such was responsible for Rome's historical centre. As a city councillor, she prioritised the demands of neighbourhood associations, giving the city's urban spaces to the inhabitants and pursuing the interests of local communities with the aim of improving social justice. In her work for Rome, decades ahead of her time, she encouraged a paradigm shift in the way architects and urban planners approached urban resilience and landscape, promoting a relational and systemic vision that merged micro and macro, natural and built environments, prioritising the 'domestic' rather than the 'monumental' dimension of urban spaces, and seeking to bridge the gap between centre and periphery. Her civic commit ment to cultural associations is evidenced by her active participation at the forefront of Italia Nostra's initiatives and struggles, in particular those related to one of its most famous projects (which unfortunately never came to fruition), the plan for the Appia Antica Park (1976-1990), whose main aim was to assert the right of local communities to enjoy their historical, cultural and natural heritage.

Further Reading:

– **Alfonso Álvarez Mora,** ***Paesistica: Paisaje Vittoria Calzolari*** **(Valladolid: Universidad de Valladolid, Secretariado de Publicaciones e Intercambio Editorial, 2012)**

– **Claudia Mattogno, 'L'urbanistica come impegno politico, civile ed etico: Vittoria Calzolari, docente, assessora e militante',** ***Urbanistica Informazioni*** **289 (special issue, 2020), 15-19**

tijd decennia vooruit: haar werk voor Rome bracht een paradigmaverschuiving teweeg in de manier waarop architecten en stedenbouwkundigen stedelijke veerkracht en landschap benaderden. Ze stimuleerde de ontwikkeling van een relationele en systemische visie die micro- en macroschaal, natuurlijke en gebouwde omgevingen samenvoegde. Ze deed dat door voorrang te geven aan de 'huiselijke' in plaats van de 'monumentale' dimensie van stedelijke ruimten en door te proberen de kloof tussen centrum en periferie te overbruggen. Haar maatschappelijk engagement bij culturele verenigingen werd ondersteund door haar actieve aanwezigheid in de frontlinie van de initiatieven en gevechten van Italia Nostra, vooral die in verband met een van haar bekendste projecten (dat helaas nooit werd gerealiseerd): het plan voor het Parco Regionale dell' Appia Antica (1976-1990). Het belangrijkste doel van dit plan was om lokale gemeenschappen het recht te geven om van het historische, culturele en natuurlijke erfgoed te genieten.

Meer lezen:
– Alfonso Álvarez Mora, *Paesistica: Paisaje Vittoria Calzolari* (Valladolid: Universidad de Valladolid, Secretariado de Publicaciones e Intercambio Editorial, 2012)
– Claudia Mattogno, 'L'urbanistica come impegno politico, civile ed etico: Vittoria Calzolari, docente, assessora e militante', *Urbanistica Informazioni* 289 (speciale uitgave, 2020), 15-19

Jamie Lerner

Hans Teerds

Jamie Lerner (1937-2021) was a Brazilian architect and urban designer who, as mayor of the city of Curitiba and governor of the state of Paraná, worked to improve their infrastructure, education and health care. He founded the IPPUC (Institute of Urban Planning of Curitiba) just one year after graduating and long before he embarked on his active political career. This institute is still involved in the planning of the city of Curitiba. In addition to initiatives in education, health, cultural heritage and economic development, during his first term as mayor he implemented a public transport network in which high-frequency express buses made the entire city, and later the entire metropolitan region, more accessible at low cost. This so-called Bus Rapid System has been replicated in cities around the world. He also built several parks. Because of

Jamie Lerner in Curitiba, 2021

the high cost of maintaining these parks, he had local shepherds maintain the lawns. He also promoted better and more sustainable forms of waste management, including extensive forms of recycling, in which he involved slum residents.

Further Reading:

– Jamie Lerner, *O Vizinho: Parente Por Parte de Rua* (Rio de Janeiro: Record, 2005)
– Jamie Lerner, *Urban Accupuncture* (Washington DC: Island Press, 2014)

Jamie Lerner

Hans Teerds

Jamie Lerner (1937-2021) was een Braziliaanse architect en stedenbouwkundige die zich als burgemeester van de stad Curitiba en gouverneur van de staat Paraná inzette voor de verbetering van infrastructuur, onderwijs en gezondheidszorg. Al een jaar na zijn afstuderen en geruime tijd voor zijn actieve politieke carrière, richtte hij het IPPUC (Institute of Urban Planning of Curitiba) op; het instituut buigt zich nog altijd over de planvorming van de stad. Naast initiatieven op het gebied van scholing, gezondheidszorg, erfgoed en economische ontwikkeling, zette hij tijdens zijn eerste periode als burgemeester een netwerk van openbaar vervoer op, waarbij snelbussen op hoge frequentie de hele stad, en later ook de gehele metropoolregio, beter bereikbaar maakten tegen lage kosten. Het zogenoemde *Bus Rapid System* heeft navolging gekregen in steden over de hele wereld. Ook legde hij verschillende parken aan. Vanwege de hoge kosten van onderhoud van deze parken, liet hij lokale schaapherders de grasvelden onderhouden. Bovendien zette hij zich in voor betere en duurzamer vormen van afvalverwerking, waaronder intensieve vormen van recyclering, waar hij ook bewoners van sloppenwijken bij betrok.

Meer lezen:

– Jamie Lerner, *O Vizinho: Parente Por Parte de Rua* (Rio de Janeiro: Record, 2005)
– Jamie Lerner, *Urban Accupuncture* (Washington, DC: Island Press, 2014)

Het monetaire systeem door de ogen van een leek: Margrit Kennedy binnen en buiten de discipline

Bettina Nagler

Hoewel financiële en economische factoren onmiskenbaar van invloed zijn op de architectuur, hebben architecten maar weinig inzicht in het economische systeem. Via financiële taken als onderdeel van de dagelijkse bedrijfsvoering is er onvermijdelijk interactie met deze mechanismen, maar een kritische houding tegenover het systeem levert meestal niet méér op dan een algemene kritiek op het kapitalisme. Ondertussen mislukken plannen om onze gebouwde omgeving ecologischer, feministischer, inclusiever, diverser en toegankelijker te maken, vaak omdat ze financieel onhaalbaar zijn. Dit onvermogen om economische structuren te begrijpen, motiveerde de Duitse architecte Margrit Kennedy (1939-2013) om zich op het terrein van de economie te begeven. Eind jaren 1980 groeide ze uit tot een alom gerespecteerd critica van het monetaire systeem. In dit essay onderzoek ik haar, door de architectuur geïnspireerde pogingen om zich in het financiële debat te mengen, haar eigen discipline te overstijgen en haar kritiek te delen met het grote publiek.

De spanning tussen expertise en revolutie

Margrit Kennedy speelde binnen het veld van de economie een specifieke rol. Ze hield gedurende haar hele carrière, vanaf haar eerste interacties tot haar latere publicaties, een bepaalde afstand en pretendeerde nooit een deskundige te zijn. Zelfs in 2011, toen ze regelmatig werd geïnterviewd naar aanleiding van de bankencrisis van 2008 en ze inmiddels de reputatie had een 'geldexpert' te zijn die in staat was 'kennis van het monetaire systeem en de ontwerpfouten en mogelijke alternatieven daarvan op (...) een eenvoudige, beknopte en begrijpelijke manier over te brengen', benadrukte ze dat er veel moed voor nodig was om de positie van expert op te eisen.[1] Bovendien vond ze dat 'expertise' een belemmering vormde in relatie tot zinvolle verandering. 'Disciplinaire arrogantie' blokkeert de (r)evolutie, stelde ze.[2]

> Er wordt altijd gezegd dat, wil er een (r)evolutie plaatsvinden, 7 tot 10 procent van de bevolking echt verandering moet willen. (...) In dit opzicht bindt de kwestie van de deskundigheid onze handen. Als ik mijn wasmachine of computer al niet kan repareren, hoe kan ik dan veronderstellen wel ons financiële systeem te begrijpen? Dat durft niemand aan.[3]

Deze 'durf' om zich te bemoeien met het financiële systeem vanuit het perspectief van een leek komt voort uit haar ervaringen met participatieprocessen in haar eigen beroepsgroep. In de inleiding van haar bestseller *Of Inflation and Interest* benadrukte ze haar positie als leek.

1 Beate Küppers, 'Buchbesprechung: Occupy Money', *oya* 13 (2012).

2 Declan Kennedy en Margrit Kennedy, 'PERMA-KULTUR oder: Die Wiederaufforstung des Gartens Eden', *ARCH+*, 20 (1982), of het nu gaat om het groeiende academisme binnen de ecologie of om formeel estheticisme in de architectuur.

3 Lara Mallien, Johannes Heimrath en Margrit Kennedy, 'Wir brauchen Modellprojekte und Aktionen', *oya* 8 (2011), 16.

A Layperson's Approach to the Monetary System: Margrit Kennedy Within and Beyond the Discipline

Bettina Nagler

While the impact that financial and economic factors have on architecture is evident, the economic system is barely understood by architects. The day-to-day financial challenges associated with maintaining a practice necessarily produces some interaction with these mechanisms, a more critical position towards them usually remains limited to a generalised critique of capitalism. Meanwhile, concepts for making our built environment more ecological, feminist, inclusive, diverse and accessible often fail due to their financial infeasibility. This failure to grasp the economic structures challenged German architect Margrit Kennedy (1939-2013) to enter the field of economics. In the late 1980s, she became a widely reputed critic of the monetary system. In this essay I explore her architecturally informed endeavour to get involved in the financial discourse beyond her own discipline in order to mediate criticism towards a broad public.

Tensions between Expertise and Revolution

Operating in the field of economics, Margit Kennedy played a very specific role. Throughout her career, from her very first interactions to her later writings, she maintained a certain distance, not claiming the position of an expert. Even in 2011, when she was frequently interviewed due to the 2008 banking crisis, and while she had the reputation for being a 'money-expert', able to explain 'her knowledge of the monetary system, its design flaws, and possible alternatives in . . . a simple, concise and understandable way',[1] she emphasised that claiming the position of being an expert required courage. On the topic of 'expertise' and how that goes along with meaningful changes, she revealed her inherent opposition to any 'disciplinary arrogance' that plays an important role in hindering (r)evolution.[2]

> It is always said that for a (r)evolution, 7 to 10 percent of the population must really want a change. . . . The question of expertise ties our hands here. If I can't fix my washing machine or my computer, how can I presume to understand our financial system? Nobody dares to do that.[3]

This 'daring to' engage with the financial system from a layperson's perspective is based on and propelled by her own experiences with participatory processes in her own professional career in architecture. In the introduction to her best-selling book *Of Inflation and Interest*, she emphasised her position as a layperson,

1 Beate Küppers, 'Buchbesprechung: Occupy Money', *oya* 13 (2012).

2 Declan Kennedy and Margrit Kennedy, 'PERMA-KULTUR oder: Die Wiederaufforstung des Gartens Eden', *ARCH+* 20 (1982); whether it is the growing academicism within ecology or formal aestheticism in architecture.

3 Lara Mallien, Johannes Heimrath and Margit Kennedy, 'Wir brauchen Modellprojekte und Aktionen', *oya* 8 (2011), 16.

Men moest behoorlijk wat lef hebben, stelde ze, om als architect kritiek leveren op 'een van de fundamentele maatstaven van deze beroepsgroep'.[4] Op deze manier wist ze van dit overduidelijke gebrek aan expertise een speciaal kenmerk van haar rol te maken. Vanuit de positie van buitenstaander eigende ze zich het recht toe om vraagtekens te zetten bij het object van deze gesloten discipline. Door 'binnen' en 'buiten' haar eigen discipline te bemiddelen, kon Kennedy bovendien een brug slaan tussen de twee zogenaamd ongelijksoortige velden van de architectuur en het monetaire systeem, en wel door deze dicht naast elkaar te positioneren. Om het narratief van haarzelf als leek overeind te houden, sprak ze, als ze op openbare podia verscheen, nooit over beide disciplines tegelijkertijd. En hoewel ze binnen het veld van de architectuur werkzaam bleef – ze had haar eigen praktijk in Lebensgarten Steyerberg, een van de eerste ecodorpen in West-Duitsland, en doceerde Technischer Ausbau und Ressourcensparendes Bauen aan de faculteit Bouwkunde van de Universiteit van Hannover (1991-2002) – combineerde ze de architectuur nooit met de economie, noch in haar lessen, noch in haar publicaties.[5]

Reflectie in actie[6]

Hoewel Margrit Kennedy zich bezighield met ruimtelijk ontwerp, had ze een gelaagde architectuurpraktijk voor ogen.[7] De verschillende manieren waarop ze architectuur bedreef liepen synchroon met haar activiteiten als criticus van het financiële systeem. Kennedy's vroege carrière werd sterk beïnvloed door de gevolgen van de naoorlogse woningbouw en stedelijk beleid. Tijdens haar studie aan de Graduate School of Public and International Affairs van Pittsburgh University werkte ze bij Urban Design Associates, een bureau dat bekend stond om zijn participatieve benadering, aan het ontwerp van een reeks schoolgebouwen. Zoals blijkt uit haar proefschrift uit 1978, *Community Schools: The Potential and Limitations of a Concept*, zou deze participatieve benadering een blijvend effect op haar hebben.[8] Vanaf 1979 ontwikkelde ze een kritische houding tegenover het heersende functionalistische ideaal en de individualistische opvattingen over auteurschap. In deze periode ontpopte ze zich als stoorzender in debatten over de sociale verantwoordelijkheid van de architectuur, waarbij ze pleitte voor een op noodzakelijkheden gebaseerde en procesgeoriënteerde praktijk, in plaats van een formeel georganiseerd architectenbureau.[9] Ze zag participatie niet alleen als een middel dat niet-architecten in staat stelde invloed uit te oefenen op het ontwerp en om hun recht op besluitvorming op te eisen, maar ook als een politieke toepassing om gevestigde machtsbolwerken te deconstrueren.

Dit politieke perspectief is ook terug te vinden in haar latere werk als hoofd van de afdeling Ecologie/Energie van de Internationale Bauausstellung (IBA) die van 1979-1984 plaatsvond in Berlijn. Tijdens de organisatie van deze tentoonstelling stelde ze dat ecologie 'een grotere politieke uitdaging' was.[10] Terwijl ze zich bezighield met het promoten van stads-ecologische experimenten ging Kennedy's aandacht in toenemende mate uit naar het conflict tussen 'ecologie en economie'.[11]
In 1982, na het bijwonen van een lezing van economiecriticus Helmut Creutz, bereikte haar frustratie over 'deze discrepantie tussen wat

4 Margrit Kennedy, *Interest and Inflation Free Money: Creating an Exchange Medium That Works for Everybody and Protects the Earth* (Philadelphia: New Society Publishers, 1995), 4.

5 Het woord 'architectuur' komt in *Occupy Money* slechts één keer voor.

6 Donald A. Schön, *The Reflective Practitioner: How Professionals think in Action* (New York: Basic Books, 1983).

7 Peter Krause, *Margrit Kennedy: Architect for Ecology, Complementary Currencies and Social Justice*, vertaald door Elisa Graf (Steyerberg: epubli, 2020), 229: 'Submission to the IKEA International Design Competition with architect Frederica Miller, of Gaia Architects, Oslo, Norway.'

8 Peter Krause, *Margrit Kennedy: Architektin für Ökologie, komplementäre Geldsysteme und soziale Gerechtigkeit* (München: oekom Verlag, 2020), 55, 73.

9 Margrit Kennedy, 'Zur Wiederentdeckung weiblicher Prinzipien in der Architektur', *Bauwelt* 31/32 (1979), 1279.

10 Kim Förster, 'The Green IBA', *Candide* 11 (2019), 37.

11 Ibid.

remarking on the audacity to criticise 'one of the basic yardsticks of the profession' as an architect.[4] This position allowed her to turn an obvious lack of expertise into a special feature of her role. In doing so, she managed to usurp the right to question the topic of the specialised economist's world, from a position outside that enclosed sphere. The specific mediation 'within' and 'beyond' her own discipline allowed Kennedy to bridge the two supposedly disparate fields of architecture and the monetary system by positioning them in close juxtaposition. In order to keep the narrative of herself as a layperson strong, she never merged the two fields while appearing on public stages. Although she kept on working in the field of architecture – with her own practice in Lebensgarten Steyerberg, one of the first eco-villages in West Germany, and as a professor of Technischer Ausbau und Ressourcensparendes Bauen in the Faculty of Architecture of the University of Hannover (1991-2002) – she did not conflate it with economics, neither in her teaching nor in any publication.[5]

Reflection-in-Action[6]

Although Margrit Kennedy's work includes spatial design, her image of the architectural practice was more multilayered.[7] Her various modi operandi in the field of architecture were synchronised with her role as a money critic. Kennedy's early professional career was strongly influenced by the consequences of post-war housing

Early contribution (1989) for a conference on money and land in Switzerland/
Vroege bijdrage (1989) voor een conferentie over geld en grond in Zwitserland

4
Margrit Kennedy, *Interest and Inflation Free Money: Creating an Exchange Medium That Works for Everybody and Protects the Earth* (Philadelphia: New Society Publishers, 1995), 4.

5
The term 'architecture' occurs just one time in the publication *Occupy Money*.

6
Donald A. Schön, *The Reflective Practitioner: How Professionals think in Action* (New York: Basic Books, 1983).

7
Peter Krause, *Margrit Kennedy: Architect for Ecology, Complementary Currencies and Social Justice*, translated by Elisa Graf (Steyerberg: epubli, 2020), 229: 'Submission to the IKEA International Design Competition with architect Frederica Miller, of Gaia Architects, Oslo, Norway.'

architecten doen om gebouwen zo goedkoop mogelijk te maken aan de ene kant en de financiële eisen aan de andere kant' een hoogtepunt'.[12] 'Opeens begreep ik waarom economie en ecologie binnen dit monetaire systeem nooit verenigd kunnen worden,' verklaarde ze na afloop.[13] Hoewel Margrit Kennedy zich verzette tegen het heersende economische profijtbeginsel moest ze toch concluderen dat architectonische productie volgens sociaal-ecologische richtlijnen onmogelijk was, zolang het financiële systeem onveranderd bleef.[14]

Kennedy leverde vooral commentaar op de moeite van leken om economische logica en termen als 'verzadigde groeicurves' of 'exponentiële groeicurves' te begrijpen. Ze richtte deze kritiek in de allereerste plaats op de economische beroepsgroep: 'Economen snappen het gewoon niet. Het is ongelooflijk dat de economie net doet alsof het probleem helemaal niet bestaat.'[15] In dit kader sprak ze over 'economisch analfabetisme', dat wil zeggen, de moeite die mensen hebben om economische systemen te begrijpen, als de grootste uitdaging. Daarmee greep ze terug op haar eigen ervaring met participatie. 'Het onderwijzen van het publiek,' stelde ze, kwam neer op 'het herverdelen van handelingspotentieel.' Vanuit deze overtuiging pleitte ze ervoor om economische inzichten toegankelijk te maken voor een breed publiek, zodat iedereen ze kon toepassen in het dagelijkse leven.

Architectonische methoden om 'economisch alfabetisme' te leren

Hiermee neemt Kennedy afstand van het idee dat het woord 'geld' uitsluitend het domein is van 'de econoom'. Daarbij gebruikt ze inherent architectonische methoden om de notie van geld als ruilmiddel te herijken, en het zijn specifieke en materiële karakter terug te geven 'Economen gebruiken [geld],' zo schreef Kennedy om de magie en het mysterie van geld teniet te doen, 'zoals kooplieden kilogrammen gebruiken en architecten meters.'[16] Ze zag geld als een eenheid in een meetbaar systeem, onderworpen aan de natuurwetten van groei. Door het architectonische instrument 'schaal' toe te passen, vertaalde Kennedy 'geld' van een abstract financieel concept naar een stelsel van tastbare, directe referenties. 'Een monetair systeem dat is gebaseerd op rente en samengestelde rente, en waar geld exponentieel moet groeien zonder dat het gebonden is aan reële goederen, is in tegenspraak met de natuur en met elke vorm van duurzaamheid.'[17] Volgens Kennedy is geld een specifiek goed dat twee doelen dient: aan de ene kant is het een ruilmiddel dat cruciaal is voor een functionerende economie en samenleving, terwijl het aan de andere kant ook kan worden opgepot, wat het gebruik ervan in de ruilhandel verhindert. Het is een onvergankelijk materiaal; de eigenaar kan ervoor kiezen om het uit te geven of op te slaan. Kennedy beschouwde dit laatste als de manifestatie van de algemene misvatting dat geld los van materiële en maatschappelijke dimensies 'voor ons kan werken' – een misvatting die volgens haar gebaseerd is op 'economisch analfabetisme'.

Overeenkomstig haar politieke bedoeling om macht te herverdelen, streefde Kennedy ernaar heersende opvattingen te deconstrueren en te decentraliseren door op speelse wijze de terminologie in het discours over de economie af te breken. Het was daarom cruciaal om een breed

12
Ulrich Grober, *Ausstieg in die Zukunft. Eine Reise zu Ökosiedlungen, Energie-Werkstätten und Denk-Fabriken* (Berlijn: Ch. Links Verlag, 1998), 155.

13
Krause, *Margrit Kennedy*, op. cit. (noot 7), 124: 'Could Compound Interest be the Unseen Destructive Mechanism in the World's Gearbox?'

14
Ondanks het feit dat er extra geld werd uitgetrokken voor baanbrekende ecologische projecten zoals Bloc 108 en Bloc 103 bleef de uitvoering van duurdere, maar duurzame initiatieven een uitdaging, omdat budgettaire beperkingen de realisatie ervan in de weg stonden. Zie: Förster, 'The Green IBA', op. cit. (noot 10), 38.

15
Grober, *Ausstieg in die Zukunft*, op. cit. (noot 12), 157.

16
Kennedy, *Interest and Inflation Free Money*, op. cit. (noot 4), 4.

17
Stefan Collet, 'Weil Kapitalismus sich ändern muss: Im Gespräch mit Margrit Kennedy', in: Stefan Collet (red.), *Weil Kapitalismus sich ändern muss: Im Gespräch mit Hartmut Rosa, Stephan Lessenich, Margrit Kennedy, Theo Waigel* (Wiesbaden: Springer VS, 2013), 71.

and urban policies. While graduating from the Graduate School of Public and International Affairs at the University of Pittsburgh, she worked on the design for a series of school buildings at Urban Design Associates, an office known for its participatory design approach. As can be seen in her 1978 PhD thesis *Community Schools: The Potential and Limitations of a Concept*, this participative attitude would have a lasting effect on Kennedy.[8] From 1979 onwards Kennedy developed a critical attitude towards the common ideal of functionalism and individualistic conceptions of authorship. Emerging in this time as a disrupting voice in debates on the social responsibility of architecture, she advocated for a need-oriented and process-based practice rather than a formal practice.[9] More than empowering non-architects to engage in planning and claim their right to decision making, participation was for her a political practice capable of deconstructing hegemonic power.

This political perspective was also reflected in her subsequent work as head of the Ecology/Energy department at the Internationale Bauausstellung (IBA) that took place in Berlin from 1979 to 1984. Within the organisation of this exhibition, she asserted that ecology is 'a larger political task'.[10] While promoting urban ecology experiments, Kennedy's attention was increasingly captured by the conflict between 'ecology and economics'.[11] Her disagreement on 'this discrepancy between what is done by the architect to make buildings as inexpensive as possible and the demands of money

8
Peter Krause, *Margrit Kennedy: Architektin für Ökologie, komplementäre Geldsysteme und soziale Gerechtigkeit* (Munich: oekom Verlag, 2020), 55, 73.

9
Margrit Kennedy, 'Zur Wiederentdeckung weiblicher Prinzipien in der Architektur', *Bauwelt* 31/32 (1979), 1279.

10
Kim Förster, 'The Green IBA', *Candide* 11 (2019), 37.

11
Ibid.

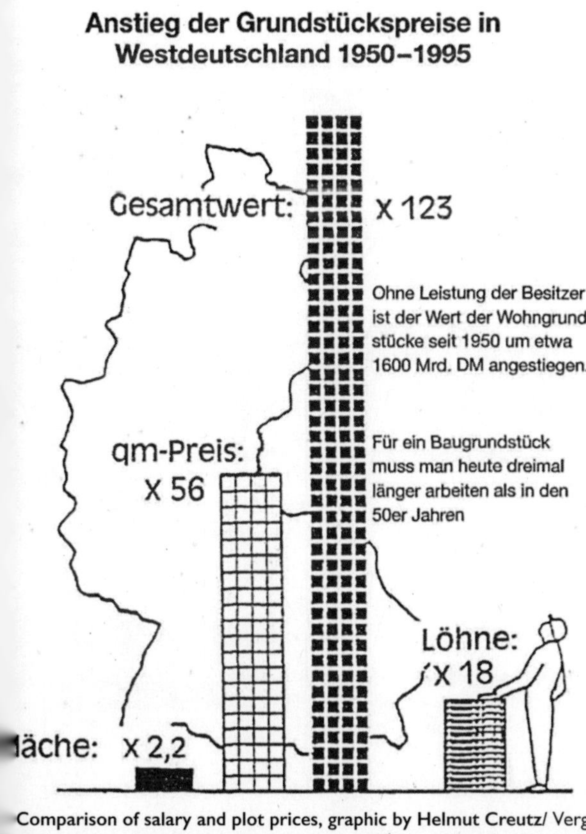

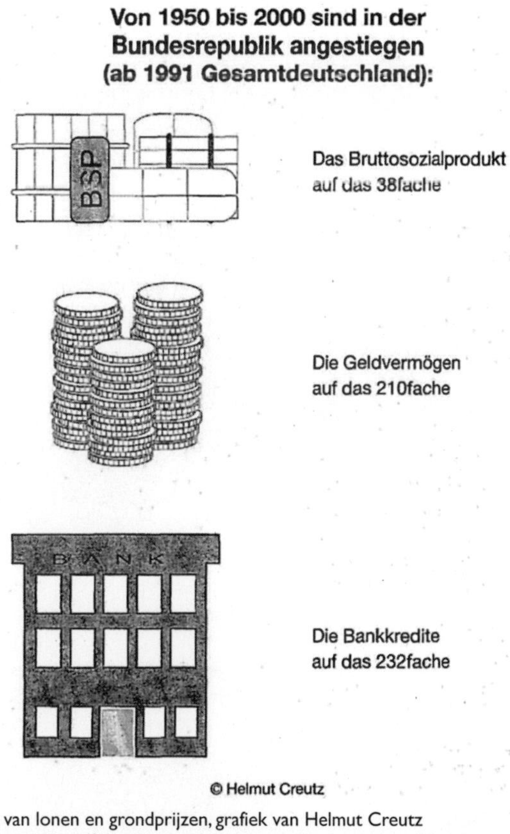

Comparison of salary and plot prices, graphic by Helmut Creutz/ Vergelijking van lonen en grondprijzen, grafiek van Helmut Creutz
Comparison of Gross Domestic Product (GDP), monetary assets and bank loans/ Vergelijking van het bruto binnenlands product (bbp), monetaire activa en bankleningen

begrip van de samenleving te hebben, zodat mensen konden worden aangesproken op het niveau waarop ze deze kennis in hun dagelijks leven konden toepassen. Kennedy's talent om ingewikkelde onderlinge verbanden op een eenvoudige manier te presenteren kwam haar goed van pas tijdens haar werkzaamheden voor de grootschalige projecten voor brede scholen van de Organization for Economic Co-operation and Development (OECD) en voor de United Nations Educational, Scientific and Cultural Organisation (UNESCO). Omdat ze professioneel getraind was om dingen te abstraheren en gewend was te communiceren via modellen en pictogrammen, kende ze de kracht van sterke en heldere beelden. Om financiële mechanismen te illustreren, maakte ze veelvuldig gebruik van de door Helmut Creutz, die ook was opgeleid als ingenieur, ontwikkelde grafieken. Het lijkt misschien vreemd dat Kennedy, hoewel zij zelf ontwerper was, nooit een eigen grafische taal heeft ontwikkeld voor haar publicaties over geld. Dit was echter onderdeel van haar strategie om haar positie van leek te handhaven. Bovendien weerspiegelde dit vertrouwen in het werk van een ander haar toewijding aan de collectieve auteurspraktijk.

Maar waar het op haar taalgebruik aankomt, zijn de sporen van haar professie en haar architectonische toon onmiskenbaar. In plaats van lange, ingewikkelde zinnen gebruikt ze herkenbare, alledaagse voorbeelden en ironische vragen zoals: 'Heb je ooit geld gezien dat aan het werk was?' en uiteenlopende opsommingen, zoals 'Fünf grundsätzliche Missverständnisse bezüglich der Funktion des Geldes' (Vijf fundamen-

'Have you ever seen money working?'/ 'Heb je ooit geld gezien dat aan het werk was?'
'Work costs more than just a salary'/ 'Werk kost meer dan alleen een salaris'

on the other hand' had come to a peak of frustration after attending a lecture by economic critic Helmut Creutz in 1982.[12] 'Suddenly I understood why the economy and ecology can never be united in this monetary system,' she stated afterwards.[13] Although Margrit Kennedy tried to counteract the prevailing economic logic of profitability, she came to the conclusion that an architectural production along social-ecological guidelines could never be realised if the financial system remained unchanged.[14]

Kennedy mainly criticised the difficulty that laymen face in understanding economic logics and terms such as 'saturated growth curves' or 'exponential growth curves'. Her critique focused first and foremost on economic professionals: 'The economists just don't get it. It's unbelievable that economics acts as if the problem doesn't exist at all.'[15] Against this background she spoke of 'economic analphabetism', describing the difficulty of people to understand economic systems as the main challenge. In doing so, she harkened back to her own experience with participation. 'Educating the public,' she argued, amounted to 'redistributing potential for action.' From this conviction, she advocated making economic insights accessible to a wide audience so that everyone could apply them in everyday life.

Architectural Methods towards an 'Economic Illiteracy'

Moving away from the idea that the word 'money' is solely the domain of the 'economist', Kennedy redirects understandings of money as a medium of exchange back to its specific and material character through inherently architectural methods. 'Economists use [money],' Kennedy wrote to nullify the magic and mystery of money, 'as merchants use kilograms and architects use metres.'[16] She conceived of money as a unit in a measurable system, subject to the natural laws of growth. By applying the architectural instrument 'scale', Kennedy translated money from an abstract financial concept into tangible, immediate mechanisms of reference. 'A monetary system based on interest and compound interest, in which money must grow exponentially without being tied to real goods, contradicts nature and any sustainability.'[17] According to Kennedy, money is a specific good that serves two purposes: on the one hand it is a means of exchange that is crucial for a functioning economy and society, while on the other it can also be hoarded, which prevents its use in exchange. As an imperishable material, its owner seems to have the choice to spend it or to store it. Kennedy considered the latter to be the expression of the common misconception that money can work for you, separated from material and social dimensions – a misconception based on 'economic illiteracy'.

In accordance with her political goals of redistributing power, Kennedy aimed to deconstruct and decentralise hegemonic knowledge by playfully breaking down the discourse-specific terminology of economy. A broad understanding of society was therefore crucial, so that people could be reached at the level at which this knowledge could be applied in their everyday lives.

12
Ulrich Grober, *Ausstieg in die Zukunft: Eine Reise zu Ökosiedlungen, Energie-Werkstätten und Denk-Fabriken* (Berlin: Ch. Links Verlag, 1998), 155.

13
Krause, *Margrit Kennedy*, op. cit. (note 7), 124: 'Could compound interest be the unseen destructive mechanism in the world's gearbox?'

14
Despite having additional funding allocated for ecological pioneering projects like 'Bloc 108' or 'Bloc 103', the implementation of more expensive yet sustainable initiatives remained challenging, as the budget constraints hindered their realisation. See: Förster, 'The Green IBA', op. cit. (note 10), 38.

15
Grober, *Ausstieg in die Zukunft*, op. cit. (note 12), 157.

16
Kennedy, *Interest and Inflation Free Money*, op. cit. (note 4), 4.

17
Stefan Collet, 'Weil Kapitalismus sich ändern muss: Im Gespräch mit Margrit Kennedy', in: Stefan Collet (ed.), *Weil Kapitalismus sich ändern muss: Im Gespräch mit Hartmut Rosa, Stephan Lessenich, Margrit Kennedy, Theo Waigel* (Wiesbaden: Springer VS, 2013), 71.

tele misverstanden over de functie van geld).[18] Deze inzet van strategisch taalgebruik getuigt van een duidelijk technische, gestructureerde manier om problemen te benaderen. Het is een methode die terug te voeren is op haar werk bij de eerdergenoemde IBA, waarvoor ze een 'catalogus van minimale en maximale eisen voor ecologische projecten' opstelde.[19] Door de lezer of het publiek op deze manier te helpen, gaf ze hen als het ware een voorproefje van haar eenvoudige uitleg van grote, ingewikkelde onderwerpen. Terwijl ze aan haar laagdrempelige aanpak werkte, stelde ze zichzelf de norm dat de toehoorders haar betoog in minder dan een minuut moesten kunnen begrijpen – net als bij een architectonische presentatie – zodat iedereen de inzichten snel zou kunnen oppikken. Ze sprak ook rechtstreeks tot haar lezers en illustreerde haar financiële theorieën met anekdotes, die dienden als geheugensteuntjes en gemakkelijk door anderen konden worden gereproduceerd.[20]

Hoe word je gehoord: strategieën om publiek te trekken

Na afronding van haar werkzaamheden voor de IBA werd Kennedy benoemd tot gasthoogleraar stedelijke ecologie (1985-1986) aan de Gesamthochschule Kassel, waar ze de basis legde voor het ecologische modelproject Lebensgarten Steyerberg.[21] In 1985 schreef ze een van haar eerste essays over geld, op basis van haar pionierswerk om ecologie tot een aandachtspunt in stedenbouwkundige studies te maken, haar fascinatie voor de financiële mechanismen van het dagelijks leven en haar frustratie over de misplaatste prioriteiten van regeringen over de hele wereld. In dit essay stelde ze bewust de eenvoudige, maar tot nadenken stemmende vraag: Hoe is het mogelijk dat er wel geld is voor bewapening, maar niet voor milieubescherming?[22] Het benoemen van de negatieve aspecten uit haar interessegebieden was voor Kennedy een manier om betrokken te blijven bij zowel de debatten van haar tijd, als specifieke groepen toehoorders. Doordat Kennedy haar argumenten strategisch zó formuleerde dat ze suggereerden dat er alternatieve en praktische oplossingen mogelijk waren, gingen er deuren voor haar open en kreeg ze de kans om op verschillende openbare podia te verschijnen. Dezelfde strategie bleek nuttig toen ze in november 1986 werd uitgenodigd voor een conferentie van de Organisatie van de Verenigde Naties (UNO) die plaatsvond in Melbourne en Sydney, om daar als architect over coöperatieve woningbouw te spreken. Tijdens deze presentatie lag de nadruk op de invloed van geld op huisvesting, waarmee ze het bereik van haar gehoor wist te verbreden met beleidsmakers, overheidsfunctionarissen en maatschappelijke activisten.

Als criticus op het monetaire systeem trok Kennedy een gevarieerd publiek. Haar behoefte om op zoek te gaan naar andere consumptiemodellen en haar afwijzing van de gangbare economische logica, werd breed gedeeld. Ze paste haar optreden aan haar gehoor aan, om het publiek geïnteresseerd te houden, maar ook om haar ideeën toepasbaar te maken. Als ze een lezing gaf, besprak ze de kern van haar toespraak op een enigszins verhullende, humoristische en gemoedelijke manier, waarbij ze bepaalde zaken regelmatig herhaalde. Ze benadrukte dat 'de oplossing zo eenvoudig is dat het bijna gênant is om het uit te leggen'; ze probeerde haar personage zo authentiek mogelijk te laten overkomen, en lezers en publiek aan te moedigen om met haar mee te denken.[23]

18
Margrit Kennedy, 'Geld geht auch anders: Gute Gründe, Geld neu zu gestalten', *erziehungskunst* 01 (2012).

19
Förster, 'The Green IBA', op. cit. (noot 10), 38.

20
Margrit Kennedy, 'Regio Complements Euro: New Paths to Sustainable Prosperity', conferentiestuk voor *Local Currencies in the 21st Century*, red. E. F. Schumacher Society (2004), 4.

21
Krause, *Margrit Kennedy. Architektin für Ökologie*, op. cit. (noot 8), 143.

22
Margrit Kennedy, *Für ein Ökologisches Wirtschaftswachstum: Notwendige Veränderungen in unserem Geldsystem* (mei 1985).

23
Margrit Kennedy, 'Die Ökonomie der Ökologie', in: Susanne G. Seiler (red.), *Gaia: Das Erwachen der Göttin: die Verwandlung unserer Beziehung zur Erde* (Chemnitz: Aurum Verlag, 1991), 210.

Kennedy's talent to present complex interrelationships in a simple way was useful in her work on large-scale projects on community schools for the Organization for Economic Co-operation and Development (OECD) and the United Nations Educational, Scientific and Cultural Organisation (UNESCO). Having been professionally trained in abstraction, and being used to communicate via models and pictograms, she knew about the power of strong and clear images. To illustrate financial mechanisms, she made use of graphics that were mostly designed by Helmut Creutz, who was trained as an engineer as well. Though it might seem strange that in revising her publications on money, she, a designer herself, never developed her own graphic language for these publications, this was part of her strategy of maintaining the position of a layman. Moreover, this reliance on the work of another person reflects her commitment to the project of collective authorship.

But when it comes to her use of language, the traces of her profession and her architectural tone are unmistakable. Instead of long, complicated sentences, she makes use of relatable everyday examples, ironic questions like: 'Have you ever seen money working?' or various enumerations, like 'Fünf grundsätzliche Missverständnisse bezüglich der Funktion des Geldes' (Five misconceptions about the function of money).[18] This orchestration of linguistic strategies demonstrate a specific technical and structured mode of engaging with problems. This method can be traced back to her work in

18 Margrit Kennedy, 'Geld geht auch anders: Gute Gründe, Geld neu zu gestalten', *erziehungskunst* 01 (2012).

Submission to IKEA International Design Competition/ Inzending voor de internationale ontwerpwedstrijd van IKEA

Als bekwaam verteller nam ze haar publiek mee op haar persoonlijke reis van 'verlichting' om een sterkere band met haar inzichten te creëren. Zoals ze het zelf zei: 'Het kostte me een half jaar om tot me door te laten dringen wat ik in dat halve uur had begrepen.'[24] Het personage dat ze voor zichzelf had gecreëerd, was inderdaad dat van een 'verlicht' persoon, een buitenstaander, maar het was wel een personage dat zich bewust bleef van haar individualiteit in een 'heel menselijk lichaam'.[25]

Het opvallendste kenmerk van Margrit Kennedy als woordvoerster van het economisch alfabetisme was dat ze openbare toespraken gewoonlijk begon met een bepaalde vraag, die bedoeld was om de gedachten van de toeschouwers in een bepaalde richting te sturen. Deze vragen klonken soms triviaal, maar waren bedoeld om vast te stellen dat exponentiële economische groei bestaat, ook al snappen we er niets van. In de Duitse televisietalkshow 'Tietjen und Hirschhausen' uit 2011 opende de moderator het interview, door aan Kennedy te vragen welke fout volgens haar het meest gemaakt werd bij het nadenken over geld.[26] In plaats van het verwachte antwoord te geven, nam Kennedy de leiding van het gesprek over door zich via haar lichaamstaal op het publiek te richten en op haar beurt een van die karakteristieke beginvragen te stellen: 'Wat zou je kiezen: een jaar lang elke week 1.000 dollar ontvangen, of deze week één cent ontvangen en vervolgens elke week het dubbele van de week ervoor ontvangen?' (De eerste optie levert 52.000 dollar op, terwijl de laatste optie een duizelingwekkende 2.251.799.813.685,248 dollar oplevert). De aarzelende reacties van het

24
Ibid.

25
Grober, *Ausstieg in die Zukunft*, op. cit. (noot 12), 163: 'Menschheitskörper'.

26
Margrit Kennedy, 'Prof. Dr. Margrit Kennedy im Gespräch mit Eckhard von Hirschhausen', *Tietjen und Hirschhausen*, 21 januari 2011, NDR, video, 00:19, youtube.com/watch?v=6L-x-9aYQ_k.

On television, *Tietjen und Hirschhausen*, 2011/ Op televisie, *Tietjen und Hirschhausen*, 2011

the aforementioned IBA, where she established a 'catalogue of requirements with minimum and maximum demands for ecological projects'.[19] By handing out such assistance to the reader or to the audience, she also promised a simplified explanation of large complex issues. Working on this low-threshold approach, she set herself the standard of making her argument understandable in under a minute – comparable to the character of an architectural pitch – so that everyone can rapidly gain insights. Furthermore, she directly addresses the reader, illustrating her theories of finance in anecdotes, which serve as mnemonic bridges that can easily be reproduced by others.[20]

How to Be Heard: Strategies for Gathering an Audience

After having finished her work for the IBA, Kennedy was appointed visiting professor for Urban Ecology (1985-1986) at the Gesamthochschule Kassel while she was laying out the foundations for the ecological model project Lebensgarten Steyerberg.[21] In 1985 she wrote one of her first essays on money, fuelled by her pioneering work to establish ecology as a focus in urban studies, her fascination for financial mechanisms in everyday life, and a frustration about the misplaced priorities of governments around the world. In the essay, she intentionally asked a simple yet thought-provoking question: How is it possible that there is money for armament, but not for environmental protection?[22] Pointing to the negative effects of the fields of interest was for Kennedy a way to resonate with the debates of her time and with specific audiences. By strategically framing her arguments in a way that suggested that there could be alternative and practical solutions, the doors opened for Kennedy to appear on a variety of public stages. This same strategy proved useful when she was invited to speak on cooperative housing as an architect at a United Nations Organisations (UNO) conference in Melbourne and Sydney in November 1986. During her talk, Kennedy emphasised the impact of money on housing, which expanded her audience to include policymakers, government officials and social activists.

As a critic of the monetary system, Kennedy attracted a diverse audience. Her need to look for other models of consumption and her rejection of mainstream economic logic were widely shared. She therefore adapted her stage presence in an effort to both hold the interest of the audience and make her ideas applicable. When she lectured, she would discuss the gist of her speech in a somewhat veiled, humorous and conversational manner, repeating certain things frequently. When she emphasised the fact that 'the solution is so simple that it is almost embarrassing to explain it', she set out to make her persona feel authentic, encouraging readers and audiences to think along with her.[23] As a skilled narrator, she immersed her audiences in her personal journey of 'enlightenment' to create a deeper connection to her insights, as she put: 'It took me half a year to really believe what I had understood in that half hour.'[24] The persona she created for herself was indeed that of an 'enlightened' person, an outsider position,

19 Förster, 'The Green IBA', op. cit. (note 10), 38.

20 Margrit Kennedy, 'Regio Complements Euro: New Paths to Sustainable Prosperity', Conference Paper for *Local Currencies in the 21st Century*, ed. E. F. Schumacher Society (2004), 4.

21 Krause, *Margrit Kennedy. Architektin für Ökologie*, op. cit. (note 8), 143.

22 Margrit Kennedy, *Für ein Ökologisches Wirtschaftswachstum: Notwendige Veränderungen in unserem Geldsystem* (May 1985).

23 Margrit Kennedy, 'Die Ökonomie der Ökologie', in: Susanne G. Seiler (ed.), *Gaia: Das Erwachen der Göttin: die Verwandlung unserer Beziehung zur Erde* (Chemnitz: Aurum Verlag, 1991), 210.

24 Ibid.

publiek en de twijfel van de andere geïnterviewden bevestigden haar punt, namelijk dat er een algemeen gebrek aan kennis van de notie 'exponentiële groei' heerst.

Vasthouden aan de positie van leek

Na de beëindiging van haar professoraat aan de Universiteit van Hannover in 2002 richtte Kennedy 'Monneta' op, een organisatie zonder winstoogmerk die tot op de dag van vandaag economische logica's en systemen aan de tand voelt. Monneta kan worden opgevat als een project dat zich manifesteert als een auteurscollectief, waar Kennedy allerlei stemmen en kennis bijeenbracht om aantrekkelijke oplossingen te promoten.[27] Haar veelgeroemde *best practices* in alternatieve valuta-projecten, zoals de regionale valuta 'Chiemgauer' of de Japanse valuta 'Fureai Kippu' (die functioneert als ruilmiddel in de zorg), lijken een canonieke' status te hebben.[28] Monneta illustreert bovendien dat Kennedy's kritiek op het economisch analfabetisme in de loop der tijd vruchten heeft afgeworpen: de organisatie wordt vandaag de dag voornamelijk geleid door experts met een doctoraat of zelfs een professoraat in de economie.

Tijdens de wereldwijde financiële crisis van 2008 trok Kennedy opnieuw de aandacht als pleitbezorger van alternatieve valuta en renteloos monetair beleid. Terwijl haar publiek vóór 2008 vooral beïnvloed werd door diepe ecologie, middelen en producent/consument-bewegingen, en ze vooral communiceerde via recensies, lezingen en

27
What are MONNETA's aims?, MONNETA gemeinnützige GmbH, laatst bezocht op 19 februari 2023, monneta.org/en/about-monneta/what-are-monnetas-aims/.

28
Margrit Kennedy, *Occupy Money* (Bielefeld: J. Kamphausen Verlag, 2016), 56.

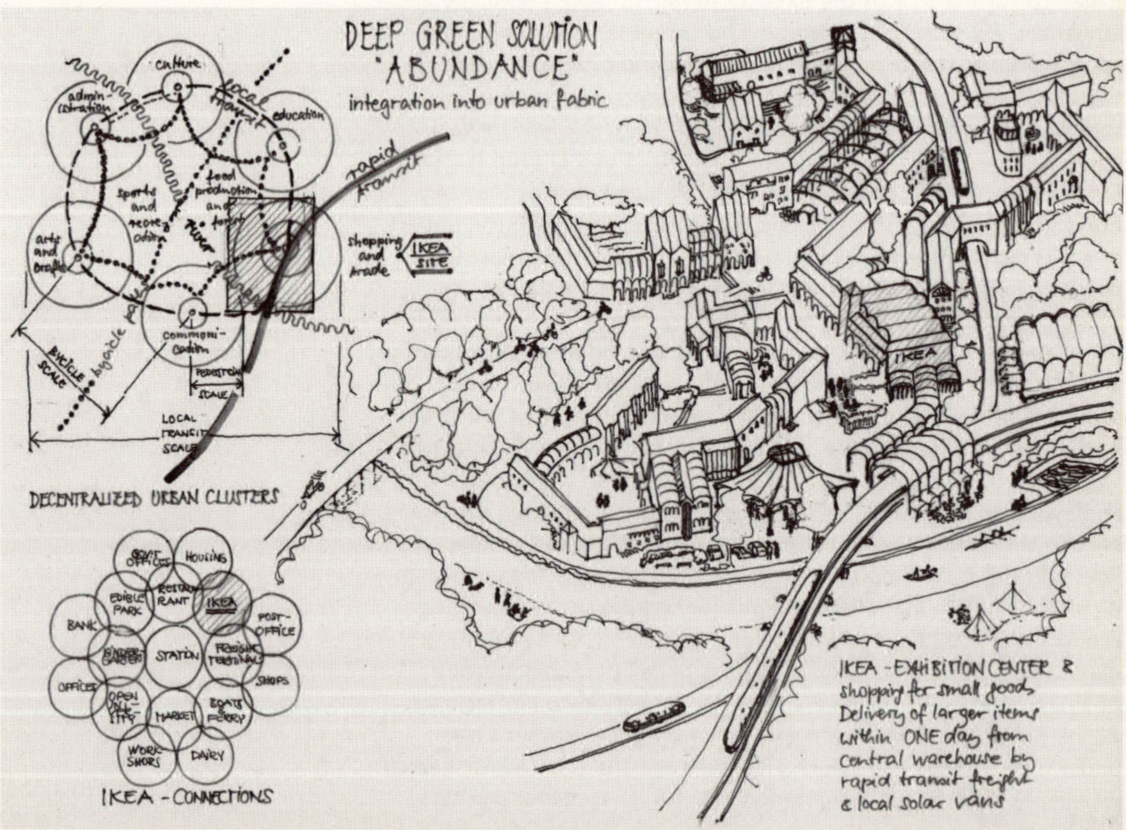

Design for the Permaculture Park in Dortmund/ Ontwerp voor UmweltKulturPark Dortmund

but a person who remained conscious of their individuality in a 'whole human body'.[25]

The most characteristic feature of Margrit Kennedy as a spokeswoman of 'economic illiteracy' was that she usually began a public talk with a certain question in order to set a course of discussion in the mind of the audience. The question might sound trivial, but its positing works to point out that exponential economic growth exists beyond our capacity to conceptualise. In the 2011 German television talk show *Tietjen und Hirschhausen*, the moderator started the interview by asking Kennedy what she would consider the most common error pertaining to thinking about money.[26] Instead of giving the answer one might expect, Kennedy took over the orchestration of the conversation by turning her body language towards the audience and playing back one of her characteristic starting questions: 'What would you choose; one thousand dollars per week for a year, or, you start with one cent but every week the amount you received the week before will be doubled' (By selecting the first option, you would receive 52,000 dollars, whereas choosing the last option would grant you an astonishing ,251,799,813,685.248 dollars). The hesitant response of the audience and the uncertainty of the other interviewees evidenced her point that there is a general lack of understanding of exponential growth.

Maintaining the Layperson's Position

The anticipated end of her professorship at the University of Hannover (2002) allowed her to initiate the non-profit organisation Monneta, which continues to criticise economic logics and systems to this day. Monneta can be interpreted as one of Kennedy's manifestations of collective authorship as she gathered a variety of voices and knowledge to promote attractive solutions.[27] Her often cited best practices in alternative currency projects such as the regional currency 'Chiemgauer' or time-exchange-models like the 'Fureai-Kippu-System' in Japan (working as a ticket for care work) seem to be 'canonical' now.[28] Monneta possibly also illustrates that her criticism towards economic illiteracy has paid off over time: today it is mostly run by experts, holding a Doctorate or even a Professorship in Economics.

In 2008, Kennedy's role as advocate for alternative currencies and an interest-free monetary policy gained renewed attention due to the global financial crisis. While her audience before 2008 was mostly influenced by deep-ecology, substance, producer-consumer-movements, and her communication channels were mostly reviews, talks and books in genre-specific publishing houses, she gained a much broader public reception after the financial crisis. Although the media approached her as an expert, she interestingly stuck firmly to the role of a humble character confronting economic illiteracy. Instead of taking a wiseacre position (that she had already foreseen such a crisis in opposition to the professional economists), she stayed true to the introductory statement of her best-selling book, setting out 'not to prove anybody wrong . . . but to put something right'.[29]

25 Grober, *Ausstieg in die Zukunft*, op. cit. (note 12), 163: 'Menschheitskörper'.

26 Margrit Kennedy, 'Prof. Dr. Margrit Kennedy im Gespräch mit Eckhard von Hirschhausen', *Tietjen und Hirschhausen*, 21.01.2011, NDR, video, 00:19, youtube.com/watch?v=6L-x-9aYQ_k.

27 *What are MONNETA's aims?*, MONNETA gemeinnützige GmbH, accessed 19 February 2023, monneta.org/en/about-monneta/what-are-monnetas-aims/.

28 Margrit Kennedy, *Occupy Money* (Bielefeld: J. Kamphausen Verlag, 2016), 56.

29 Kennedy, *Interest and Inflation Free Money*, op. cit. (note 4), 4.

de boeken van genre-gespecialiseerde uitgeverijen, verkreeg ze tijdens de financiële crisis een veel breder publiek. Hoewel de media haar als een expert benaderden, hield ze interessant genoeg stevig vast aan de rol van een bescheiden personage dat de confrontatie aangaat met het economisch analfabetisme. In plaats van een betweterige positie in te nemen (door te zeggen dat zij, in tegenstelling tot de professionele economen, een dergelijke crisis had voorzien), bleef ze trouw aan de inleidende verklaring van haar succesboek: ze wilde 'niet zozeer iemands ongelijk aantonen (...) maar eerder iets rechtzetten'.[29]

Een publieke leek

Via televisiepresentaties en bijdragen aan publicaties, die kritisch waren over het kapitalisme, bijvoorbeeld 'Weil Kapitalismus sich ändern muss', toonde Kennedy haar vermogen om soepel verschillende interesses te combineren.[30] Haar associatie met een scala van organisaties en bewegingen kan in feite gezien worden als een integraal onderdeel van haar strategie om op te treden als een publieke intellectueel en ondertussen vast te houden aan de positie van leek. Margrit Kennedy richtte zich tot het publiek en niet rechtstreeks tot beleidsmakers. Dit gaf haar de status van een ontwrichtende stem en progressieve denker die niet was gebonden of gelieerd aan hiërarchische instellingen, en die verwikkeld was in een strijd tegen de hegemonie, om zodoende *bottom-up* bewegingen te versterken. Door 'het institutionele domein te verlaten maar er wel mee in contact te blijven', creëerde ze nieuwe gepolemiseerde ruimten, van buitenaf en als leek.[31]

Vertaling: InOtherWords, Maria van Tol

29
Kennedy, *Interest and Inflation Free Money*, op. cit. (noot 4), 4.

30
Collet, 'Weil Kapitalismus sich ändern muss, op. cit. (noot 17).

31
Chantal Mouffe, 'Artistic Strategies in Politics and Political Strategies in Art', *emisférica* 10/2 (2013).

Being a Public Layperson

Presenting on television or in contributions to publications that were critical of capitalism, such as 'Weil Kapitalismus sich ändern muss' (Because capitalism must change), Kennedy displayed her ability to fluidly incorporate a variety of interests.[30] Indeed, her association with a multitude of organisations and movements can be seen as integral to the strategy by which she acted as public intellectual, while maintaining the position of the layperson. Margrit Kennedy addressed the public rather than policymakers directly. This gave her the status of a disruptive voice and progressive thinker who was not bound or affiliated with hierarchical institutions, and engaged in a struggle against hegemony in order to empower bottom-up movements. 'By deserting the institutional terrain but by engaging with it' she created new agonistic spaces from an outsider position as a layperson.[31]

Translation of German quotes to English by the author.

30
Collet, 'Weil Kapitalismus sich ändern muss, op. cit. (note 17).

31
Chantal Mouffe, 'Artistic Strategies in Politics and Political Strategies in Art', *emisférica* 10/2 (2013).

This *OASE* is dedicated to Jean-Louis Cohen (1949-2023): architect, historian, theoretician and inspirer of many.
Deze *OASE* is opgedragen aan Jean-Louis Cohen (1949-2023): architect, historicus, theoreticus en inspiratiebron voor velen.

Elettra Carnelli

Elettra Carnelli is an architect and researcher, currently pursuing her PhD at the ZHAW (Zurich University of Applied Sciences) and the Institute for the History and Theory of Architecture (gta) at ETH Zurich. She studied at the Accademia di Architettura in Mendrisio, Switzerland, where she worked as teaching assistant in 2016. She was research associate at the Professorship of Urban Design at TU Munich from 2018 to 2022, combining practical work with teaching and research. Her current research tackles professionalism, architectural practice and its organisational aspects, with a focus on Italian post-war architecture.

Elettra Carnelli is architect en onderzoeker. Ze is bezig met een promotieonderzoek aan de ZHAW (Hogeschool Zürich) en het Institute for the History and Theory of Architecture (gta) aan de ETH Zürich. Ze studeerde aan de Accademia di Architettura in Mendrisio, Zwitserland, waar ze in 2016 als onderwijsassistent werkte. Van 2018 tot 2022 was ze onderzoeksmedewerker bij de vakgroep Urban Design aan de TU München, waar ze praktisch werk combineerde met onderwijs en onderzoek. Haar huidige onderzoek richt zich op professionaliteit, de architectuurpraktijk en de organisatorische aspecten daarvan, met een focus op Italiaanse naoorlogse architectuur.

Elisa Dainese

Elisa Dainese is a historian and theorist of architecture and urbanism and she is currently assistant professor of History and Theory of Architecture at the Georgia Institute of Technology. Her work examines intersections between modern ideas of habitation, non-Western modernisms and Indigenous cultures, ideas of cross-cultural exchange and knowledge production. She has published widely in books and magazines (JSAH, JA, e-flux, Thresholds and Bauhaus) and she is the co-editor of War Diaries: Design after the Destruction of Art and Architecture (2022). She is a member of the Board of Directors of the Society of Architectural Historians.

Elisa Dainese is een historica en theoretica van architectuur en stedenbouw. Ze is momenteel universitair docent bij de afdeling geschiedenis en theorie van de architectuur aan het Georgia Institute of Technology in Atlanta (VS). In haar werk onderzoekt ze de kruisbestuiving tussen moderne ideeën over wonen, niet-westers modernisme en inheemse cultuur, ideeën over interculturele uitwisseling en kennisproductie. Ze publiceert regelmatig in boeken en tijdschriften *(JSAH, JA, e-flux, Thresholds en Bauhaus)* en ze is mederedacteur van *War Diaries: Design after the Destruction of Art and Architecture* (2022). Ze is lid van de Raad van bestuur van de Society of Architectural Historians.

Maria Silvia D'Avolio

Maria Silvia D'Avolio is a postdoctoral researcher in Architecture based at the Zurich University of Applied Sciences (ZHAW). She has cultivated an interdisciplinary background obtained from educational and professional experience in architecture, sociology and the social sciences. After studying architecture at the University of Florence (Italy), she obtained an MSc in Social Research Methods and a PhD in Sociology from the University of Sussex (UK). She has been the convenor of the CITIES study group of the British Sociological Association (BSA) since 2020. Her research approach analyses intersecting inequalities in various contexts from a feminist perspective.

Maria Silvia D'Avolio is postdoctoraal onderzoeker in de architectuur aan de Hogeschool Zürich (ZHAW). Ze heeft een interdisciplinaire achtergrond opgebouwd door onderwijs- en werkervaring in architectuur, sociologie en sociale wetenschappen. Na haar architectuurstudie aan de Universiteit van Florence behaalde ze een MSc. in sociale onderzoeksmethoden en een PhD in sociologie aan de Universiteit van Sussex (GB). Sinds 2020 is ze voorzitter van de CITIES-studiegroep van de British Sociological Association (BSA). Haar onderzoeksbenadering analyseert vanuit een feministisch perspectief elkaar overlappende ongelijkheden in verschillende contexten.

Francesca Giudetti

Francesca Giudetti is a PhD candidate in the History of Architecture at the Politecnico di Milano, where she mainly investigates the early works of Gae Aulenti (1955-1979). Simultaneously, Giudetti supports the teaching activities for various courses. She is part of the NEST project research group (Politecnico di Milano, ABC Department) and of the Women in Design research group of the Unesco Chair in Mantua. Giudetti is also an editor of the *Journal of Architectural Design and History* (ADH Journal). Before she obtained her PhD, she was part of the 29th generation of the Berlage post-master in Architecture and Urban Design at Delft University of Technology, and worked for several architecture offices in Italy and in the Netherlands.

Francesca Giudetti promoveert in architectuurgeschiedenis aan de Politecnico te Milaan waar ze voornamelijk onderzoek doet naar het vroege werk van Gae Aulenti (1955-1979). Tegelijkertijd ondersteunt Giudetti er de onderwijsactiviteiten voor verschillende vakgroepen. Ze maakt deel uit van de onderzoeksgroep van het NEST-project (Politecnico di Milano, afdeling ABC) en van de onderzoeksgroep Women in Design van de Unesco-leerstoel in Mantua, Italië. Giudetti is ook redactielid van de *Journal of Architectural Design and History* (ADH Journal). Voordat ze besloot te gaan promoveren, behoorde ze tot de 29e generatie van de Berlage post-master in architectuur en stedenbouw aan de TU Delft en werkte ze bij verschillende architectenbureaus in Italië en Nederland.

Michal Kulesza

Michal Kulesza is an architect and researcher. He graduated summa cum laude (MSc) in Architecture from Warsaw University of Technology in Poland (2019), participated in an exchange programme at the Technical University of Darmstadt in Germany and was awarded a scholarship to complete an interdisciplinary research programme at Stanford University in California. He collaborated on exhibition projects for the Museum of Modern Art in Warsaw (2018) and was employed by the Swiss office Christ & Gantenbein (2019-2022). Presently, he is based in Brussels and works at noAarchitecten.

Michal Kulesza is architect en onderzoeker. Hij studeerde summa cum laude (MSc,) af in architectuur aan de TU van Warschau (Polen, 2019), nam deel aan een uitwisselingsprogramma aan de TU van Darmstadt in Duitsland en kreeg een beurs om een interdisciplinair onderzoeksprogramma te voltooien aan Stanford University in Californië. Hij werkte mee aan tentoonstellingsprojecten voor het Museum voor Moderne Kunst in Warschau (2018) en was in dienst bij het Zwitserse bureau Christ & Gantenbein (2019-2022). Momenteel is hij gevestigd in Brussel en werkt hij bij noAarchitecten.

Bettina Nagler

Bettina Nagler is a trained architect and independent researcher. Currently she is completing her Master's degree in Design Studies at the Burg Giebichenstein University of Art and Design Halle, working on voids of narratives of the IBA 1984-1987 in Berlin. Besides that, she is working on a book about issue 31/32 of the magazine *Bauwelt*, among other publications. This year she will speak at the VI International Conference on Architecture and Gender (Valencia) and the '(re)searching urbanity' symposium (Berlin). Her architecture practice ranges from urban planning to finance concepts in housing projects. She lives and works in Leipzig.

Bettina Nagler is opgeleid als architect en onafhankelijk onderzoeker. Momenteel voltooit ze haar master in Design Studies aan de Burg Giebichenstein Universiteit voor

Kunst en Design in Halle, Duitsland, waar ze een onderzoek doet naar gaten in het narratief van de IBA 1984-1987 in Berlijn. Daarnaast werkt ze aan een boek over nummer 31/32 van het tijdschrift *Bauwelt* en aan andere publicaties. Dit jaar spreekt ze op de VI International Conference on Architecture and Gender (Valencia, Spanje) en het symposium '(re)searching urbanity' (Berlijn). Haar architectuurpraktijk strekt zich uit van stedenbouw tot financieringsconcepten in woningbouw. Ze woont en werkt in Leipzig.

Elena Palacios Carral

Elena Palacios Carral is an architectural designer, researcher and teacher and holds a PhD from the Architectural Association in London. Her thesis explores what she identifies as the studioification of the home. She is a director at Forms of Living, an architecture and research practice in London, and as a Design Fellow at the University of Cambridge, leading a design studio. She has taught architectural design, history and theory at various other UK universities. Currently, she is curating and researching an exhibition on architect MJ Long, with a specific emphasis on a dollhouse Long created for her daughter in the 1970s.

Elena Palacios Carral is ontwerper, onderzoeker en docent. Ze is gepromoveerd aan de Architectural Association in Londen. Haar proefschrift onderzoekt wat zij omschrijft als de *studioificatie* van het huis. Ze is directeur bij Forms of Living, een architectuur- en onderzoekspraktijk in Londen, en Design Fellow aan de Universiteit van Cambridge, waar ze een ontwerpstudio leidt. Ze heeft lesgegeven in architectonisch ontwerp, geschiedenis en theorie aan verschillende andere Britse universiteiten. Momenteel is ze bezig met het samenstellen en onderzoeken van een tentoonstelling rond de architecte MJ Long, met een specifieke nadruk op een poppenhuis dat Long in de jaren 1970 voor haar dochter maakte.

Léa-Catherine Szacka

Léa-Catherine Szacka is a senior lecturer (associate professor) in Architectural Studies at the University of Manchester and a visiting tutor at the Berlage post-master in Architecture and Urban Design at Delft University of Technology. Szacka is the author of *Exhibiting the Postmodern: The 1980 Venice Architecture Biennale* (2016), *Biennials/Triennials: Conversations on the Geography of Itinerant Display* (2019) and co-author of *Paolo Portoghesi: Architecture Between History, Politics and Media* (2023). In 2022, Szacka co-curated the 10th International Architecture Biennale of Rotterdam, 'It's About Time: The Architecture of Change'.

Léa-Catherine Szacka is universitair hoofddocent architectuurwetenschappen aan de Universiteit van Manchester (GB) en gastdocent aan de Berlage post-master architectuur en stedenbouw aan de TU Delft. Szacka is de auteur van *Exhibiting the Postmodern: The 1980 Venice Architecture Biennale (2016), Biënnales/Triënnales: Conversations on the Geography of Itinerant Display* (2019) en co-auteur van *Paolo Portoghesi: Architecture Between History, Politics and Media* (2023). In 2022 was Szacka mede-curator van de 10e Internationale Architectuur Biennale van Rotterdam, 'It's About Time: The Architecture of Change'.

Maja Wrzeszcz

Maja Wrzeszcz is an architect and researcher. She graduated (BSc) in Architecture and Urban Planning at the Warsaw University of Technology in Poland. She was also educated at the Blekinge Institute of Technology in Sweden and participated in the Liberal Arts curriculum at the University of Warsaw. She gained professional experience by working in Poland and for XM Architekten in Switzerland (2019-2022). Currently, she is enrolled in the graduate programme at the Architecture Faculty of KU Leuven, while participating in the exchange programme at the University of New South Wales in Sydney, Australia.

Maja Wrzeszcz is architect en onderzoeker. Ze studeerde af (BSc.) in architectuur en stedenbouw aan de TU van Warschau in Polen. Ze is ook opgeleid aan het Blekinge Institute of Technology in Zweden en heeft deelgenomen aan het Liberal Arts curriculum aan de Universiteit van Warschau. Praktijkervaring deed ze op in Polen en bij XM Architekten in Zwitserland (2019-2022). Momenteel is ze ingeschreven in het graduaatprogramma aan de faculteit Architectuur van de KU Leuven, terwijl ze deelneemt aan het uitwisselingsprogramma met de Universiteit van New South Wales in Sydney, Australië.

Michal Kulesza, Maja Wrzeszcz

Architect in Parliament:
Halina Skibniewska's Dilemma of Involvement

An architect involved in politics can be advantageous to society and the discipline of architecture itself. However, combining those activities may be complicated, especially if the story is situated in the context of post-war Poland, ruled by Soviet-led communists. This article discusses the life, work and choices of Halina Skibniewska (1921-2011), a Polish architect and politician. What was pioneering about her focus on the social aspect of spaces? Who benefited from her position as a non-party member of parliament? What limitations did she face as a vice-speaker? Ultimately, how did she influence the public discourse?

Architect in het parlement:
Halina Skibniewska's betrokkenheid als dilemma

Een architect die betrokken is bij de politiek kan voordelig zijn voor de maatschappij en tevens voor de architectuurdiscipline. De combinatie van deze activiteiten kan echter lastig zijn, vooral als het verhaal gesitueerd is in de context van het naoorlogse Polen, geregeerd door communisten onder leiding van de Sovjet-Unie. Dit artikel bespreekt het leven, het werk en de keuzes van de Poolse architect en politica Halina Skibniewska (1921-2011). Hoe baanbrekend was haar gerichtheid op het sociale aspect van ruimten? Wie profiteerde van haar positie als niet-partijgebonden parlementslid? Met welke beperkingen werd ze geconfronteerd als vice-voorzitter? Hoe beïnvloedde ze uiteindelijk het publieke discours?

Elena Palacios Carral

Building Diplomacy:
The Work of Ruth Rivera Marín

The diplomatic dimension of Mexican architect Ruth Rivera Marín's (1927-1969) work was evident in the selection of themes for the issues of *Cuadernos de Arquitectura*, a series of small publications she curated between 1961 and 1967 in Mexico while serving as the director of the INBA's Architecture Department. Particularly noteworthy were the issues that bridged international references with local architectural production. This article examines the significance of her work in *Cuadernos* during her directorship at the INBA, exploring how the use of diplomacy as a tool contributed to expanding the definition of architectural practice in the promotion and production of Mexican architecture, both nationally and internationally, during that time.

Diplomatiek in de bouw:
Het werk van Ruth Rivera Marín

De diplomatieke dimensie van het werk van de Mexicaanse architect Ruth Rivera Marín (1927-1969) kwam duidelijk naar voren in de selectie van thema's voor de uitgaven van *Cuadernos de Arquitectura*, een reeks kleine publicaties die ze tussen 1961-1967 in Mexico samenstelde, toen ze directeur was van de architectuurafdeling van INBA, het nationale instituut voor schone kunsten. Vooral opmerkelijk waren de uitgaven die een brug sloegen tussen internationale voorbeelden en de lokale architectuurproductie. Dit artikel onderzoekt de betekenis van haar werk in *Cuadernos* tijdens haar directeurschap bij INBA, en onderzoekt hoe diplomatie als instrument in die tijd bijdroeg aan vergroting van de definitie van een architectuurpraktijk via de nationale en internationale promotie en productie van Mexicaanse architectuur.

Elettra Carnelli,
Maria Silvia D'Avolio

Stretching Professional Boundaries:
Novella Sansoni as Organic Intellectual, Administrator and Architect

In the 1960s and 1980s, it was not unusual for committed Italian architects and urban planners to apply political ideals to administrative practices. Among those practitioners, communist architect and public administrator Novella Sansoni stood out for her lasting impact on Milan and its outskirts. By rereading her 2000 memoire *Fuori dalle regole del gioco*, this article argues that Sansoni inhabited a unique position by being and acting in the periphery, enabling her to 'play outside the rules'. Her expertise in both administrative contexts and architectural practice, coupled with her communist militancy, facilitated the development of a politically grounded praxis.

De grenzen van het vak verleggen:
Novella Sansoni als organisch intellectueel, bestuurder en architect

In de jaren 1960 en 1980 was het niet ongebruikelijk voor geëngageerde Italiaanse architecten en stedenbouwkundigen om politieke idealen te combineren met bestuursfuncties. De communistische architect en openbaar bestuurder Novella Sansoni (1926-2005) viel hierbij op door haar blijvende invloed op de stad Milaan en de buitenwijken. Door het herlezen van haar autobiografie *Fuori dalle regole del gioco* uit 2000, betoogt dit artikel dat Sansoni een unieke positie innam door zich in de luwte te bewegen en te handelen, wat haar in staat stelde om 'buiten de regels van het spel' te spelen. Haar expertise in zowel de administratieve context als de architectuurpraktijk, samen met haar communistische strijdvaardigheid, voerde tot de ontwikkeling van een politiek gefundeerde *praxis*.

Francesca Giudetti,
Léa-Catherine Szacka

From My Urban Living Room:
Gae Aulenti, Architect, Designer and Public Intellectual

An important public figure in a profession dominated by men, Italian architect Gaetana (Gae) Aulenti (1927-2012) contributed to the general debate on architecture in the twentieth century at various levels: not only by designing projects, but also by rethinking Italian cities and actively participating in social disputes as a citizen. Based on primary sources from the recently opened Archivio Gae Aulenti in Milan, this paper uses Aulenti's home as a departure point to explore the architect's work, institutional roles, activities and tools used to spread her thoughts. Looking at the Italian architect's life and work through two different lenses and scales – the domestic scale of the house and the political scale of the street – the authors argue that Aulenti was a true intellectual, albeit operating with tools and modes of expression that differed from those of her male colleagues.

Vanuit mijn stadse woonkamer:
Gae Aulenti, architect, ontwerper en publieke intellectueel

Als belangrijke publieke figuur in een door mannen gedomineerd beroep droeg de Italiaanse architect Gaetana (Gae) Aulenti (1927-2012) op verschillende vlakken bij aan het algemene debat over architectuur in de twintigste eeuw: ze ontwierp niet alleen projecten, maar gaf ook een visie op Italiaanse steden en nam als burger actief deel aan sociale kwesties. Op basis van primaire bronnen uit het recent geopende Archivio Gae Aulenti in Milaan gebruikt dit artikel het huis van Aulenti als vertrekpunt om het werk van de architect, haar institutionele rollen, haar activiteiten en de middelen die ze gebruikte om haar gedachten te verspreiden, te onderzoeken. Door het leven en werk van Aulenti door twee verschillende lenzen en op twee verschillende niveaus te bekijken – het domestieke niveau van het huis en het politieke niveau van de straat – beargumenteren de auteurs dat Aulenti een echte intellectueel was, hoewel ze met andere middelen en uitdrukkingsvormen werkte dan haar mannelijke collega's.

Elisa Dainese

The Designer-Advocate:
Blanche Lemco and Indigenous Sovereignty in the Canadian North

In 1966-1968, with the architecture firm Van Ginkel Associates Ltd., Blanche Lemco (1923-2022) embarked on a feasibility study of the relocation of the Indigenous community of South Indian Lake, in Manitoba. The research resulted in a set of

recommendations, a timeline for relocating the community and the proposal for a school-community centre. Connecting design and societal issues, Lemco's approach challenged the traditional role of the designer in the North, insisted on the significance of community involvement in the design process, and exposed the complexity of the phenomenon of northern relocation within systemic and uneven power relations.

Ontwerper en pleitbezorger:
Blanche Lemco en de inheemse soevereiniteit in Noord-Canada

In de jaren 1966-68 maakte Blanche Lemco (1923-2022) met het architectenbureau Van Ginkel Associates Ltd. een haalbaarheidsstudie naar de herhuisvesting van de inheemse gemeenschap van South Indian Lake in Manitoba. Het onderzoek resulteerde in een reeks aanbevelingen, een tijdlijn voor de verplaatsing van de gemeenschap en het voorstel voor een school/gemeenschapscentrum. Lemco's benadering, die ontwerp en sociale kwesties met elkaar verbond, daagde de traditionele rol van de ontwerper in het Canadese Noorden uit, benadrukte het belang van betrokkenheid van de gemeenschap bij het ontwerpproces en legde de complexiteit bloot van het fenomeen van noordelijke herhuisvesting binnen systemische en ongelijke machtsverhoudingen.

Bettina Nagler

A Layperson's Approach to the Monetary System:
Margrit Kennedy Within and Beyond the Discipline

While the impact of finance and economic mechanisms on architecture is evident, the economic system is poorly understood by architects. Meanwhile, concepts for making our built environment more ecological, feminist, inclusive, diverse and accessible often fail due to their financial infeasibility. It was this failure to understand economic structures that challenged German architect Margrit Kennedy (1939-2013) to enter the field of economics. By embodying the very specific role of the layperson, she entered the financial discourse beyond her own discipline in the operation of her architecturally informed strategies and became a widely respected critic of the monetary system.

Het monetaire systeem door de ogen van een leek:
Margrit Kennedy binnen en buiten de discipline

Hoewel de invloed van financiële middelen en economische mechanismen op de architectuur evident is, wordt het economische systeem nauwelijks begrepen door architecten. Ondertussen stranden ideeën om onze gebouwde omgeving ecologischer, feministischer, inclusiever, diverser en toegankelijker te maken, vaak omdat ze financieel onhaalbaar zijn. Precies dit falen om economische structuren te begrijpen, betekende een uitdaging voor de Duitse architect Margrit Kennedy (1939-2013) om zich op het terrein van de economie te begeven. Door zich de specifieke rol van leek toe te eigenen buiten haar eigen discipline om, participeerde ze in het financiële discours met gebruik van strategieën uit de architectuurpraktijk. Door haar deelname aan dit discours vanuit de positie van een leek werd ze een alom bekend criticus van het monetaire systeem.